종신보험 타로카드
스토리 레시피

100

STORY RECIPE 100

.

종신보험 달인이 알려주는 스토리셀링 백과사전

스토리셀러 황선찬

종신보험 타로카드 스토리 레시피

100

STORY RECIPE 100

황선찬 지음

좋은땅

종신보험 세일즈는 슬픈 짝사랑이다. 세일즈맨은 필사적으로 고객을 쫓아다니고 고객은 필사적으로 도망친다. TV나 유튜브에서 종신보험을 검색하면 종신보험은 세일즈맨을 위한 상품이지 고객을 위한 상품이 아니라며 당장 해지하라고 난리다. 보험세일즈맨들조차 종신보험을 외면하고 있는 실정이다. 이런 상황에서 새로운 시장을 개척할 수 있을까? 기존의 세일즈 방법으로는 불가능하다. 그래서 《스토리 레시피 100》이 필요하다.

세일즈맨이 가장 힘들어하는 것은 보험에 관한 첫마디를 떼는 것이다. 충분한 라포가 형성되지 않은 상태에서 보험 이야기를 꺼내는 것은 연골이 없이 뼈와 뼈가 직접 맞닿는 것과 같다. 아프고 불편하다. 이에 대한 해결책으로 나는 '타로카드'를 떠올렸다. 타로카드 상담을 하듯이 가볍고 재미있게 보험 세일즈를 하면 어떨까? 아이디어가 떠오르자 즉시 보험세일즈 타로카드를 만들었고 현장에서 실험해 보았다. 결과는? 한마디로 '대 to the 박'이었다.

보험 세일즈에서 만날 수 있는 어떤 고객, 어떤 상황도 이 책에 소개된 100가지 스토리로 대처가 가능하다. 숫자, 상품, 금액을 언급하지 않고도 얼마든지 계약을 이끌어 낼 수 있다. 말뿐인 이야기가 아니다. 내가 직접 현장에서 효과를 본 스토리 레시피만 꾹꾹 눌러 담았다. 고객은 길고양이처럼 예민하다. 조금이라도 자신에게 부담스러운 상품을 팔려는 낌새가 보이면 마음의 문을 닫고 자리를 피한다. 숫자는 말하지만 스토리는 판다. 팔지 말고 말하라!

"누가 저 대신 영업 좀 해주세요." 좋다. 이 책은 동료 세일즈맨들의 염원을 담아서 시작이 아니라 끝에서부터 썼다. 이론도 좋지만 당장 실적을 내야 할 것 아닌가? 그래서 20년의 현장 경험을 담아 말이 아니라 발로 썼다. 말은 누구나 한다. 발로 현장을 누비는 것이 어렵다. 그리고 A부터 Z까지 순서대로 쓰지 않고 필요한 부분만 찾아서 쏙쏙 뽑아 읽으라고 사전식으로 썼다. 정독하지 말고 탐독하라.

약속한다. 이 책에 실린 내용 중 일부라도 실천한다면 도망가던 고객이 유턴을 해서 돌아올 것이다. 세일즈맨에게조차 어렵고 재미없던 종신보험 세일즈가 쉽고 재미있어질 것이다. 고객을 만나러 가는 발걸음이 천근만근이 아니라, 친한 동창을 만나러 가는 길처럼 설레고 가벼워질 것이다. 저절로 미소가 지어질 것이다. 가슴이 뛸 것이다. 힘이 날 것이다!

언제까지 불투명한 미래를 두려워하며 무거운 가방을 들고 고객을 만날 것인가? 이제 《스토리 레시피 100》만 있으면 친구와 이야기하듯 편하게 고객을 만나고 보험을 판매할 수 있다. 과거는 바꿀 수 없지만 미래는 지금 선택한 순간 바뀐다. 지금 당장 이 책을 집어들어라. 그리고 실천하라. 나와 함께 인생을 바꾸어 보자.

"승자와 패자를 분리하는 단 한 가지는 승자는
실행하는 사람이라는 점이다."

– 앤서니 로빈스

제3장
타로 스토리 카드 21~30

제4장
타로 스토리 카드 31~40

제5장
타로 스토리 카드 41~50

제6장

타로 스토리 카드 51~60

제7장

타로 스토리 카드 61~70

제8장
타로 스토리 카드 71~80

제1장

타로
스토리 카드
0~10

STORY RECIPE 100

유랑하는 광대

〈2개의 열쇠〉

고객의 마음을 여는 방법을 알고 있는가? 모든 고객은 마음에 이중의 잠금장치를 가지고 있다. 하나는 사람에 대한 거부감이고, 다른 하나는 보험에 대한 거부감이다. 이중의 잠금장치를 여는 데에는 2개의 열쇠가 필요하다. 하나는 타로카드고, 다른 하나는 스토리카드다. 타로카드는 사람에 대한 거부감이라는 잠금장치를 열고 스토리카드는 보험에 대한 거부감이라는 잠금장치를 연다. 이 두 가지 카드만 있으면 어떤 고객과도 자연스럽게 보험 이야기를 할 수 있다.

〈타로카드 질문〉

우스꽝스러운 카드를 고르셨군요. 카드에서 무엇이 보이나요? 네, 봇짐을 메고 있는 한 사람이 보입니다. 그는 무엇을 하는 사람일까요? 봇짐에는 무엇이 들어있을까요? 그는 왜 떠나야만 하는 것일까요? 그가 향하는 곳은 어디일까요?

〈타로카드 설명〉

광대를 영어로 조커(JOKER)라고 합니다. 광대는 직언을 올리는 신하의 말과 왕의 말을 비틀고 풍자하며 놀리면서, 왕으로 하여금 자신의 결정에 대해 심사숙고할 수 있게 했습니다. 또 이러한 특권 때문에 누구도 왕에게 전달하고 싶지 않은 소식을 대신 전해주는 역할도 했습니다. 그러나 사진 속의 광대는 지나치게 풍자하다가 왕의 노여움을 샀습니다. 그 벌로 왕궁에서 쫓겨나 정처 없이 방랑길에 올랐습니다.

〈고객과의 접점〉

카드광고 중에 '열심히 일한 당신 떠나라'는 카피가 있습니다. 요즘은 열심히 일한 사람만이 아니라 나중에 열심히 일을 하기 위해서도 떠나야 합니다. 저는 해비타트 사랑의 집짓기 봉사활동을 하기 위해 미국, 멕시코, 인도 등 다양한 나라로 떠났습니다. 여행을 하기 위해 열심히 일했고, 다녀와서는 충전된 에너지로 다시 열심히 일할 수 있었습니다.

〈스토리카드 연결〉

혹시 여행을 좋아하시나요? 우리는 보통 답답할 때 머리를 식히기 위해 여행을 떠납니다. 때로는 머리를 식히려고 떠난 여행 때문에 머리가 더 복잡해지기도 하죠. 예를 들어 펜션을 숙소로 잡았는데 어떤 일이 발생할 때 가장 황당할까요?

〈뚫어 뻥〉

여럿이 놀러 가서 변기가 막히면 그렇게 난감할 수가 없습니다. 집에서도 마찬가지입니다. 집에 갑자기 손님이 왔는데 변기가 막히면 얼마나 당황스러울까요? 그럴 때 반드시 필요한 것이 '뚫어 뻥'입니다. 아무리 변기가 꽉 막혔어도 비상용 뚫어 뻥 하나만 있으면 걱정이 없습니다.

〈보험으로 연결〉

인생을 살다 보면 변기가 막히는 것처럼 답답하고 황당한 일이 종종 일어납니다. 갑자기 부모님이 아프시면 어떨까요? 병원비를 마련하느라 어렵게 마련한 집을 팔아야 할 수도 있습니다. 가슴이 답답해집니다. 자녀에게 도움은 주지 못할 망정 피해는 주지 말아야 합니다. 이런 삶의 답답함을 해결해 주는 삶의 뚫어 뻥이 바로 종신보험입니다.

〈험한 일을 해결해 준 삶의 뚫어 뻥〉

두 딸을 둔 어머니의 사례다. 살면서 있어서는 안 될 험한 일이 무엇이냐고 물었더니 두 딸에게 도움은 못 줄 망정 혹시 빚을 남겨주지는 않을까 걱정된다고 했다. 아프면 돈이 들고 죽는데도 돈이 든다. 돈이 없으면 치료를 제대로 받지 못하고 결국 그 부담은 두 딸에게 넘어간다.

요즘은 부모 봉양은커녕 혼자 먹고살기도 힘든 세상이다. 자녀에게 조금만 부담을 넘겨줘도 그 중압감은 이루 말할 수 없다. 이러한 부담을 주지 않는 방법으로 뚫어 뻥을 가지고 종신보험을 설명했더니 5천만 원 상품에 가입했다. 가입 5년 후 췌장암 판정을 받고 2년간 투병하다가 사망했다.

사망 후에 큰딸이 찾아와서 과일 바구니를 건네며 말했다. "엄마가 종신보험 덕분에 험한 일을 안 당하는 것 같다며 나중에 보험 담당자에게 꼭 감사 인사를 드리라고 하셨어요." 고인은 평소 바람대로 두 딸에게 부담을 지우지 않고 떠날 수 있었다. 나 또한 보험 세일즈에 자부심을 갖게 되었다.

〈횃불과 손잡이〉

횃불로 하는 저글링을 본 적이 있는가? 문제는 횃불이고 해결책은 손잡이다. 횃불에 데일까 봐 횃불에 집중하면 실패한다. 횃불을 보지 말고 손잡이에 집중해야 성공한다. 인생도 마찬가지다. 죽음은 해결할 수 없는 문제다. 종신보험은 문제를 단번에 뚫어주는 해결책이다. 문제가 아니라 해결책을 팔아야 고객의 가슴을 시원하게 뻥 뚫어줄 수 있다.

1

사자와 공주

<국영수 학원>

10만 원의 여유가 있는 고객은 자녀를 위해 무엇을 할까? 우선 영어 학원에 보낸다. 만약 20만 원의 여유가 있다면? 영수 학원에 보낼 것이다. 그럼 30만 원의 여유가 있으면 보험에 가입할까? 아니다. 국영수 학원에 보낸다. 보험 세일즈는 쉽지 않다. 국영수 학원보다 자녀의 앞날에 더 도움이 된다는 확신을 주어야 한다. 그러나 고객이 정말로 필요성을 느끼면 없던 여유도 만들어낸다. 이제부터 없던 여유도 만들어내는 마법 같은 방법을 소개하겠다.

〈타로카드 질문〉

용맹해 보이는 카드를 고르셨군요. 카드에 무엇이 보이시나요? 네, 사자와 여인이 보입니다. 여인은 옷차림새로 보아 공주인 것 같습니다. 놀랍게도 공주가 사자의 입을 벌리고 애완동물처럼 다루고 있군요. 대체 공주에게 무슨 일이 있었길래 공주는 사자를 무서워하지 않을까요? 사자는 왜 공주에게 고분고분할까요?

〈타로카드 설명〉

공주가 죄를 짓고 궁궐에서 쫓겨나게 되었습니다. 가진 것이라곤 3

일 치 식량뿐이었습니다. 공주는 길을 가다가 한적한 곳에서 사자를 만났습니다. 사자가 공주를 잡아먹으려고 으르렁거렸습니다. 공주는 자신이 가지고 있던 3일 치 식량을 몽땅 사자에게 주었습니다. 그러자 사자는 공주를 먹이를 주는 주인으로 여기고 든든한 보디가드가 되었습니다. 공주는 사자에게 목숨 같은 식량을 내주었기에 오히려 목숨을 건질 수 있었습니다.

〈고객과의 접점〉

살을 주어야 뼈를 취할 수 있습니다. 더 큰 목표를 위해 작은 것을 희생해야 합니다. 저는 2005년 CFP 자격증을 준비할 때 선택의 기로에 놓여 있었습니다. 한 쪽은 CFP 자격증이었고 다른 한 쪽은 제주도 여행이었습니다. 제주도 여행을 포기한 대가로 저는 CFP 자격증을 딸 수 있었습니다. 한편, 같이 공부했던 동료는 제주도 여행을 선택했습니다. 결국 그 친구는 CFP 자격증을 얻을 수 없었습니다.

〈스토리카드 연결〉

진정한 용기란 무엇일까요? 가장 소중한 것을 위해서 두 번째 소중한 것을 포기하는 것이라고 합니다. 공주는 진정한 용기를 가진 사람

이었습니다. 고객님에게 목숨과도 같이 소중한 것은 무엇일까요? 그것을 위해 포기해야 할 3일 치 식량은 무엇일까요?

〈용기〉

인디언이 원숭이를 잡는 방법은 매우 독특합니다. 우선 손이 겨우 들어갈 정도로 입구가 좁은 항아리를 원숭이가 자주 다니는 길목에 놓습니다. 항아리 속에는 원숭이가 좋아하는 도토리를 잔뜩 넣어둡니다. 그러면 원숭이가 몰래 와서 항아리에 손을 넣고 도토리를 움켜쥡니다. 너무 잔뜩 움켜쥐어서 항아리에서 손을 빼지 못할 때 인디언이 등장합니다. 원숭이는 도토리를 포기하지 못하고 발버둥이치다가 결국 가장 소중한 목숨을 잃고 맙니다.

〈보험으로 연결〉

고객님에게 가장 소중한 것은 무엇인가요? 아마도 가족이겠죠. 두 번째로 소중한 것은 무엇일까요? 아마도 돈일 것입니다. 고객님은 가족과 돈 둘 중 무엇을 선택하시겠습니까? 약간의 돈을 포기하면 그 대가로 가족의 행복을 지킬 수 있는 방법이 있습니다. 그것이 바로 종신보험입니다.

〈학원비로 가입한 보험〉

초등학교 교사인 아내와 여행업에 근무하는 남편의 사례다. 부부는 자녀 3명을 학원에 보내느라 재래시장에만 다닐 정도로 생활비를 아끼고 있었다. 나는 우선 자녀의 행복이 곧 부모의 행복 아니겠냐며 자녀를 사랑하는 마음에 공감해 주었다.

인디언이 원숭이를 사냥하는 이야기를 통해 종신보험의 의미와 가치를 설명했더니 관심을 보이기 시작했다. 다음에 만났을 때는 부부가 이미 종신보험 가입을 결정한 상태였다. 보험료를 어떻게 만들었냐고 물었더니 아이들 학원비와 저축을 좀 줄였다고 했다. 대단한 결단이었다.

이런 결단을 내리는 데에 '가장 소중한 것을 얻기 위해서는 두 번째로 소중한 것을 우선 내려놓아야 한다.'는 말이 큰 울림이 되었다고 했다. 부부는 각각 1억 원씩 종신보험에 가입하면서 종신보험 덕분에 걱정을 덜었다고 홀가분한 미소를 지었다.

〈진정한 용기〉

여유가 있어서 계약을 하는 사람은 없다. 고객에게 필요한 것은 돈이 아니라 용기다. 종신보험이 국영수 학원을 이기려면 지출의 우선순위를 바꿀 만한 가치가 있어야 한다. 가장 소중한 것을 지키고 싶은가? 고객에게는 두 번째로 소중한 돈을 포기할 용기가, 세일즈맨에게는 타로 카드와 도구를 내밀 수 있는 용기가 필요하다.

2

거꾸로 매달린 청년

〈묏자리 봐주기〉

나는 남의 묏자리를 봐주는 이상한 취미가 있다. 종신보험은 요람에서 무덤까지 고객과 일생을 함께하는 상품이다. 이왕 시작한 거 고객의 묏자리까지 봐줘야겠다는 생각에 풍수지리를 6년간 공부했다. 풍수지리사 자격증도 땄다. 결국 산 사람이 살기 좋은 곳이 죽은 사람이 쉬기에도 좋다는 결론을 내렸다. 살아생전 아무 빚도 남기지 않고 맘 편히 쉴 수 있다면 얼마나 좋을까?

〈타로카드 질문〉

거꾸로 뒤집어진 카드를 고르셨군요. 카드에서 무엇이 보이시나요?

네, 나무 사이로 거꾸로 매달린 청년이 보입니다. 바닥에는 구덩이가 있고 청년의 금발은 땅바닥을 향해 늘어져 있습니다. 이 청년은 어떤 사람일까요? 또 어떤 사연으로 나무에 거꾸로 매달리게 된 것일까요?

〈타로카드 설명〉

한 달 30일 중에서 가장 무서운 날짜가 언제일까요? 사장님들은 직원들 월급 주는 날이라고 합니다. 샐러리맨들은 카드 결제일이라고 합니다. 돈 나갈 날이 다가오면 숨이 턱턱 막혀옵니다. 사람은 누구나 삶의 부채를 지고 있습니다. 부채를 갚지 못하면 갚을 때까지 이 청년처럼 거꾸로 매달려야 합니다.

〈고객과의 접점〉

빚은 가난한 사람을 노예로 만듭니다. 저는 어릴 적 가정 형편이 좋지 않았습니다. 당연히 도시락 반찬도 보잘 것이 없었습니다. 중학교 때 맛있는 반찬을 싸 오는 친구가 있었습니다. 그 친구의 반찬을 얻어먹은 날이면 하루 종일 친구의 눈치를 살펴야 했습니다. 입은 즐거웠지만 마음은 밧줄에 꽁꽁 묶인 듯 불편했습니다.

〈스토리카드 연결〉

고객님을 얽어매고 있는 것은 무엇인가요? 가족은 살아가는 힘이기도 하지만, 부양해야 하는 부담이기도 합니다. 결혼을 하면 배우자를 부양해야 하고, 출산을 하면 자녀를 부양해야 합니다. 좀 더 나이가 들어서는 나이 든 부모님을 모셔야 합니다. 인생은 부채의 연속입니다.

〈부채〉

누구나 살면서 자기 몸값만큼의 부채를 지게 됩니다. 연봉이 1억 원인 사람은 매년 갚아야 할 1억 원의 부채가 생기는 것과 같습니다. 가족의 생활비, 자녀의 교육비, 주택 대출금, 자녀의 결혼자금, 배우자의

노후 자금은 모두 언젠가 갚아야 할 부채입니다. 부채는 피한다고 없어지지 않습니다. 갚아야만 해결됩니다.

〈보험으로 연결〉

무탈하게 살 수 있다면 부채를 모두 갚을 수 있습니다. 그러나 중간에 크게 아프거나 사망하게 되면 부채를 남기게 됩니다. 그 부담은 오롯이 남겨진 가족의 몫입니다. 억울합니다. 그동안 열심히 살아왔음에도 무책임하게 떠났다고 욕을 먹습니다. 남은 부채를 말끔히 없애고 삶의 불씨를 살리는 것이 바로 종신보험입니다.

〈숨겨진 부채〉

오래 알고 지낸 가망고객과 함께 차를 타고 이동하는 중이었다. 어떻게 종신보험 이야기를 꺼낼까 고민하다가 부채를 꺼냈다. 부채는 내가 개발한 '종신보험 세일즈 12가지 도구 상자'에 있는 도구 중 하나였다. 고객이 쌀쌀한 가을날에 갑자기 무슨 부채냐고 물었다. 그래서 이렇게 대답했다.

"세일즈가 너무 어려워서 열이 올랐는데 그 열을 식히는 중입니다. 그런데 이 부채는 고객님도 많이 가지고 있는 부채인데 혹시 모르셨나요?"라고 말했다. 고객은 깜짝 놀라서 되물었다. "아니, 제가 가지고 있는 빚은 주택 대출금밖에 없는데요? 또 무슨 부채가 있나요?"

운전이 끝난 후 부채를 접었다 펴면서 숨겨진 가족 생활비, 자녀 교육자금, 주택자금 대출금, 자녀 결혼자금, 배우자의 노후자금을 알려줬더니 그제서야 박장대소를 했다. 자신은 주택자금 대출만 부채로 알았다는 것이다.

자연스럽게 부채 대체 플랜으로 종신보험에 대해 이야기했고, 나중에 배우자와 함께 상담을 진행했다. 결국 두 부부에게 종신보험을 전달할 수 있었다. 오래 알고 지낸 사이지만 부채가 클로징에 결정적인 역할을 했다. 부채 덕분에 삶의 부채를 해결할 수 있었다.

〈명당보다 화장이다〉

풍수지리는 과학이다. 그러나 인간이 활용하는 데에는 한계가 있다. 좋은 자리를 잡아도 깊이를 맞출 수가 없고, 방향이 약간만 틀어지면 엄청난 영향을 미치게 된다. 결국 내가 내린 결론은 화장이 가장 깔끔하다는 것이었다. 화장을 하면 후손들에게 득도 실도 없다. 후손들은 본인이 노력한 대로 먹고산다. 그러기 위해서는 갈 때 가더라도 부채를 남기고 가면 안 된다.

3

연옥의 소원

〈정상 vs 베이스캠프〉

나는 지금까지 히말라야 안나푸르나를 3번 다녀왔다. 물론 8천 미터가 넘는 정상까지 오르지는 못하고 베이스캠프까지만 올라갔었다. 정상에 오르는 사람과 베이스캠프까지만 오르는 사람 중에 누가 더 위험할까? 당연히 정상까지 오르는 사람이 더 위험하다. 더 높이 오르기 위해서는 더 많은 안전장비가 필요하다. 인생도 마찬가지다. 더 높이 올라가려면 만약의 사태에 대비해야 한다. 높이 올라갈수록 추락의 충격도 큰 법이다.

〈타로카드 질문〉

시원해 보이는 카드를 고르셨군요. 카드에서 무엇이 보이시나요? 네, 목욕을 하고 있는 세 명의 사람이 보입니다. 그리고 위쪽에 나팔을 불고 있는 커다란 천사가 보입니다. 이곳은 어디일까요? 사람들은 여기서 무엇을 하고 있는 것일까요? 천사의 나팔은 무엇을 의미할까요?

〈타로카드 설명〉

이곳은 연옥입니다. 연옥은 사람이 신의 사랑 안에서 죽어 영원한 구원을 보장받기는 하지만, 천국에 들어가는 데 필요한 정화를 거쳐야 하는 곳입니다. 저승으로 가기 위해서는 먼저 연옥에서 이승의 기억을 씻어야 합니다. 이때 죽은 사람은 기억이 사라지기 전에 천사에게 마지막 소원을 빕니다. 어떤 소원일까요? 대개 이승에 남겨두고 온 숙제를 대신 해결해줄 사람을 보내달라고 간절하게 기도합니다.

〈고객과의 접점〉

부모는 죽어서도 자식 걱정을 한다는 말이 있습니다. 90세가 넘은 어머니는 70세가 넘은 형님에게 밥은 잘 먹는지, 이불은 잘 덮고 자는지 걱정합니다. 아무리 자식이 늙어도 부모가 볼 때는 여전히 아이나 다름없습니다.

〈스토리카드 연결〉

부모들은 나이가 들면 들수록 "죽을 때 잘 죽어야 한다."고 입버릇처럼 말합니다. 장례식장에서 문상객들이 죽은 사람을 걱정하면 그 분은 잘 살다 떠나신 것입니다. 그러나 남은 가족들을 걱정하면 잘 살지 못한 것입니다. 연옥에도 자신이 다음에 갈 곳을 걱정하는 영혼이 있고, 거기서도 이승에 남은 가족을 걱정하는 영혼이 있습니다.

〈의사와 편의점 주인〉

의사와 편의점 사장은 낚시 친구였습니다. 두 친구는 어느 날 낚시를 하러 갔다가 그만 실종되고 말았습니다. 3년이 지난 후 편의점 집안은 큰 변화가 없었습니다. 그러나 의사의 집안은 풍비박산이 났습니다. 왜 그럴까요? 편의점 사장은 대체할 수 있지만 의사는 대체할 수 없기 때문입니다. 수입이 많아서 씀씀이는 늘어났는데 어느 날 수입이 뚝 끊기니 지출을 감당할 수가 없었습니다.

〈보험으로 연결〉

연옥에서 의사는 남은 가족의 경제적인 문제를 걱정하느라 마음이 편치 않습니다. 그러나 편의점 사장은 남은 가족 걱정은 내려놓고 자신이 다음에 갈 곳만 걱정하면 됩니다. 의사처럼 대체 불가능한 전문직은 사망하면 누군가 남은 가족의 경제적 역할을 대신해야 합니다. 죽은 자의 소원을 듣고 천사가 보내준 선물, 그것이 바로 종신보험입니다.

〈의사 분신 종신보험〉

개원한 지 얼마 안 되는 의사의 사례다. 본인이 건강에 자신이 있었기 때문에 보험에는 관심이 없었다. 단지 개원하면서 진 빚을 갚는 것에만 관심이 있다고 했다. 간곡히 부탁해서 아내를 만나보았지만 아내도 남편의 능력을 믿기 때문에 빚을 다 갚고 나서 생각해 보겠다고 했다.

그래서 의사와 편의점 주인 이야기를 통해 전문직이 안고 있는 리스크를 환기시켰다. 만약 빚을 갚는 도중 남편에게 문제가 생기면 어린 자녀 둘과 살아갈 길이 막막했다. 이야기에 공감한 의사 부부는 다시 한 번 상담을 요청했고 종신 1억 원에 10년 보장 정기특약 5억 원 상품에 가입했다.

5년 뒤 남편이 심장마비로 사망했는데 다행히 개원할 때 얻은 빚은 대부분 갚은 상태였다. 사망보험금 덕분에 아내는 남겨진 자녀들의 꿈을 계속 키워갈 수 있었다. 만약 그때 종신보험에 가입하지 않았다면 어떻게 되었을까? 죽은 남편은 연옥에 가서도 남은 가족을 걱정하느라 맘이 편치 않았을 것이다.

〈안전망이 희망이다〉

미끄럼틀에서 떨어지면 발목이 삐는 정도에 그치지만 옥상에서 떨어지면 어떻게 될까? 아파트 옥상에서 떨어지면 사망한다. 그래서 고층빌딩에서 작업을 할 때는 반드시 밑에 안전망을 설치해야 한다. 수입이 많고 생활수준이 높을수록 안전장치가 없으면 남은 가족은 한순간에 나락으로 떨어질 수 있다. 죽은 사람이 산 사람 걱정할 수야 없지 않은가?

4

해골의 사랑

〈골병과 연골〉

뼈와 뼈가 직접 맞닿으면 어떻게 될까? 골병이 든다. 그것이 바로 퇴행성 관절염이다. 그래서 뼈와 뼈를 부드럽게 이어줄 연골이 필요하다. 보험 세일즈도 마찬가지다. 고객과 세일즈맨이 서로의 입장만 주장하면 인간관계에 골병이 든다. 고객과 세일즈맨 사이에도 완충작용을 해 줄 연골이 필요하다. 그것이 바로 타로 카드와 스토리 카드다.

〈타로카드 질문〉

무시무시해 보이는 카드를 고르셨군요. 카드에서 무엇이 보이시나요? 네, 해골이 밭에서 무엇인가를 하고 있습니다. 긴 막대기 같은 것

을 들고 있는 것을 보니 뱃사공같기도 합니다. 그러나 해골이 있는 곳은 바다나 강이 아니라 땅입니다. 땅에는 무엇이 보이죠? 사람들의 얼굴과 손이 보입니다. 해골이 들고 있는 도구는 무엇일까요? 해골은 사람들에게 무엇을 하고 있는 것일까요?

〈타로카드 설명〉

해골의 직업은 농사꾼입니다. 밭농사가 아니라 자식 농사입니다. 자식 농사만큼 힘든 농사도 없습니다. 거름을 줘도 줘도 더 달라고 끊임없이 요구합니다. 마지막 남은 옷을 벗어서 줘도 고마운 줄도 모릅니다. 더 이상 줄 것이 없는 부모는 자신의 살을 발라서 자식들에게 거름으로 줍니다. 결국 부모는 뼈만 앙상하게 남은 해골이 됩니다.

〈고객과의 접점〉

한 부모는 열 자식을 키우지만 열 자식은 한 부모를 못 모신다는 말이 있습니다. 제 어머니는 일찍 돌아가신 아버지를 대신해서 7남매를 혼자 키우셨습니다. 어머니는 7남매 중 하나라도 집에 안 들어오면 자식 걱정에 잠을 못 이루셨습니다. 그러나 자식들은 어머니가 들어오지 않으셔도 잠만 잘 잡니다. 그래서 자식 키워도 다 소용없다고 합니다.

〈스토리카드 연결〉

부모에 대한 자식의 요구는 끝이 없습니다. 그럼에도 불구하고 부모는 끝까지 자식의 요구를 들어줍니다. 자식에 대한 부모의 사랑은 본능이기 때문일까요? 동물들도 마찬가지입니다. 특히 물고기 중에 가시고기는 부성애가 많기로 유명합니다.

〈가시고기의 부정〉

수컷 가시고기는 알들이 부화할 때까지 알을 몸에 지니고 보호합니다. 뿐만 아니라 한시도 쉬지 않고 움직이며 알에 산소를 공급합니다. 먹지도 쉬지도 못한 상태로 알을 보호하는 수컷 가시고기는 알이 부화할 때쯤 뼈만 앙상하게 남은 상태로 생을 마감합니다. 만약 알이 부화되기 전에 수컷 가시고기가 천적에게 잡아먹히면 남겨진 알은 어떻게 될까요? 생존할 확률이 희박해집니다.

〈보험으로 연결〉

자신의 살을 발라서 자식에게 주는 해골, 쉬지 않고 알을 지키는 수

컷 가시고기. 이 둘의 공통점은 자식을 보호하기 위해 자신의 모든 것을 내어준다는 것입니다. 금융상품 중에서 부모와 같은 역할을 하는 것이 있습니다. 종신보험은 부모가 먼저 죽더라도 부모를 대신해서 남은 자녀들을 보살펴 줍니다. 종신보험은 또 하나의 해골부모이자 가시고기입니다.

〈죽어서도 지키고 싶은 딸의 꿈〉

화가를 꿈꾸는 딸을 가진 40대의 남자 고객의 사례다. 자신은 이미 1억 원의 종신보험을 갖고 있으니 그걸로 충분하다고 했다. 게다가 본인이 사망해도 아내가 일을 하고 있고, 또 장인 장모가 있기 때문에 남은 자식에 대해 크게 걱정하지 않았다.

딸의 꿈 얘기를 할 때는 마치 자기 자신의 꿈인 것처럼 흥분하면서 이야기했다. "아빠가 없으면 딸이 당연히 할아버지, 할머니에게 도와 달라고 할 텐데 딸이 과연 도와 달라는 말을 쉽게 꺼낼 수 있을까요? 아니면 몇 번 부탁하려다 자기 꿈을 포기하게 될까요?"라고 묻자 눈빛이 흔들렸다.

해골의 사랑과 가시고기 이야기를 들려주자 비로소 현재의 보장 수준이 딸의 꿈을 지켜주기에는 부족하다는 사실에 공감했다. 결국 끝까지 딸의 꿈을 지켜주기 위해서 추가로 1억 원의 종신보험에 가입했다. 이제야 확실히 딸의 꿈을 지켜줄 수 있다는 확신에 고객의 표정이 밝아졌다.

〈벽돌을 실은 경차〉

경차는 차체가 가벼워서 코너링을 할 때 불안정하다. 특히 차체가 높은 봉고차 유형은 빙판길에 전복사고가 나기도 한다. 차를 잘 아는 사람은 겨울이 되면 경차 트렁크에 벽돌을 한 무더기 넣고 다닌다. 그러면 무게 중심이 낮게 잡히면서 코너링을 단단하게 잡아준다. 물론 무게가 증가한 만큼 연비는 낮아진다. 그러한 부담이 있기 때문에 안정적이다. 연비를 희생해야 안전을 지킬 수 있다.

5

천사의 눈물

〈머리 to 가슴〉

세상에서 가장 먼 거리는 어디일까? 서울에서 뉴욕? 아니다. 지구에서 태양? 아니다. 머리에서 가슴까지 이르는 길이다. 그렇다면 머리에서 가슴으로 가는 것이 빠를까? 가슴에서 머리로 가는 것이 빠를까? 가슴에서 머리로 가는 것이 빠르다. 피가 머리에서 가슴까지 가려면 전신을 한 바퀴 돌아야 한다. 그러나 가슴에서 머리로 갈 때는 조금만 위로 올라가면 된다. 세일즈도 마찬가지다. 머리를 두드리는 세일즈는 골치가 아프다. 그러나 가슴을 두드리는 세일즈는 고객을 감동시킨다.

〈타로카드 질문〉

우아해 보이는 카드를 고르셨군요. 카드에서 무엇이 보이시나요?
네, 날개를 단 여인이 한쪽 병에서 다른 쪽 병으로 물을 옮기고 있습니
다. 천사의 정체는 무엇일까요? 물과 물병은 무엇을 의미할까요? 천사
는 도대체 왜 이런 일을 하고 있을까요?

〈타로카드 설명〉

물병의 물은 그냥 물이 아닙니다. 천사의 눈물입니다. 마음이 여린
천사는 세상에서 사람들이 고통받을 때마다 한 방울씩 눈물을 흘렸습

니다. 천사는 그 눈물을 물병에 모아서 천상의 정원에 있는 시들어가는 꽃에게 줍니다. 천상에서 시든 꽃 한 포기가 살아나면 지상에서도 죽어가던 한 영혼이 구원을 받습니다. 천사의 눈에서는 눈물이 마를 날이 없습니다.

〈고객과의 접점〉

신은 모든 곳에 있을 수 없어서 엄마를 만들었다고 합니다. 천사의 다른 이름은 어머니입니다. 어머니는 자식이 고통을 받을 때마다 눈물을 흘립니다. 그 눈물을 가슴 속에 고이 간직했다가 다시 자식들을 살리기 위해 내어줍니다. 제 어머니 역시 7남매의 고통과 기쁨을 모두 자신의 고통과 기쁨처럼 느꼈습니다. 신이 아니고서는 할 수 없는 일입니다.

〈스토리카드 연결〉

여러분은 '연어' 하면 어떤 것이 떠오르시나요? 훈제 연어나 연어초밥이 떠오르시나요? 아니면 '흐르는 강물을 거꾸로 거슬러 오르는 연어들의 도무지 알 수 없는 그들만의 신비한 이유'라는 노래 가사가 떠오르시나요? 이제부터는 '연어' 하면 '어머니'가 떠오르실 것입니다.

〈연어의 모정〉

연어는 강물을 거슬러 올라와 알을 낳고 죽습니다. 죽은 연어의 몸은 부화한 새끼들의 먹이가 됩니다. 새끼들은 엄마의 살인 줄도 모르고 먹고 자라서 바다로 나갑니다. 장성한 새끼들이 다시 돌아오지만 엄마는 어디에도 없습니다. 엄마는 이미 새끼의 몸 속에 있습니다. 만약 새끼들이 충분히 자라기 전에 엄마 연어가 천적에게 잡아먹히면 어떻게 될까요? 엄마 연어를 대신할 무언가가 필요합니다.

〈보험으로 연결〉

엄마 연어가 자신의 살을 새끼들에게 내어주듯, 엄마의 사랑이 가득 담긴 선물이 있습니다. 엄마가 없을 때 엄마를 대신할 수 있는 엄마의 살과 같은 보험. 그것이 바로 종신보험입니다. 천사가 물병에 눈물을 모으듯이, 엄마는 매달 납입금을 통장에 모읍니다. 그러면서 언젠가 자식에게 도움이 될 것을 날마다 기도합니다.

〈부담을 막아주는 모정의 댐〉

소개로 만난 고객은 정신적, 경제적으로 매우 힘든 상황이었다. 친정 엄마가 오랜 기간 암 투병 끝에 많은 빚을 남기고 돌아가셨기 때문이다. 고객에게는 두 자녀 남매가 있었다. 고객은 자신도 친정엄마처럼 자식들에게 부담을 주게 되면 어쩌나 불안해했다.

연어의 모정을 들려주며 사망보장은 결국 자녀들에게 부담이 되어 넘어가는 것을 막는 댐과 같다고 했더니 관심을 보이기 시작했다. "고객님께서 나이 들어서 아프면 치료비를 두고 두 남매가 서로 협의해야 합니다. 그런데 각자 가정이 있다 보니 합의가 쉽지 않죠. 만약 자녀가 치료비를 부담하게 되면 그 자녀에게 수익자를 지정해 주면 됩니다."

설명을 들은 고객은 즉시 80세 납으로 1억 원의 종신보험에 가입했다. 보험료는 자녀들이 주는 용돈으로 충당하면 되고, 환급금은 해약할 것이 아니기 때문에 큰 의미가 없다고 했다. 본인이 아플 때 종신보험이 있다면 자녀들의 눈치를 보지 않고 치료를 받을 수 있다. 살은 내주지 못할 망정 빚을 내줄 수는 없다.

〈사랑에는 돈이 든다〉

돈으로 사랑을 살 수는 없지만 돈에 사랑을 담을 수는 있다. 고린도전서에도 믿음, 소망, 사랑 중에 제일은 사랑이라는 구절이 나온다. 부모와 자식 간의 거리는 세상에서 가장 가깝다. 그러나 사랑을 이어줄 피 같은 돈이 없다면, 머리와 가슴처럼 가장 먼 거리가 될 수도 있다. 돈이 있어야 사랑이 돈다. 사랑에는 돈이 든다.

6

여인의 눈물

〈문제는 문제가 아니다〉

심장에 심각한 문제가 생긴 딸을 가진 엄마가 있었다. 엄마는 돈 걱정, 수술 걱정만 하느라 세월을 보냈다. 그러나 걱정만 한다고 아픈 딸이 건강해질 리는 없다. 문제는 문제가 아니다. 해결책을 찾지 않고 문제에만 머물러 있는 엄마가 문제다. 세일즈맨은 고객을 문제 모드에서 해결 모드로 이동시켜야 한다.

〈타로카드 질문〉

왠지 슬퍼 보이는 카드를 고르셨군요. 카드에서 무엇이 보이시나요? 네, 어두운 하늘에 별이 떠 있는 것을 보니 밤인 것 같군요. 그리고

또 무엇이 보이시나요? 벌거벗은 여인이 물병 속의 물을 따르는 모습
이 보입니다. 여인의 정체는 과연 무엇일까요? 그리고 여인은 왜 저러
고 있을까요?

〈타로카드 설명〉

여인이 버리는 것은 그냥 물이 아닙니다. 눈물입니다. 여인의 정체는
싱글맘입니다. 주위의 온갖 따가운 눈총을 견디며 힘든 삶을 살고 있
지만 누구 하나 마음을 터놓고 이야기할 사람이 없습니다. 힘들 때마
다 흘린 눈물을 물병에 모았다가, 아무도 보지 않는 밤에 몰래 흘려버
리는 싱글맘의 심정을 누가 알까요?

〈고객과의 접점〉

여자는 약하지만 엄마는 강합니다. 중국에서 건너 온 싱글맘이 있었습니다. 남편은 암으로 먼저 세상을 떠났습니다. 남편이 살아있을 때는 존재감을 잘 몰랐습니다. 그러나 남편과 사별하고 나니 혼자 남매를 키워야 한다는 책임감이 몰려왔습니다. 싱글맘은 나약해지기는커녕 전쟁터의 장군처럼 용감해졌습니다.

〈스토리카드 연결〉

새 중에도 모성애가 남다른 새가 있습니다. 부리에 커다란 주머니를 가진 이 새는 사냥해 온 물고기를 주머니에 저장했다가 새끼들에게 먹인다고 합니다. 어떤 새인지 짐작이 가시나요? 그렇습니다. 펠리컨입니다.

〈펠리컨의 모정〉

전설에 의하면 어미 펠리컨은 배고픈 새끼를 위해 큰 부리로 자신의 심장을 쪼아서 그 피를 마시게 한다고 합니다. 새끼 펠리컨이 물었습니다. "엄마, 이건 왜 이렇게 따뜻해?" 그러자 어미가 대답했습니다. "그건 너를 생각하는 엄마의 마음이란다."

〈보험으로 연결〉

보험 중에도 어미 펠리컨과 같은 상품이 있습니다. 바로 종신보험입니다. 종신보험의 사망보험금은 엄마가 남몰래 흘린 눈물을 모은 것입니다. 싱글맘은 혹시 자신이 잘못되어도 자녀만은 무사히 키워야겠다는 생각에 종신보험을 선택합니다.

〈자녀들을 지킨 싱글맘〉

20년 전 28세에 중국에서 온 여성의 사례다. 남편은 하반신 마비로 주유소를 운영하고 있었다. 부부에게 종신보험의 사망보장 및 여명상태의 선지급 기능을 설명했다. 그리고 연금으로 전환하여 사용할 수 있는 연금전환 기능에 대해서도 말해주었다.

특히 남편은 몸이 불편한 상황에서 종신보험이 어떤 경우에도 자녀들을 지켜줄 수 있다는 말에 공감했다. 두 자녀를 위해 부부가 3억 원씩 가입하기로 결정했다. 남편은 장애 때문에 1억 원만 가입이 가능했다.

10년 후 남편은 췌장암으로 세상을 떠났다. 그 후 시댁식구들로부터 재산관련 소송이 들어왔다. 당장 먹고살기도 힘든 판에 남편이 남겨놓은 재산의 대부분을 빼앗겼다. 심지어 아내의 종신보험에도 압류가 들어 올 뻔했다.

두 자녀의 엄마에게 종신보험 3억 원은 생명줄이나 다름없었다. 그 돈은 남편의 분신이었다. 결국 고객은 시댁과의 힘든 싸움에서 이길 수 있었다. 아내가 아니라 엄마였기 때문에 가능한 일이었다. 그 후 딸과 아들도 종신보험에 가입했다.

〈용감한 시골닭〉

시골닭을 본 적이 있는가? 대부분의 닭은 사람이 다가가면 도망간다. 그러나 병아리를 품은 닭은 다르다. 사람이 다가가면 푸드득 홰를 치며 자식을 지킨다. 미혼 여자보다 자녀가 있는 싱글맘은 강하다. 나를 위해 살면 힘이 들지만 자식을 위해 살면 없던 힘도 솟아난다.

7

무너지는 탑

〈도둑이 문 여는 법〉

도둑들은 번호키가 있는 현관문을 어떻게 열까? 먼저 연필을 갈아서 가루를 만든다. 그리고 이 가루를 번호키에 대고 입으로 분다. 그러면 손가락이 자주 닿아서 기름기가 있는 숫자에 연필가루가 묻는다. 도둑은 이 숫자를 조합해서 문을 연다고 한다. 번호키는 편리하지만 위험하다. 그래서 요즘은 불편해도 카드키를 많이 사용한다. 고객의 마음을 열 때도 카드키가 필요하다.

〈타로카드 질문〉

굉장히 스펙타클한 카드를 고르셨군요. 카드에서 무엇이 보이죠?

네, 커다란 탑이 보입니다. 탑에서 지금 무슨 일이 벌어지고 있나요? 마른 하늘에서 날벼락이 치며 탑이 무너지고 있습니다. 사람들은 대피를 하느라 정신이 없습니다. 마치 신이 내린 벌을 받는 것 같습니다. 왜 이런 일이 벌어지고 있을까요?

〈타로카드 설명〉

바벨탑이 왜 무너졌을까요? 네, 오만한 인간들이 하늘에 닿고자 높은 탑을 쌓자 분노한 신이 벌을 내린 것입니다. 탑은 무너지고 인간은 세상에 뿔뿔이 흩어졌죠. 사실 바벨탑은 신의 분노가 아니더라도 무너질 수밖에 없었습니다. 지금처럼 철골 콘크리트 구조가 아니라 흙벽돌로 지었기 때문입니다. 63빌딩을 흙벽돌로 지었다고 생각해 보세요. 어떤 일이 벌어졌을까요?

〈스토리카드 연결〉

사상누각(沙上樓閣)은 모래 위에 지은 집을 말합니다. 기초가 없으면 오래 가지 못한다는 뜻입니다. 부(富)도 마찬가지입니다. 올바르지 못한 방법으로 쌓은 부는 결코 오래 갈 수 없습니다. 부실한 재료로 급하게 지은 아파트가 무너지듯 언젠가 와르르 무너져 버립니다.

〈사상누각〉

어떤 부자가 큰 집을 짓고 있었습니다. 하루라도 빨리 지어서 사람들에게 자랑하고 싶었던 부자는 인부들을 독촉했습니다. 기초공사는 대충 하고 어서 2층, 3층을 올리라고 말이죠. 부자의 성화에 인부들은 토대가 굳기도 전에 건물을 올렸습니다. 마침내 건물이 완성되고 부자가 자랑하려는 그 순간, 건물은 굉음을 내며 무너졌습니다.

〈보험으로 연결〉

돈은 돌고 돌아서 돈입니다. 아무리 많은 재산을 모았어도 몸이 아프거나, 세금 폭탄을 맞거나, 부도가 나면 어떻게 될까요? 흙벽돌로 지은 건물처럼 순식간에 무너져 내립니다. 부자일수록 어떤 상황에서도 재산을 튼튼히 지켜줄 수 있는 철골 구조가 필요합니다. 그것이 바로 종신보험입니다.

〈가업을 지켜준 보장〉

여의도에서 운동기구 수입을 하는 50대 대표의 사례다. 사업도 잘되고 재산도 많이 모아서 재정적으로 안정적이었다. 아내는 자녀 3명과 함께 캐나다에서 생활하고 있었다. 고객은 수입한 운동기구를 보관하는 창고를 불로부터 지켜줄 화재보험을 문의했다.

나는 사상누각 이야기를 통해 화재보험보다 사망보장이 훨씬 중요하다고 설득했다. 불은 날지 안 날지 모르지만, 사람은 언젠가는 반드시 죽기 때문에 먼저 준비해야 한다. 이 말에 공감한 고객은 회사를 계약자로 종신보험 5억 원에 가입했다. 또 개인적으로 종신보험 3억 원에 가입했다. 물론 화재보험도 저렴하게 가입했다.

날로 사업이 번창하던 어느 날, 고객은 사업차 해외를 방문하던 중 심장마비로 세상을 뜨고 말았다. 만약 회사명의의 5억 원과 개인명의의 3억 원 종신보험이 없었다면 회사는 순식간에 도산했을 것이다. 그러나 종신보험 덕에 회사를 이어받은 장남은 무사히 위기를 넘길 수 있었다.

아내는 30년 이상 자식처럼 키워 올린 회사를 폐업하지 않았던 건 종신보험 덕분이라며 고마워했다. 회사를 이어받은 장남 역시 10년이 지난 지금도 회사를 잘 경영하고 있다. 종신보험도 1억 원으로 시작해서 현재 5억 원으로 증액했다. 튼튼한 보장의 중요성을 깨달은 것이다.

〈안전한 번지점프〉

마카오타워의 번지점프대는 높이가 무려 233미터에 달한다. 한번 미친 척 뛰어내린 적이 있었는데 정말이지 무서워 죽는 줄 알았다. 덕분에 아직까지 누구도 나의 담력을 의심하는 사람은 없다. 번지점프대가 높으면 높을수록 안전줄도 튼튼해야 한다. 만약 안전줄에 대한 믿음이 없었다면 결코 뛰어내리지 못했을 것이다.

8

돈의 노예

〈줄탁동시〉

'줄탁동시(啐啄同時)'라는 말이 있다. 병아리가 알을 깨고 나오려면 병아리가 안에서 껍질을 쪼는 타이밍과 어미 닭이 밖에서 껍질을 쪼는 타이밍이 잘 맞아야 한다는 뜻이다. 보험 세일즈도 마찬가지다. 고객이 마음을 여는 타이밍과 세일즈맨이 상품을 파는 타이밍이 잘 맞아야 한다. 세일즈는 타이밍이다.

〈타로카드 질문〉

무시무시한 카드를 고르셨군요. 여기는 어디일까요? 네, 악마가 횃불을 들고 서 있는 것을 보니 아마 지옥같습니다. 뿔이 난 악마는 무엇

을 하고 있나요? 악마의 발 밑에 있는 두 사람은 왜 저렇게 노예처럼 묶여 있을까요?

〈타로카드 설명〉

돈의 악마는 두 얼굴을 가지고 있습니다. 신이 나서 쓸 때는 천사의 얼굴을 하고 있지만, 갚으려고 할 때는 악마의 얼굴로 돌변하죠. 사슬에 묶여 있는 두 사람은 빚을 갚지 못해 돈의 악마에게 고통을 당하는 신세가 되고 말았습니다. 돈의 이중성에 속은 사람들은 결국 돈의 노예가 되고 맙니다.

'빚지고는 못 산다'는 말이 있습니다. 어느 날 중학교 친구로부터 전화가 왔습니다. 다급한 목소리로 30만 원만 송금해 달라고 했습니다. 교통사고가 났는데 급하게 돈이 필요하다는 것이었습니다. 송금을 한 후 알고 보니 저처럼 속은 동창들이 몇 명 있었습니다. 그 이후로 그 친구와는 연락이 안됩니다. 30만 원에 돈의 노예가 된 친구를 잃었습니다.

〈스토리카드 연결〉

예전 어떤 다큐멘터리에서 10억 원이 넘는 빚을 진 가장이 5개의 아르바이트를 하며 빚을 갚는 모습을 보았습니다. 찜질방에서 자면서 하루 20시간씩 일해도 버는 족족 원금과 이자로 빠져나갑니다. 노예가 따로 없습니다. 고객님은 혹시 갚아야 할 빚이 있으신가요?

〈끝까지 따라오는 빚〉

임종을 앞둔 아버지가 아들을 불렀습니다. 그리고 받아야 할 돈이 있는 사람들의 명단과 금액을 불러주었습니다. 아들이 물었습니다. "우리가 갚아야 할 사람은 없나요?" 아버지가 희미하게 웃으며 대답했

습니다. "그건 네가 걱정할 필요가 없단다. 받아야 할 돈이 있는 사람은 저승까지 쫓아오는 법이거든. 네가 굳이 찾지 않아도 내가 죽자마자 알아서들 나타날 게다."

〈보험으로 연결〉

외국 은행에서는 대출을 해줄 때 담보 외에 요구하는 문서가 있습니다. 바로 생명보험 증서입니다. 빚은 살아서는 벌어서 갚고 죽어서는 생명보험이 갚습니다. 사망보험금만큼 확실하게 나오는 돈이 없기 때문입니다. 만약 빚을 갚지 못하고 죽으면 어떻게 될까요? 남은 가족이 갚아야 합니다. 나날이 느는 것은 이자만이 아니라 가족의 원망입니다.

〈가족을 수렁에 빠뜨린 가장〉

40대 초반 영업 5년 차 동료 세일즈맨의 사례다. 영업이 어려워지면서 수입이 줄고 대출금을 갚기 어려워졌다. 결국 인센티브를 준다는 유혹에 현혹되어 다른 보험사로 옮겼다. 인센티브로 대출금도 줄일 수 있겠다는 계산이었다.

그러나 인센티브는 금세 바닥이 났다. 새로운 환경에 쉽게 적응할 수 없어서 일은 더욱 어려워졌다. 급기야 갖고 있던 종신보험도 모두 해지하고 갱신형 건강보험으로 갈아탔다. 경제적인 어려움에 따른 스트레스로 건강이 악화되더니 갑자기 사망했다.

갱신형 건강보험에는 사망보장이 전혀 없었다. 대출의 늪에서 헤어나기 위해 새로운 선택을 했는데 더 깊은 죽음의 수렁으로 빠지게 된 셈이었다. 남은 가족은 가장의 상실이라는 심리적 어려움에 경제적 어려움까지 한꺼번에 겪어야 했다.

만약 종신보험을 일부라도 유지했다면 어땠을까? 최악의 상황에서도 남은 가족에게 무거운 빚 대신 밝은 빛을 남겨줄 수 있었을 것이다.

그때 말리지 못한 것이 지금까지도 후회가 된다.

〈2번의 기쁨, 1번의 슬픔〉

월급은 빚을 이기지 못한다. 먹고살기 힘든 젊은층 사이에 자조적으로 퍼지는 말이다. 저승사자도 망자의 빚을 탕감해 주지는 못한다. 종신보험을 해지하면 당장은 환급금을 받을 때 한번, 보험료 납입 부담 감소에 또 한 번 기뻐한다. 그러나 큰 위기가 닥쳐오면 울면서 돈의 노예가 되어야 한다.

9

범인은 가재

〈재혼의 이유〉

아들이 2명 있는 남편이 큰 보험금을 남기고 갑자기 사망했다. 보험금을 받은 여자는 그 돈으로 무엇을 할까? 남편들은 재혼을 할 거라고 말하고, 세일즈맨은 보험에 가입할 거라고 말한다. 그러나 실상은 다르다. 보통 여자들은 그 돈을 자녀교육에 투자한다. 홀로 남겨진 여자가 재혼을 하는 이유는 주로 경제적 부담 때문이다.

〈타로카드 질문〉

다채로운 느낌을 주는 카드를 뽑으셨군요. 카드에서 어떤 동물이 보이시나요? 네, 육지에는 개가 두 마리 보이고 연못에는 가재가 한 마리

있습니다. 하늘에는? 사람의 얼굴을 한 달이 지상을 굽어보고 있습니다. 도대체 개와 가재, 달님 사이에 어떤 사연이 있을까요?

〈타로카드 설명〉

개 두 마리는 부부입니다. 평소 콩 한 쪽도 나눠먹을 정도로 금술이 좋았습니다. 그러던 어느 날 닭다리가 감쪽같이 사라졌습니다. 개 부부가 서로를 의심하며 으르렁 거리는 찰나, 밝은 달이 떴습니다. 그 바람에 연못에 숨어있던 커다란 가재가 모습을 드러냈습니다. 그렇습니다. 범인은 가재였습니다. 개 부부는 힘을 합쳐 가재를 잡아 맛있는 랍스타 요리를 먹었습니다.

〈고객과의 접점〉

백짓장도 맞들면 낫습니다. 무슨 일이든 부부가 힘을 합치면 무서울 것이 없습니다. 저도 평소에는 아내의 소중함을 몰랐습니다. 아내가 1주일 여행을 간 후에야 아내의 빈자리가 얼마나 큰지 느낄 수 있었습니다. 아이들 챙기기, 밥짓기, 청소하기, 빨래하기 등등. 이 무거운 짐을 그동안 아내에게만 맡겼구나 하는 생각에 미안했습니다.

〈스토리카드 연결〉

부부가 하나가 되기 위해 가장 중요한 것은 무엇일까요? 배려심입니다. 배려심이 있으면 함께 편하게 갈 수 있지만, 배려심이 없으면 한쪽이 모든 부담을 짊어져야 합니다. 옛날이야기 속에 나오는 말과 나귀도 이와 비슷합니다.

〈나귀와 말〉

나귀와 말이 각자 짐을 지고 길을 가고 있었습니다. 나귀는 말보다 덩치가 작은데 같은 양의 짐을 지고 가자니 힘에 부쳤습니다. 나귀는 숨을 헐떡이며 말에게 도와달라고 했습니다. 그러나 말은 자신의 짐은

알아서 지라며 냉정하게 거절했습니다. 결국 힘이 다한 나귀는 쓰러져 죽고 말았습니다. 주인은 나귀의 모든 짐을 말에게 옮겨 실었습니다. 그제서야 말은 나귀의 말을 들어주지 않은 것을 후회했습니다.

〈보험으로 연결〉

맞벌이 부부는 각자 자기 몫의 경제적 부담을 지고 살아갑니다. 만약 한 사람에게 문제가 생기면 어떻게 될까요? 남은 한 사람이 그 사람 몫까지 짊어져야 합니다. 이런 부담을 해결해주는 것이 종신보험입니다. 맞벌이 부부는 외벌이 부부보다 보장을 2배로 준비해야 합니다. 그래야 한 사람이 사망해도 남은 한 사람이 자녀를 돌보며 쪼들림 없이 살아갈 수 있습니다.

〈아내의 짐을 덜어준 남편〉

초등학교 교사의 소개로 만난 10년차 은행원 남편의 사례다. 아내는 종신보험의 필요성을 잘 알고 있었으나 남편은 그렇지 않았다. 맞벌이를 하고 있기 때문에 자신이 죽어도 아내의 수입으로 리스크를 감당할 수 있으리라 생각했다.

"네, 충분히 그렇게 생각하실 수 있겠네요." 나는 일단 공감을 하고 나귀와 말에 대한 스토리를 들려주었다. 남편은 깊이 생각하더니 아내에게 모든 짐을 지우기가 미안하다고 말했다. 상담 끝에 종신보험 1억원에 가입하고 몇 년이 지나 1억 원을 추가로 증액했다.

남편은 은행에서 퇴직한 후 몇 차례 사업을 시도했지만 모두 실패했다. 은행에서 고객에게 받는 스트레스 때문에 퇴사를 했는데 사업 실패에 따른 스트레스는 그 몇 배였다. 건강이 악화되고 당뇨가 심해졌다. 추가적인 사망보장 니즈를 느꼈지만 더 이상의 보험가입은 거절되었다.

얼마 후 남편은 후배와 술을 마시다 급성심근경색으로 사망했다. 아내는 남편의 사망보험금 2억 원으로 두 자녀의 교육과 독립을 잘 도와 줄 수 있었다. 남편을 설득해 종신보험에 가입할 수 있게 해줘서 너무 고맙다고 했다. 지금은 종신보험 세일즈의 든든한 키맨 역할을 하고 있다.

〈가장 큰 배려〉

부부는 가장 가까우면서 가장 먼 사이이다. 얼굴을 마주 보면 1cm도 안 되지만, 등을 돌리면 지구를 한 바퀴 돌아야 다시 만난다. 배우자를 위해 줄 수 있는 가장 큰 배려는 경제적인 배려다. 자신이 죽은 후에도 배우자가 안정되게 자녀들을 키우기를 원하는가? 지금 당장 종신보험에 가입하지 않으면 '죽음'이라는 가재가 배우자의 몫을 먹어치울 것이다.

10

목욕탕의 불

〈가장 먼저 고칠 곳〉

한 남자가 사고로 엉망이 된 자동차를 정비소로 몰고왔다. 유리창, 범퍼, 사이드 미러, 브레이크 등 성한 곳이 한 군데도 없었다. 다 수리를 하자니 돈이 부족했다. 당신이 만약 정비공이라면 어디를 먼저 수리해야 할까? 정답은 브레이크다. 엔진은 시동이 걸리지 않아도 위험하지 않지만, 브레이크가 작동하지 않으면 생명이 위태롭기 때문이다.

〈타로카드 질문〉

상당히 난감해 보이는 카드를 고르셨군요. 카드에서 무엇이 보이시나요? 이글거리는 태양과 벌거벗은 남녀가 보입니다. 두 사람이 있는

곳은 어디일까요? 두 사람은 왜 환한 대낮에 옷도 제대로 입지 못하고 이러고 있는 것일까요? 바람이라도 피우다가 들킨 것일까요?

〈타로카드 설명〉

갑자기 목욕탕에 불이 났습니다. 살기 위해서는 당장 밖으로 달려나가야 합니다. 입을 수 있는 것이 하나밖에 없다면 무엇을 입어야 할까요? 당연히 치부를 가려줄 수 있는 팬티를 입어야 하겠죠. 만약 팬티가 없다면? 두 손으로 얼굴만이라도 가리고 나와야 합니다. 누가 얼굴을 알아 볼 수 없도록 말이죠. 팬티는 비록 작지만, 가장 부끄러운 곳을 가려주는 핵심적인 역할을 합니다.

〈고객과의 접점〉

'호미로 막을 것을 가래로 막는다'는 속담이 있습니다. 예전에 은행에 다닐 때 실수로 고객에게 큰 손해를 끼친 적이 있었습니다. 차마 말을 꺼내기가 힘들어서 미루고 미루다가 급기야 고객으로부터 먼저 전화가 왔습니다. 그때는 이미 마음이 상할 대로 상해서 아무리 변명을 하고 사죄를 해도 소용이 없었습니다. 부끄러움을 감추려다 더 큰 부끄러움을 겪게 되었습니다.

〈스토리카드 연결〉

부끄러운 곳을 숨기고 싶은 것은 당연합니다. 벌거벗은 몸뚱이만이 부끄러운 것이 아닙니다. 상사에게 혼나는 자신의 모습을 부모나 자식이 보게 된다면 어떨까요? 쥐구멍이라도 찾아서 숨고 싶은 심정일 것입니다. 가장 큰 부끄러움은 가족에 대한 부끄러움입니다.

〈팬티 입은 개구리〉

하루는 뱀이 개구리를 잡아먹으려고 몰래 다가갔습니다. 가까이서 보니 신기하게 개구리가 팬티를 입고 있었습니다. 호기심이 생긴 뱀이 물었습니다. "넌 대체 뭐길래 팬티를 입고 있니?" 그러자 개구리가 대답했습니다. "저요? 전 때밀이인데요?" 그 말에 당황한 뱀은 한바탕 크게 웃고 개구리를 살려주었습니다. 팬티는 치부를 가렸을 뿐만 아니라 개구리의 목숨도 살려주었습니다.

〈보험으로 연결〉

부모로서 자녀에게 죽어도 감추고 싶은 치부는 무엇일까요? 자신의 경제적 부담이 자녀에게 넘어가는 것입니다. 그 꼴만큼은 보기 싫어서 아파도 병원에 안 가는 것이 부모의 마음입니다. 그러나 세상만사가 내 뜻대로 되지만은 않습니다. 어쩔 수 없는 상황이 벌어졌을 때 부모의 치부를 가려주는 팬티가 바로 종신보험입니다.

〈아빠 때문에 힘들어진 가족〉

형이 운영하는 주유소에서 근무하던 40대 중반의 고객의 사례다. 월급 600만 원에 식사까지 제공해주는 알짜 직업이었다. 처음 종신보험 권유를 했을 때는 주택자금 대출을 최우선으로 갚아야 한다며 거절했다.

몇 년 지나 다시 권유했을 때에는 첫째 딸이 갓 대학에 입학해서 여유가 없다고 했다. 몇 년 뒤에는 둘째 딸이 골프를 시작해서 여유가 없다고 했다. 자신은 병원에 한 번도 간 적 없으니 보험은 나중에 여유 되면 생각해 보겠다고 했다. 그렇게 계속 거절을 하다가 53세가 되어서야 겨우 종신보험 3천만 원에 가입했다.

그로부터 2년 후, 고객은 점심을 먹고 화장실에서 볼일을 보다가 뇌출혈로 쓰러졌다. 첫째 딸은 월급의 대부분을 아빠의 병원비에 지출해야 했고, 둘째 딸은 골프를 그만 두고 아버지의 병수발을 해야 했다. 얼마 후 아빠는 빚과 가족들의 원망을 남기고 사망했다.

세상에 덜렁 남겨진 두 딸을 보고 있자니 차라리 그때 좀 더 강하게 권유할 걸 하는 후회가 밀려왔다. 그날 이후로 사망보장을 미루는 고객을 만나면 팬티 입은 개구리 이야기를 입버릇처럼 말한다. 팬티는 미리 준비해야 한다. 목욕탕에 불이 난 후에는 이미 늦는다.

〈인생의 브레이크〉

아이젠하워에 의하면 '급하고 중요한 일' 못지않게 '급하지 않지만 중요한 일'에 시간을 투자해야 한다. 누구나 급하고 중요한 일에만 매달리기 때문에 급하지 않고 중요한 일에서 승부가 난다는 것이다. 인생이 고장난 차처럼 삐걱거린다면 가장 중요한 곳부터 수리를 해야 한다. 종신보험은 인생의 교통사고를 막아줄 수 있는 브레이크다.

제 2 장

타로
스토리 카드
11~20

STORY RECIPE 100

요리하는 마술사

〈밤을 먹는 3단계〉

밤을 맛있게 먹는 3단계는 다음과 같다. 첫째, 밤 가시에 찔리는 고통을 감수하면서 밤송이를 깐다. 둘째, 칼이나 이빨로 딱딱한 겉껍질을 깐다. 셋째, 떫은맛이 나는 속껍질을 벗겨낸다. 이렇게 번거로운 과정을 거치는 이유는 그걸 감수할 정도로 밤이 맛있기 때문이다. 가치가 있는 것일수록 2중, 3중의 보호막이 있다. 세일즈도 마찬가지다. 고객의 거절이 강할수록 가치 있는 고객일 확률이 높다.

〈타로카드 질문〉

먹음직스러운 카드를 고르셨군요. 카드에서 무엇이 보이시나요? 네,

한 남자가 테이블 위에서 고기를 손질하고 있습니다. 남자의 정체는 무엇일까요? 이 남자는 먹는 것으로 무엇을 하고 있을까요?

〈타로카드 설명〉

왕이 요리사들을 불러서 요리경연대회를 열었습니다. 전국에서 유명한 요리사가 모두 모여서 솜씨를 뽐냈습니다. 그러다가 고기를 요리하는 요리사의 차례가 왔습니다. 그런데 이미 왕은 배가 불러서 고기 요리를 모두 먹을 수가 없었습니다. 요리사는 고민 끝에 고기에서 가장 맛있는 부위만 아주 조금 떼어내서 정성을 다해 요리했습니다. 고기 한 점의 맛을 본 왕이 조금만 더 가져오라고 하자 요리사가 말했습니다. "이건 소 한 마리에서 딱 한 점밖에 안 나오는 희귀한 부위입니다. 그 맛을 보셨으면 소 한 마리를 다 드신 것이나 마찬가지입니다." 왕은 칭찬하며 그를 궁중 전속 요리사로 임명했습니다.

〈고객과의 접점〉

매도 먼저 맞으면 낫습니다. 중학교 때 친구들과 장난을 치다가 걸려서 6명이 엎드려서 매를 맞은 적이 있습니다. 뒤로 갈수록 선생님의 힘이 빠질 것을 계산해서 마지막에 맞으려고 줄의 맨 뒤로 갔습니다. 그런데 내가 맞을 때보다 앞에 친구들이 맞는 모습을 볼 때가 더 고통스러웠습니다. 그다음부터는 매 맞을 일이 있으면 무조건 맨 먼저 맞았습니다.

〈스토리카드 연결〉

우리나라에 식용으로 수입된 황소개구리는 북미가 원산지입니다. 큰 것은 몸길이 20cm, 무게는 700g이나 됩니다. 주로 뒷다리를 튀겨 먹는데 맛은 닭고기와 비슷하다고 합니다. 그럼에도 불구하고 징그러운 모습 때문에 인기는 별로 없습니다. 유명인 중에 살아 있는 개구리를 먹은 사람이 있었습니다.

〈개구리 삼키기〉

'톰 소여의 모험'으로 유명한 소설가 마크 트웨인은 침대에서 일어나면 제일 먼저 개구리를 먹었다고 합니다. 마크 트웨인이 개구리 미식가였기 때문일까요? 아닙니다. 마크 트웨인은 유명 작가였음에도 글을 쓰는 것이 죽도록 힘들었습니다. 그래서 가장 하기 싫은 개구리 먹는 일로 하루를 시작하면 상대적으로 글 쓰는 일이 힘들게 느껴지지 않았다고 합니다.

〈보험으로 연결〉

사람들은 쉬운 것을 먼저 하고 어려운 것을 뒤로 미룹니다. 금융상품을 설계할 때도 납입 부담이 적은 것을 먼저 하고 납입 부담이 높은 것은 뒤로 미룹니다. 대표적인 것이 종신보험입니다. 그러나 누구나 부담스러워하는 종신보험을 가장 먼저 가입하면 나머지는 술술 풀립니다. 큰 그릇에는 작은 그릇을 넣을 수 있지만 작은 그릇에는 큰 그릇을 넣을 수 없습니다.

〈스님도 가입하는 종신보험〉

공부방을 운영하는 35세 미혼 고객의 사례다. 결혼 생각도 없고 부양할 가족도 없어서 종신보험의 필요성은 전혀 느끼지 못하고 있었다. 그때 개구리 삼키기 스토리카드를 보여주면서 종신보험에 절대로 가입하지 않을 것 같은 사람들이 누군지 물어보았다.

잠시 생각하던 고객은 스님이라고 대답했다. 자신처럼 미혼이고 자식도 없으니 죽어서 나오는 종신보험에 가입할 이유가 없다는 것이었다. 내가 종신보험을 계약한 스님 고객이 몇 분 있다고 했더니 놀라며 그 이유를 궁금해 했다.

"스님들이 가장 꺼리는 것이 남에게 피해를 주는 것입니다. 세상에 업을 남기고 가면 해탈을 못하거든요. 그래서 살아서는 열심히 수도를 하고, 죽어서는 종신보험에게 뒤처리를 맡깁니다. 그렇지 않으면 스님의 장례를 치를 때도 산 사람의 도움을 받아야 합니다."

고객은 고민 끝에 1억 원의 종신보험에 가입했다. 세일즈맨들이 가장 어려워하는 것은 가망고객 발굴이다. DB에만 의존하면 DB가 끊기는 순간 세일즈도 끊긴다. 차라리 미혼처럼 가장 공략하기 힘든 가망고객을 공략해야 한다. 가장 힘든 일을 먼저 하면 뒤에는 쉬운 일만 남는다.

〈밤과 같은 고객〉

고기를 먹어도 가장 구하기 힘든 부위부터 먹어야 한다. 세계 여행을 갈 때는 가장 가기 힘든 남극, 북극부터 시작해야 한다. 쉽고 만만해 보이는 곳부터 시작하면 난이도가 올라갈수록 포기할 확률이 높아진다. 세일즈도 가장 공략하기 어려운 고객부터 공략해야 한다. 그런 고객일수록 마음을 열면 밤처럼 영양가가 있는 고객이 된다.

===== **12** =====

기도하는 수도승

〈장보기 필살기〉

대형마트에서 장을 볼 때는 내 머리를 믿으면 안 된다. 생각나는 대로 고르다 보면 틀림없이 중요한 품목이 빠져서 나중에 아내에게 혼난다. 그러나 아내가 써 준 체크리스트를 보면서 쇼핑하면 중요한 품목을 빠뜨리지 않고 살 수 있다. 세일즈도 마찬가지다. 고객을 만날 때도 누군가 정답을 전화로 알려주는 것과 같은 시스템이 있어야 한다.

〈타로카드 질문〉

기품이 있는 카드를 고르셨군요. 카드에서 누가 보이시나요? 네, 왕관을 쓰고 지팡이를 들고 있는 왕이 보입니다. 앞에 있는 두 사람은 누

구일까요? 복장을 보아하니 수도승 같습니다. 수도승이 무엇을 하고 있죠? 왕 앞에 엎드려 두 손을 모으고 간청하고 있습니다. 무슨 잘못이라도 한 것일까요?

〈타로카드 설명〉

왕이 왕국에서 유명한 두 명의 수도사를 불렀습니다. "나에게 영원한 생명을 달라고 신에게 기도하라. 기도가 이루어지면 너희는 진실한 사제이니 왕국의 절반을 주겠다. 하지만, 그렇지 않으면 너희는 사기꾼이니 모두 죽이겠다." 그러자 한 명은 두 손을 모으고 싹싹 빌며 살려달라고 애원했습니다. 그러나 다른 한 명은 태연하게 말했습니다.

"왕이시여, 영원한 생명은 축복이 아니라 저주입니다. 수백 살이 되어서 손가락 하나 까딱할 힘이 없어도 그 상태로 영원히 살고 싶습니까? 저는 왕께 저주를 드릴 수 없습니다. 차라리 저를 죽여주십시오. 사람이 죽는 것은 신이 정한 섭리입니다." 그러자 왕은 목숨을 구걸한 수도승은 죽이고, 목숨을 걸고 간언한 수도승은 살려주었습니다.

〈고객과의 접점〉

스티브 잡스의 말처럼 죽음은 삶이 만든 최고의 발명품입니다. 예전에 회사 초청으로 아들과 함께 하와이에 간 적이 있습니다. 해변에서 물놀이를 하다가 건너편에 산호초가 보였습니다. 거리가 얼마 되지 않아 옷을 입은 채 건너가려고 했습니다. 그런데 옷이 물을 먹자 무거워지면서 몸에 들러붙기 시작했습니다. 이대로 죽을지도 모른다는 공포감에 신발과 옷을 벗어던지고 죽을힘을 다해 겨우 빠져나올 수 있었습니다.

〈스토리카드 연결〉

스티브 잡스는 이렇게 말했습니다. "내가 곧 죽을 것을 기억하는 것은 중요한 결정을 내려야 할 때 큰 도움이 된다. 왜냐 하면 외부의 기대, 자존심, 수치심, 실패는 죽음 앞에 모두 무의미하기 때문이다." 알

렉산더 대왕의 아버지였던 필립 2세 역시 항상 '죽음'의 의미를 되새기고 살았습니다.

〈이상한 신하〉

필립 2세에게는 이상한 신하가 있었습니다. 매일 아침 필립 2세가 자리에서 일어날 때마다 신하는 이렇게 말했습니다. "왕이시여, 왕께서는 언젠가 반드시 죽습니다." 이렇게 매일 삶이 유한하다는 것을 잊지 않았기에 필립 2세는 눈앞의 이익에 흔들림 없이 중요한 결단을 내릴 수 있었습니다. 결국 아버지 필립 2세가 닦아놓은 기반을 바탕으로 알렉산더 대왕은 대제국을 건설할 수 있었습니다.

〈보험으로 연결〉

　죽음은 누구에게나 공평합니다. 천재적인 기업가였던 스티브 잡스도, 천하를 호령한 권력자였던 필립 2세도 죽음을 피할 수는 없었습니다. 저나 당신도 마찬가지입니다. 사람은 언젠가 죽습니다. 당신은 내일 죽는다면 무엇이 가장 걱정되시나요? 종신보험은 남겨질 가족들을 위해 잊지 말고 챙겨야 할 체크리스트입니다.

〈위기가 유지해 준 보장〉

　40대 초반에 종신보험에 가입한 동갑 부부의 사례다. 종신보험을 20년 동안 유지하던 중 해지와 감액의 위기가 두 번 있었다. 50대 초반에는 환급금이 너무 적다고 종신보험 해지를 고민하던 중 남편의 심장에 문제가 생겨서 종신보험 해지의 위기를 넘겼다. 남편은 스텐스 삽입 수술로 살아났다.

　50대 후반에는 수입이 줄자 죽어서 받는 사망보장은 의미가 없다고 종신보험부터 감액을 해야겠다고 했다. 그때 80대 어머니의 병원비 부담 문제로 자녀들 간에 심각한 의견 충돌이 있었다. 돈이 없으면 자식들 사이가 안 좋아진다. 나는 어머니가 종신보험 1억 원을 가지고 있다면 어떤 생각이 들겠냐고 물었다. 종신보험이 중요한 역할을 할 수 있다고 설득했고 부부가 이에 공감하면서 감액의 위기를 넘길 수 있었다.

대개 젊어서는 살아서 받는 건강특약이나 연금성 보험에 관심을 많이 가진다. 하지만 나이가 들고 죽음이 가까워지면 사망보장에 관심을 보인다. 하지만 그때 가입하려고 하면 이미 늦다. 연금전환에 관심이 많던 고객도 납입이 완료되는 60세가 넘으면 관심이 사라진다.

두 번의 큰 위기를 넘긴 종신보험은 현재 부부의 든든한 동반자가 되었다. 아마도 세 번째 해지 및 감액 위기는 오지 않을 것 같다. 이미 부부가 살아오면서 종신보험의 중요성을 충분히 느꼈기 때문이다. 종신보험은 잘 살기 위해서도 필요하고 잘 죽기 위해서도 필요하다.

〈잘 살고 잘 죽기〉

내일 죽는다고 생각하면 오늘의 삶이 달라진다. 삶과 죽음은 하나로 연결되어 있다. 둘 중 하나가 해결되면 나머지는 자동으로 풀린다. 잘 산다는 것은 잘 죽을 준비를 하는 것이다. 잘 사는 문제는 해결하기 힘들지만 잘 죽는 문제는 종신보험으로 충분히 미리 준비할 수 있다.

13

여인의 정체

〈싫어하는 이야기〉

고객들이 싫어하는 이야기가 3가지 있다. 3위는 낯선 사람과 만나는 것이다. 2위는 보험 이야기를 하는 것이다. 1위는 낯선 사람과 보험 이야기를 하는 것이다. 보험 세일즈는 이 어려운 일을 해내야 하는 극한 직업이다. 고객은 보험에는 관심이 없지만 보험금에는 관심이 많다. 세일즈를 잘하려면 보험에 대한 고객의 관점을 바꾸어야 한다.

〈타로카드 질문〉

아주 재미있는 카드를 고르셨군요. 카드에서 무엇이 보이시나요? 네, 여자가 한 손에는 칼을, 다른 한 손에는 저울을 들고 있습니다. 칼

과 저울이 의미하는 것은 무엇일까요? 여인의 정체는 누구일까요? 여인은 왜 칼과 저울을 들고 왕좌에 앉아 있을까요?

〈타로카드 설명〉

여인은 정육점 주인이었습니다. 한 손에 든 저울로 고기의 무게를 답니다. 그리고 다른 손에 든 칼로 고기를 자릅니다. 어떤 의미에서 여인은 재판관이라고도 할 수 있습니다. 저울로 죄의 경중을 달고, 칼로 벌을 줍니다. 똑같은 칼과 저울도 어떻게 다루느냐에 따라 정육점 주인이 될 수도 있고 재판관이 될 수도 있습니다.

〈고객과의 접점〉

자리가 사람을 만듭니다. 저는 어릴 때 아버지를 여의었습니다. 제 위로 3형제가 아버지 역할을 하면서 재산도 불리고 동생들 공부도 시켰습니다. 어릴 때는 아버지처럼 거대해 보이는 형님들이었는데 지금 와서 생각해보니 '아, 애가 애를 키웠구나' 하는 생각에 고마운 마음이 솟아납니다. 어떤 위치에 있으면 그 위치에 맞는 능력을 발휘합니다.

〈스토리카드 연결〉

술집에 가면 젓가락 하나로 안주도 집어먹고, 병도 따고, 노랫가락에 반주도 맞춥니다. 같은 물건도 어떻게 사용하느냐에 따라 전혀 다른 용도로 쓸 수 있습니다. 우산도 마찬가지입니다.

〈지팡이 우산〉

한 할아버지가 지팡이를 사려고 편의점에 들어갔습니다. 직원은 우리 매장에서는 지팡이를 팔지 않는다고 말했습니다. 실망한 노인이 뒤돌아 나오려는 순간 다른 직원이 할아버지를 불렀습니다. 직원은 우산을 내밀며 말했습니다. "할아버지, 이걸 쓰세요. 비가 안 올 때는 지팡

이로 쓸 수 있답니다. 평소에는 간편하게 접고 다니면 돼요. 그러다가 비가 올 때 펼치면 우산이 된답니다." 할아버지는 흡족해 하며 우산을 샀습니다.

〈보험으로 연결〉

많은 분들이 종신보험은 죽어야만 받는다고 생각합니다. 그렇지 않습니다. 종신보험은 여러 용도로 쓸 수 있습니다. 종신보험에 가입한 고객이 사망하면 사망보험금은 남은 가족을 보호하는 우산이 됩니다. 만약 살아서 한쪽 눈이 실명되면 납입면제가 되어 지팡이처럼 의지할 수 있습니다. 건강하게 오래 살면 연금전환이 되어서 양산처럼 쓸 수 있습니다.

〈다용도 우산 같은 보장〉

종신보험을 해지한 후 재가입한 40대 주부의 사례다. 보험 세일즈를 하는 지인의 말만 듣고 28세에 부모님이 가입해 준 종신보험을 10년 후에 해지했다. 사망보장은 돈을 버는 가장에게 필요하고 전업주부인 자신에게는 건강보험이 더 유용하다고 생각했다. 그러나 지인의 설명은 불완전한 것이었다.

나는 고객에게 종신보험의 가치를 다시 설명했다. "가입 후 10년이 지난 종신보험의 주계약은 일반사망으로 표시됩니다. 그러나 실상은 납입하는 금액만큼 확정적으로 환급금이 늘어나는 적금과 같습니다. 일을 못할 정도로 아프거나 다쳐서 50% 이상 장애 상태가 되면 납입이 면제됩니다." 몰랐던 정보를 알게 되면서 고객이 흥미를 보이기 시작했다.

"뿐만 아닙니다. 시한부 판정이나 장기이식을 할 정도가 되면 사망보장을 미리 할인해서 받을 수 있습니다. 그 비용을 병원비로 쓰면 가족들의 경제적 부담을 줄여줄 수 있습니다. 납입액 이상 쌓여 있는 해약 환급금을 의료비 통장 용도로 활용하면서 의료비 공백을 메울 수 있습니다."

그제서야 종신보험의 필요성을 깨달은 고객은 종신보험에 재가입했다. 왜 같은 종신을 전혀 다르게 설명하는지 모르겠다며 해지한 종신보험을 안타까워했다. 종신보험을 하나의 기능으로만 보았기 때문이다. 우산이 양산이나 지팡이로 사용할 수 있는 것처럼 종신보험도 여러 기능으로 활용할 수 있다.

〈살아서 받는 종신보험〉

같은 대상도 어떻게 보느냐에 따라 전혀 다르게 보인다. 보험 세일즈를 하려면 보험에 대한 고객의 관점을 바꾸어 주어야 한다. 아직도 많은 고객이 '종신보험은 죽어야 받는 보험'이라는 고정관념에 사로잡혀 있다. 이제는 시대가 바뀌었다. 우산이 비가 안 올 때는 지팡이 역할을 하듯이, 종신보험도 살아생전 기댈 수 있는 든든한 버팀목이 될 수 있다.

14

스핑크스의 수레

〈만들어진 여유〉

　노자는 무(無)에 대해 이렇게 말한다. "우리는 바퀴의 몸체를 만들지만 마차를 앞으로 굴러가게 하는 건 바퀴 중심에 있는 빈 공간이다. 우리는 진흙으로 그릇을 만들지만 우리가 원하는 것을 담아내는 건 그 안의 빈 공간이다. 우리는 집을 짓기 위해 나무를 베어내지만 그 집의 진정한 가치는 내부 공간에 있다." 빈 공간이 있어야 여유가 나온다. 여유를 만들어내기 위해서는 바퀴의 중심을 파고, 흙으로 그릇을 빚고, 나무로 기둥을 세우는 노동이 필요하다. 여유는 저절로 생기는 것이 아니라 만들어내는 것이다.

아주 고전적인 카드를 고르셨군요. 카드에서 무엇이 보이시나요?
네, 이상한 생물이 보입니다. 얼굴은 사람이고 몸은 사자인 스핑크스
가 수레를 끌고 있습니다. 그럼 수레 위에 탄 사람은 누구일까요? 왜
스핑크스와 같이 힘 센 괴물이 수레를 끌고 있을까요?

〈타로카드 설명〉

수레에 탄 사람은 이집트의 왕자입니다. 왕자는 스피드광이었습니
다. 수레를 조금이라도 더 빨리 끌게 하려고 날개가 달린 스핑크스에

게 수레를 끌게 했습니다. 그 결과 어떻게 되었을까요? 왕자에게 채찍질을 당한 스핑크스는 깜짝 놀라서 하늘로 날아올랐습니다. 그 바람에 왕자는 수레에서 굴러 떨어져 그만 죽고 말았습니다.

〈고객과의 접점〉

급하다고 바늘허리에 실을 매어 쓸 수는 없습니다. 모든 일에는 순서가 있습니다. 인스턴트 식품에도 레시피가 있습니다. 짜파게티를 빨리 먹고 싶다고 물을 따르기 전에 짜장스프를 넣어서는 안 됩니다. 그러면 짜파게티가 아니라 짜파게탕이 됩니다. 원하는 성과를 거두려면 정해진 순서를 따라야 합니다.

〈스토리카드 연결〉

때론 가장 느린 길이 가장 빠른 길이 될 수도 있습니다. 환승역에서 급하다고 먼저 도착한 전철을 아무거나 탔다가는 반대 방향으로 빙 돌아갑니다. 집을 지을 때도 마찬가지입니다. 올바른 순서에 따라 차근차근 지은 집이 튼튼합니다.

〈목수의 집 그리기〉

종이 위에 집을 그려보라고 하면 대부분의 사람들은 위에서부터 아래로 그립니다. 먼저 지붕을 그리고 그다음 기둥, 마지막으로 주춧돌을 그립니다. 그러나 현실에서 이렇게 집을 짓는 것은 불가능합니다. 반면 실제로 집을 짓는 목수는 아래에서 위 순서로 그립니다. 먼저 주춧돌을 그리고, 그 위에 기둥을 세우고, 마지막으로 지붕을 얹습니다. 왜 그럴까요? 주춧돌이 집 전체를 떠받치는 역할을 하기 때문입니다.

〈보험으로 연결〉

재정안정 계획을 세우는 것은 집을 짓는 것과 같습니다. 가장 중요한 보장을 가장 먼저 세워야 합니다. 집의 주춧돌에 해당하는 것이 종신보험입니다. 기둥에 해당하는 것이 노후준비고 지붕에 해당하는 것이 생활비입니다. 이 순서가 거꾸로 되면 수레가 뒤집히듯이 인생이 흔들립니다.

〈순서가 잘못된 재정안정〉

50대의 생선가게 대표의 사례다. 20대에 일찍 결혼해서 조기에 기반을 마련하고 은퇴 후 농사지으며 살 땅을 경기도에 마련했다. 하나뿐인 딸은 사립학교를 보낼 정도로 교육에도 열성이었다. 아내까지 국민연금에 가입했고 개인연금도 별도로 준비했다.

재정안정 플랜 이야기를 했더니 목적자금, 노후연금뿐만 아니라 은퇴 후의 계획까지 완벽해서 더 이상 손 델 것이 없다고 자신만만했다. 종신보험 이야기를 했는데 관심도 없고 현재 자신들의 계획을 변경하는 것은 힘들다고 했다.

몇 년 후 아내가 암 판정을 받고 투병생활을 하면서 부부가 같이하던 사업은 힘들어졌고 전원생활용 땅과 아파트를 매각했다. 장기간 투병생활로 부채가 많이 쌓인 상태에서 아내는 결국 사망했다. 자녀는 알바를 하면서 힘들게 대학을 다니고 있다.

노후 준비자금의 일부를 가지고 아내가 종신보험을 준비했다면 어땠을까? 아마 편하게 치료를 받고 딸이 지금처럼 어렵게 공부하지 않았을 것이다. 남들보다 빠르게 은퇴까지 완벽하게 준비했음에도 순서가 잘못되어서 불행해진 사례다.

〈인생의 주춧돌〉

집을 지붕부터 그릴 수는 있어도 지붕부터 지을 수는 없다. 아무리 급해도 주춧돌부터 놓아야 집을 세울 수 있다. 종신보험은 인생의 주춧돌이다. 겉으로 잘 보이지는 않지만 그것을 빼면 인생이라는 집이 와르르 무너진다. 여유는 일을 해야 만들 수 있다. 일을 하려면 적절한 휴식을 취해야 한다. Coffee에는 Off라는 말이 들어있다. 잠시 Coffee를 한 잔 마시며 복잡한 생각을 Off하고 인생을 설계하는 것은 어떨까?

15

길 잃은 보물상자

〈주먹을 보는 법〉

주먹을 눈앞에 바짝 붙이면 어떻게 될까? 캄캄해서 아무것도 보이지 않는다. 그러나 멀어지면 주먹이 보이고 더 멀어지면 팔과 어깨가 보인다. 나중에는 전신이 다 보인다. 너무 가까이서 보면 시야가 좁아진다. 멀리 봐야 전체가 한눈에 들어온다. 인생도 마찬가지다. 섬을 떠나야 섬이 보인다.

〈타로카드 질문〉

카드에서 무엇이 보이시나요? 네, 짧은 봉을 들고 있는 한 남자와 그가 깔고 앉은 커다란 상자가 보이는군요. 저 남자의 정체는 무엇일까

요? 투구를 쓴 것으로 봐서 병사일까요? 저 상자 안에는 과연 무엇이 들어 있을까요? 저 남자는 왜 상자를 깔고 앉아 있는 걸까요?

〈타로카드 설명〉

　남자의 정체는 군인입니다. 남자는 전쟁에서 많은 공을 세웠습니다. 상으로 보물을 잔뜩 받아서 상자에 넣고 자랑스럽게 귀향하는 길입니다. 그런데 남자는 3개월 뒤 집 반대 방향에서 변사체로 발견되었습니다. 왜 그랬을까요? 목적지를 보지 않고 보물을 잃어버릴까 봐 발끝만 보면서 걸었기 때문입니다.

〈고객과의 접점〉

사람과 산은 멀리서 보는 게 낫습니다. 우리 집 냉장고에는 '우리 집 아이가 아니다'라는 스티커가 붙어 있습니다. 우리 집 아이라고 생각하면 감정적이 됩니다. 작은 잘못에도 큰소리부터 나옵니다. 옆집 아이라고 생각하면 객관적으로 대할 수 있습니다. 관계를 상하지 않으면서 제대로 교육할 수 있습니다.

〈스토리카드 연결〉

제대로 보려면 멀리서 봐야 합니다. 운전을 할 때도 멀리 목표물을 보면 똑바로 가지만 눈앞의 장애물만 피해가면 이리저리 곡예운전을 해야 합니다. 운동장에 선을 그을 때도 마찬가지입니다.

〈운동장에 선 긋기〉

초등학교 시절, 발야구를 하려면 물주전자로 운동장에 선을 그었습니다. 그런데 신기하게도 제가 그린 선은 삐뚤빼뚤한데 친구가 그린 선은 자를 대고 그린 것처럼 반듯했습니다. 신기해서 물어보니 친구가 말했습니다. "저쪽 운동장 끝에 있는 나무 보이지? 멀리 있는 목표

물을 보고 가면 돼." 생각해보면 인생도 마찬가지입니다. 눈앞의 일만 생각하며 살다 보면 목표로부터 점점 멀어져 엉뚱한 곳으로 가게 됩니다.

〈보험으로 연결〉

멀리 가려면 멀리 봐야 합니다. 인생에서 가장 먼 지점은 어딜까요? 우리가 죽는 순간입니다. 종신보험은 끝을 준비하는 보험입니다. 멀리 있는 나무를 보고 선을 그어야 반듯하게 그을 수 있듯, 멀리 있는 죽음을 보고 인생을 준비해야 반듯하게 살 수 있습니다. 인생의 끝, 가장 멀리 서 있는 나무 한 그루. 그것이 바로 종신보험입니다.

〈멀리보고 바르게 그은 인생곡선〉

　25세에 종신보험 1억 원에 가입한 신입 은행원의 사례다. 28세 5천만 원 증액하면서 5억 원 보장이 최종 목표라고 했다. 물가를 감안하면 5억 원 정도는 되어야 든든하다고 했다. 해외 생활을 했던 부모님의 종신보험에 대한 긍정적인 마인드가 영향을 주었다.

　수입 증가 수준에 맞춰서 증액하면 조기 가입 시 수입의 10%가 넘지 않을 것 같았다. 최초 가입 시 약속했던 수입 증가에 따른 증액 계획을 미루다가 부모님이 크게 아픈 것을 보고 10년 후인 35세에 3억 5천만 원 증액하면서 5억 원 보장의 목표를 달성했다.

　납입이 완료되는 55세 시점에 총납입 예상액이 2억 원이고 환급금은 2억 3천만 원 정도 되었다. 55세 시점의 목표 보장 금액을 25세에 정한 금액 그대로 실천한 것이다. 딸 하나인 가장으로 중간에 어떤 문제가 생겨도 가족이 어려워질 일은 없었다. 55세 시점에는 2억 원이 넘는 현금 유동성까지 확보했다.

　다른 나라에서는 납입이 끝난 종신보험의 수익자를 가족에서 실버타운으로 변경하고 입소를 제안하기도 한다. 납입이 끝난 종신보험증서는 자살해도 지급할 정도로, 어떤 일이 있어도 지급이 확실하기 때문이다. 최초 가입 시 30년 후를 보면서 계획을 세웠기 때문에 20년이 지난 지금 시점에서 보면 바르게 선을 긋는 것이 가능하다.

〈금요일 vs 일요일〉

높이 나는 새가 멀리 볼 수 있다. 멀리 볼 수 있으니까 멀리 갈 수 있다. 사람들에게 금요일 오후와 일요일 오후 중 어느 쪽이 행복하냐고 물으면 어떻게 대답할까? 대개 일을 하고 있는 금요일 오후가 일요일 오후보다 행복하다고 말한다. 금요일은 자유로워질 freeday이고 일요일은 곧 지나갈 soonday이기 때문이다. 행복은 미래가 결정한다. 멀리 보면 길게 행복하다.

16

성직자의 선택

〈이중보안〉

사회가 발전할수록 보안문제가 중요해진다. 비밀번호를 도용당했다는 뉴스도 심심치 않게 들려온다. 그래서 컴퓨터에 접속하려면 보통 2중의 보안망을 통과해야 한다. 첫 번째는 컴퓨터의 비밀번호이고 두 번째는 사이트의 비밀번호다. 고객의 마음도 2중의 보안망으로 잠겨 있다. 그것을 한 번에 뚫을 수 있는 만능열쇠가 있다. 그것은 무엇일까?

〈타로카드 질문〉

아주 기품이 있는 카드를 고르셨군요. 카드에서 무엇이 보이시나요? 네, 수염을 길게 기른 할아버지가 보입니다. 마법사처럼 긴 외투를

걸친 채 한 손에는 등불을, 다른 손에는 지팡이를 짚고 있군요. 몸이 불편하거나 눈이 잘 보이지 않는 것 같습니다. 이 남자는 무엇을 하는 사람일까요? 왜 한 밤중에 등불을 들고 다니고 있는 것일까요?

〈타로카드 설명〉

눈이 먼 성직자가 지팡이를 짚고 시골 마을에 도착했습니다. 마을에 있던 3명의 장사꾼은 이때다 싶어 물건 팔기 내기를 했습니다. 첫 번째 상인은 몸을 따뜻하게 해주는 털옷을 팔려고 했습니다. 하지만 성직자는 지금 입고 있는 외투로 충분하다며 거절했습니다. 두 번째 상인은 뱀을 쫓을 수 있는 칼을 사라고 했습니다. 하지만 성직자는 지팡이면 충분하다고 거절했습니다. 세 번째 상인은 램프를 팔면서 말했습니다. "이 램프는 당신을 위해서가 아니라 주변 사람들을 위한 것입니다. 밤에 멀리서도 잘 보이게 말이죠." 그 말을 들은 성직자는 두말없이 램프를 샀습니다.

〈고객과의 접점〉

인디언들은 "그 사람의 신을 신고 걸어보기 전까지는 그에 대해 함부로 말하지 말라."고 말합니다. 교사를 하고 있는 친구의 교생 시절 이야기입니다. 수업을 하고 있는데 한 학생이 아무 말도 없이 미간을 찡그린 채 친구를 노려보았습니다. 살짝 기분이 상해서 이유를 묻자 학생은 어눌한 말투로 대답했습니다. "제… 제가 귀가… 잘 안 들려서… 선생님 입술 모양을… 잘 봐야… 하거든요." 그 말을 들은 친구는 다음부터는 입술에 힘을 주어 정확하게 발음했습니다.

〈스토리카드 연결〉

세일즈맨이 물건을 팔기 가장 어려운 사람이 누구일까요? 성직자입니다. 돈도 없을뿐더러 물질의 필요성도 못 느낍니다. 신께서 다 알아서 해주신다고 믿기 때문입니다. 그럼 머리빗을 팔기 가장 어려운 사람은

누구일까요? 머리숱이 없는 사람입니다. 빗을 머리카락이 없기 때문이죠. 그렇다면 성직자 중에서도 스님에게 빗을 파는 것은 어떨까요?

〈스님에게 빗 팔기〉

한 회사에서 신입 영업사원 3명에게 스님에게 빗을 파는 미션을 주었습니다. 스님의 두피 관리를 공략한 사람은 머리를 긁는 용도로 1개를 팔았습니다. 신도들이 머리를 가지런히 빗고 공양을 드려야 한다고 공략한 사람은 3개를 팔고 득의양양했습니다. 마지막으로 100개를 판 사람이 등장하자 다른 사람들이 깜짝 놀라며 그 비결을 물었습니다. 100개를 판 사람이 대답했습니다. "비결이요? '적선소(積善梳: 선을 쌓는

빗)'라고 새긴 빗을 덕을 쌓는 기념품으로 팔았을 뿐입니다."

〈보험으로 연결〉

스님에게 빗을 파는 것이 어려울까요, 종신보험을 파는 것이 어려울까요? 종신보험이 몇 배는 힘듭니다. 스님에게는 사망보험금을 물려줄 자식이나 부모가 없습니다. 스님은 어디에서 돌아가실까요? 많은 분들이 절에서 조용히 돌아가신다고 생각합니다. 아닙니다. 우리랑 똑같이 병원에서 돌아가십니다. 그럼 스님이 돌아가시면 병원비는 누가 부담할까요? 돈이 없으면 다른 누군가의 경제적 도움을 받아야 합니다. 그러면 속세에 또다시 업을 쌓게 됩니다. 이 문제를 해결해 주는 것이 종신보험입니다.

〈스님들이 추천하는 종신보험〉

신도의 소개로 종신보험에 가입한 45세 여자 스님의 사례다. 스님은 서울, 부산, 창원으로 절을 옮겨 다녔는데 세속에 사는 사람들보다 수술과 입원이 잦았다. 종신보험에 가입 후 같은 절에 있던 다른 30대 젊은 비구니 스님을 소개하여 종신보험에 가입시켰다.

스님들은 돈 쓸 일이 별로 없어서 유지도 잘되고 사후관리 비용도 들지 않는다. 게다가 주변의 스님을 소개해주는 최고의 고객이다. 동료 세일즈맨이 강의를 듣고 그대로 스님에게 설명했더니 그 스님이 종신보험에 가입해서 놀랐다고 했다.

39세의 여자스님은 평균 월 생활비가 50만 원인데 종신보험 보험료로 10만 원 납입했다. 종신보험은 보살펴 줄 가족도 없는 처지에 남에게 피해를 주지 않고 삶을 마무리할 수 있는 최고의 수단이다. 가입 시에는 가족을 법정 상속인으로 지정하고 가입 후에 자신을 케어해 줄 신도로 수익자를 변경하면 된다.

65세 남자 주지스님의 사례도 있다. 절에서 신도의 종신보험 상담을 옆에서 듣다가 자기의 보험도 살펴봐 달라고 했다. 스님들은 49재, 천도재가 주 수입원인데 정작 본인들을 케어해 줄 사람이 없었다. 종신보험의 사망보장은 주변에 폐를 끼치지 않고 49재와 천도재를 지내 줄 수 있다. 이 사실을 깨달은 스님은 종신보험에 가입했다. 종신보험은 스님의 업을 없애주는 최고의 해탈법이다.

〈가치를 팔아라〉

극과 극은 통한다. 종신보험은 가장 필요 없을 것 같은 사람에게 가장 필요한 것일 수 있다. 2중으로 잠긴 고객의 보안망을 해제할 수 있는 만능열쇠는 '가치'이다. 스님에게 빗이 아니라 '적선'을 팔아라. 종신보험이 아니라 '해탈'을 팔아라. 무엇이든 고객이 원하는 가치를 주어야 한다. 종신보험은 가치를 안전하게 담아서 전달할 수 있는 가장 확실한 도구이다.

STORY RECIPE 100

17

천사와 악마

⟨창문의 딜레마⟩

결혼생활이란 무엇과 같을까? 누군가는 이렇게 대답했다. 창문을 닫으면 잠 못 이루는 남자와 창문을 열면 잠 못 이루는 여자가 한 침대에서 자는 것이라고. 맞는 말이다. 그래서 많은 부부가 행복한 결혼생활을 유지하지 못한다. 고객과의 관계도 마찬가지다. 완벽한 상품은 없다.

⟨타로카드 질문⟩

상당히 로맨틱한 카드를 고르셨군요. 카드에서 무엇이 보이시나요? 네, 커다란 수레에 두 사람이 매달려 있습니다. 빨간 몸 색깔을 한 한

명은 삼지창을 들고 있고, 하얀 몸 색깔을 한 다른 한 명은 개의 머리에 풍성한 꼬리같은 것이 달려 있습니다. 그리고 수레바퀴 아래에는 뱀 두 마리가 똬리를 틀고 있네요. 이 두 사람은 도대체 무슨 관계길래 이렇게 수레바퀴에 매달려 있을까요?

〈타로카드 설명〉

피부가 빨간 것은 악마, 피부가 하얀 것은 천사입니다. 그런데 하필이면 둘이 사랑에 빠진 겁니다. 금지된 사랑이라고나 할까요? 신의 입장에서는 참으로 난처했죠. 그래서 신은 둘이 영원히 만날 수 없게 운명의 수레바퀴에 묶어 놓았습니다. 운명은 마음먹기에 달려있습니다.

운명의 수레바퀴가 있는 곳이 사람의 마음입니다. 그래서 사람의 마음에는 천사와 악마가 번갈아 나타납니다.

〈고객과의 접점〉

산 좋고 물 좋고 정자 좋은 곳 없습니다. 모든 조건이 다 들어맞는 것은 찾기 힘듭니다. 저는 중고차를 살 때 일부러 하자가 있는 차를 고릅니다. 대신 딱 3가지 조건만 봅니다. 출고 후 2년 이내일 것, 운행거리 2만 ㎞ 이내일 것, 가격이 저렴할 것. 이 3가지 조건 외는 사고차도 상관없습니다. 그래야 가격이 저렴할 테니까요. 하자가 없는 차로 위 3가지 조건을 모두 맞추기는 힘듭니다.

〈스토리카드 연결〉

요즘 젊은이들이 결혼을 늦게 하는 이유는 무엇일까요? 너무 완벽한 조건을 따지기 때문입니다. 결혼은 가장 아름다운 사랑이면서 동시에 가장 이기적인 계약입니다. 결혼만큼 외모, 돈, 직업, 가족 등 여러 가지 조건을 따지는 계약이 없습니다. 사랑을 따르자니 조건이 울고, 조건을 따르자니 사랑이 웁니다.

〈완벽한 배우자〉

한 여자가 완벽한 배우자를 찾아 헤맸습니다. 10년을 찾아다닌 끝에
마침내 마음에 쏙 드는 남자를 만났습니다. 그런데 결혼을 하지 못했
습니다. 왜 그랬을까요? 그 남자도 완벽한 배우자를 찾아다니고 있었
기 때문입니다. 완벽한 배우자를 찾는다는 것은 영원히 만날 수 없는
수레바퀴에 자신을 묶는 것과 같습니다.

〈보험으로 연결〉

내가 원하는 조건을 모두 갖춘 물건을 살 수는 없습니다. 그런 물건은 너무 비싸서 살 수 없거나, 있더라도 벌써 팔렸습니다. 보험도 마찬가지입니다. 모든 조건을 다 충족시키는 상품은 비싸거나 가입심사에서 거절당합니다. 그런데 좀 부족해 보이지만 시간이 지나면서 점점 완벽해지는 상품이 있습니다. 바로 종신보험입니다. 건강할 때는 단점투성이로 보이지만 죽기 직전에는 완벽한 상품으로 변신합니다.

〈차선으로 선택한 최선의 보장〉

보험 상품에 대한 기대치가 너무 높았던 41세 노처녀의 사례다. 아빠가 일찍 사망하고 엄마 혼자 힘들게 사는 것을 옆에서 지켜보면서 보장에 대한 필요성을 느꼈다. 자연스럽게 보험료는 낮고 환급률은 높으면서 보장은 큰 완벽한 상품을 원했다.

주계약 위주의 종신보험을 단기납으로 설명했더니 좋기는 한데 보험료가 너무 높다고 했다. 저해지 환급형으로 장기납을 설명했더니 중간에 환급률이 낮고 납기가 너무 길다고 했다. 보장이 크면서 보험료가 낮은 소멸성 정기보험을 설명했더니 만기 시에 환급금이 없어서 싫다고 했다. 보장수준, 보험료, 환급률, 납입기간을 모두 만족시킬 상품은 없었다.

나는 50세의 종신보험 설계서를 보여 주었다. 50대가 되어서 건강이 안 좋아지면 보험료도 올라가고 거절 가능성도 높아진다. 그래도 건강에 문제가 있는 사람들은 보험료나 환급률은 크게 신경 쓰지 않는다. 50대의 보장과 비교하니까 지금의 보장이 상대적으로 보험료가 낮고 보장도 크면서 환급률이 높다는 것을 이해했다.

결국 고객은 차선책으로 종신 주계약 1억 원에 정기특약 1억 원을 추가하는 보장을 선택했다. 나이가 들어서 선택하는 종신보험과 비교하면 젊어서 가입하는 보험은 완벽에 가까운 상품이다. 완벽한 상품이 있는 것이 아니라 완벽한 시기가 있을 뿐이다. 죽는 시점은 아무도 예측할 수 없기 때문에 보험료가 저렴할 때 선택하는 것이 최선이다.

〈완벽은 만들어진다〉

완벽함은 원래부터 존재하는 것이 아니라 관점에 의해 만들어진다. 처음부터 완벽한 결혼 상대가 없듯이 완벽한 보험상품은 없다. 종신보험은 젊을 때는 불만투성이의 형편없는 상품이다. 하지만 죽음이 임박한 시점에는 완벽한 상품이 된다. 불완전한 커플이 만나 완전한 결혼생활을 만들어 가듯이 '시간'이라는 변수를 참고 견뎌야 한다.

18

내 손안의 보물

〈가깝고도 먼 가족〉

나는 지금까지 5권의 책을 출간했다. 동료들이며 고객들은 대부분 읽었다. 그런데 정작 아내와 자식들은 읽지 않는다. 가장 가까이 있는 사람에게 인정받는 것이 가장 힘들다. 밖에서는 존경받는 커뮤니케이션 전문가도 집에서 사춘기 딸과 대화를 하기는 힘들어한다. 그래서 가족은 가장 소중한 친구이자 가장 무서운 적이다. 가까운 사람을 설득할 수 있으면 누구든 설득할 수 있다.

〈타로카드 질문〉

아주 풍요로운 카드를 고르셨군요. 카드에 무엇이 보이시나요? 네,

한 남자가 장막으로 장식된 의자에 앉아있습니다. 남자가 손에 든 것은 무엇일까요? 한 손에는 책을, 다른 손에는 열쇠 2개를 들고 있습니다. 책과 열쇠는 어떤 관련이 있을까요?

〈타로카드 설명〉

남자가 들고 있는 책은 보물지도가 그려진 책입니다. 남자는 책에 그려진 대로 커다란 보물상자 2개를 손에 넣었습니다. 그리고 황금열쇠로 보물상자를 열었습니다. 그런데 이게 웬일입니까? 보물상자는 텅 비어있었습니다. 그제야 남자는 깨달았습니다. 보물은 다름 아닌 지금 손에 쥐고 있는 황금열쇠라는 사실을요. 가장 소중한 것은 가장 가까이에 있습니다.

〈고객과의 접점〉

등잔 밑이 어둡습니다. 미국 유학을 간 지인의 아들이 우울증에 걸렸습니다. 전공이 같은 룸메이트의 실력이 너무 월등해서 도저히 따라잡을 수 없었기 때문입니다. 그래서 아버지는 같은 전공으로 다른 일을 하고 있는 사람들을 만나게 해주었습니다. 비로소 아들의 표정이 밝아졌습니다. 룸메이트의 뒤를 따라갈 필요가 없음을 깨달은 것입니다. 이제 아들에게 룸메이트는 경쟁자가 아니라 자신을 도와줄 파트너가 되었습니다.

〈스토리카드 연결〉

경쟁자로 생각했던 룸메이트가 알고 보니 소중한 파트너였던 것처럼 보물은 바로 곁에 있습니다. 그런데 사람들은 멀리서 보물을 찾다가 많은 시간과 노력을 낭비한 후에야 그것이 바로 자기 곁에 있었음을 깨닫습니다. 프랑스 에펠탑의 경우도 마찬가지입니다.

〈모파상과 에펠탑〉

프랑스 파리에 에펠탑을 설치했을 때 많은 시민들이 반대했습니다. 문화의 도시 파리에 철제 구조물이 들어서면 흉물스럽다는 것이었습니다. 그중에는 저명한 작가 모파상도 있었습니다. 에펠탑이 마음에 들지 않았던 모파상은 에펠탑이 보이지 않는 곳만 찾아다녔습니다. 그런데 파리 어디를 가도 에펠탑이 눈에 띄지 않는 곳이 없었습니다. 마침내 모파상은 에펠탑이 보이지 않는 곳을 찾았습니다. 그것은 에펠탑 안에 있는 레스토랑이었습니다.

〈보험으로 연결〉

가장 두렵고 싫은 것이 알고 보면 가장 소중한 것일 수 있습니다. 금융상품 중에서 가족들이 가장 반대하는 것이 있습니다. 무엇일까요? 바로 죽어야 받는 종신보험입니다. 누구나 죽음에 대해서 생각하기조차 꺼립니다. 가장 가까운 가족과 관련된 것이라면 더욱 그렇습니다. 그러나 죽음은 아무리 피하려 해도 에펠탑처럼 피할 수 없습니다. 차라리 모파상처럼 인정하고 가까이 껴안으면 마음이 편해집니다.

〈아들의 보장을 반대했던 부모〉

어느 노부부의 사례다. 부부에게는 32세의 외아들이 있었다. 대학 졸업 후 대기업에 취직한 아들은 부부의 자랑이었다. 그러나 35세가 되던 해 아들은 백혈병에 걸렸다. 부부는 아들의 치료를 위해 준비되었던 노후를 모두 쏟아부었다. 결국 아들은 2년의 투병 끝에 사망했다.

외아들을 잃은 노부부에게 경제적 고난마저 닥쳐왔다. 여유로웠던 삶이 아들의 치료비로 순식간에 피폐해졌다. 할머니는 다리를 절뚝거리며 폐지를 주웠다. 할아버지는 중풍으로 한쪽 팔을 펴지 못했다. 아들을 먼저 떠나보내고도 살아야 하는 부모의 마음은 어떨까?

사실 아들에게 취업 후 3억 원의 종신보험을 제안한 적이 있다. 아들은 부모님을 생각해서 가입하려 했지만 어머니의 반대로 끝내 가입하지 못했다. 만약 그때 가입을 했더라면 어떻게 되었을까? 병이야 어쩔 수 없다고 하더라도, 남은 노부부의 생활이 조금은 더 여유로웠을 것이다.

〈고슴도치의 딜레마〉

우리는 가까운 사람 때문에 힘을 얻기도 하지만, 반대로 상처를 받기도 한다. 이를 고슴도치의 딜레마라고 한다. 때로는 가족을 지켜주는 종신보험을 가족의 반대로 가입하지 못해서 어려운 상황에 놓이기도 한다. 예수께서도 자기 고향과 가족, 친지들에게는 환영받지 못했다. 가장 인정받기 어려운 사람도 가족이고, 가장 설득하기 어려운 사람도 가족이다.

19

에로스의 화살

〈고양이 다루기〉

우리 동네에는 삼색 무늬의 길고양이가 한 마리 살고 있다. 요놈과 친해지기가 여간 까다롭지 않다. 귀여워서 먹이라도 줄라치면 저만치 도망가고 여유 있게 기다리면 다가온다. 고객과의 관계도 마찬가지다. 상품을 판매하려고 섣불리 접근하면 고객은 멀어진다. 그러나 인내를 가지고 기다리면 고객이 먼저 다가온다.

〈타로카드 질문〉

사랑이 넘치는 카드를 고르셨군요. 카드에서 무엇이 보이시나요? 네, 하늘에서 웬 아기천사가 땅을 향해 화살을 겨누고 있습니다. 그 아

래에 있는 한 남자와 두 여자는 누구일까요? 가운데 있는 남자는 왜 팔
짱을 낀 채 깊은 생각에 잠겨있는 것일까요?

〈타로카드 설명〉

한 남자와 두 여자는 소위 삼각관계입니다. 가운데 낀 남자는 두 여
자 중 하나를 선택해야 하는데 우유부단해서 쉽게 결단을 내리지 못했
습니다. 결국 그는 사랑의 신 에로스에게 자신에게 화살을 쏴 달라고
부탁합니다. 황금 화살을 맞으면 자신의 의사와 상관없이 처음 본 여
자와 사랑에 빠지게 되었습니다. 한 여자를 선택할 수밖에 없는 장치
를 스스로 만들어서 그 제약 속으로 뛰어든 것입니다.

〈고객과의 접점〉

원시 불경 〈숫타니파타〉를 보면 '무소의 뿔처럼 혼자서 가라'는 구절이 있습니다. 주위에서 누가 뭐라고 하든지 유행에 휩쓸리지 말고 묵묵히 자신의 할 일을 하라는 뜻입니다. 저는 20년 넘게 분기마다 소식지를 책자로 만들어 고객들에게 보내고 있습니다. 그동안 '보는 사람들이 없다.', '온라인 소식지로 해라.' 등의 여러 유혹이 있었습니다. 20년을 묵묵히 하니까 이제는 소식지를 기다리는 팬이 생겼습니다. 소식지 때문에 믿음이 간다는 분들도 많습니다.

〈스토리카드 연결〉

유혹을 이겨내는 일은 누구에게나 쉽지 않습니다. 이때 자신의 의지를 지나치게 신뢰해서는 안 됩니다. 우리의 의지는 생각보다 강하지 않습니다. 굳은 다이어트 결심도 길 가다가 맡는 삼겹살 굽는 냄새에 와르르 무너져 내립니다. 의지가 무너져도 유혹을 이겨낼 수밖에 없는 시스템을 만들어야 합니다.

〈사이렌의 유혹〉

고대 그리스의 영웅 오디세우스는 트로이 전쟁에서 이기고 귀환하는 도중 사이렌이라는 마녀가 있는 바다를 건넜습니다. 소문에 의하면 사이렌이 목소리가 너무 아름다워서 귀를 밀랍으로 막지 않으면 그 노랫소리에 홀려 바닷물 속으로 뛰어든다고 했습니다. 그러나 오디세우스는 사이렌의 노래가 너무도 궁금했습니다. 그는 밀랍으로 귀를 막지 않고 부하를 시켜 자신의 몸을 돛대에 묶었습니다. 결국 오디세우스는 사이렌의 노래를 듣고도 무사히 바다를 건널 수 있었습니다.

⟨보험으로 연결⟩

수많은 금융상품이 중도에 해지되는 이유는 무엇일까요? 사이렌의 노랫소리와 같이 강력한 해약환급금의 유혹 때문입니다. 그런데 이런 유혹을 이겨낼 수 있도록 자신을 돛대에 묶는 밧줄의 역할을 하는 상품이 있습니다. 저해지 환급형 종신보험입니다. 저해지 환급형 종신보험은 중간 환급금이 적은 대신 끝까지 유지하면 더 많은 혜택을 줍니다. 중간 환급금이 적다는 제약 때문에 오히려 끝까지 유지하게 됩니다. 유혹을 이길 자신이 없다면 스스로 제약을 만들어야 합니다.

⟨유혹을 이기는 저해지 환급형⟩

28세 공인회계사의 종신보험 4억 원 가입 사례다. 가용 재원 500만 원 중 200만 원은 중기저축, 200만 원은 단기저축, 100만 원은 장기저축에 투자할 예정이었다. 본인의 인생계획이 확실해야 회사에 대한 회계감사도 자신 있게 할 수 있다는 똑부러진 28세 청년이었다.

먼저 현재의 삶에 거의 영향이 없는 수준의 금액을 물었더니 월 50만 원을 이야기했다. 이 돈은 중간에 어떤 어려움이 있어도 60세에 도달해야 하는 돈이었다. 앞으로 32년 인생의 긴 계곡을 건너갈 때 마주칠 거센 물살은 주위에서 '도와달라', ' 투자해라', '쓰고 싶다'는 유혹이다. 크게 아파서 치료비가 들어갈 수도, 심하면 장기이식을 받거나 시한부 판정을 받을 수도 있다.

　그런 상황에서도 안전하게 목적지인 60세 은퇴시점에 도달할 수 있는 방법이 있다면 월 50만 원을 잊어버리고 묻어둘 수 있냐고 물었다. 자신은 전문직이라 실직의 위험이 없으니 갑자기 아프지만 않으면 월 50만 원 수준은 부담되지 않는다고 했다. 중간에 어떤 일이 있어도 해지하지 않는다는 다짐을 받고 60세 납으로 저해지 종신보험 4억 원을 계약했다.

　저해지 환급형 종신보험은 일반 종신보험보다 보험료가 저렴하고 납입기간 경과 후 납입액 이상의 많은 환급금을 받을 수 있다. 납입면제, 여명급부, 사망보장의 혜택이 수입중단의 리스크를 커버할 수 있다. 물살이 거센 강을 건너려면 떠내려가지 않게 무거운 돌을 안고 건너야 한다. 저해지 환급형 종신보험은 당장은 부담스러울 수 있지만 결국 인생의 거친 물살을 헤쳐나갈 수 있는 무거운 돌과 같다.

〈고속도로가 빠른 이유〉

　국도보다 고속도로가 빠른 이유는 왜일까? 도로가 넓어서? 신호가 없어서? 아니다. 샛길이 없기 때문이다. 딴 길로 새지 않고 앞만 보고 달리기 때문에 중간에 막히더라도 결국 목적지에 빨리 도착한다. 그런데 국도를 타면 길이 막힐 때마다 샛길로 돌아가다가 결국 더 늦게 목적지에 도착한다. 보험도 다른 상품을 곁눈질하면 끝까지 유지하지 못한다. 고속도로처럼 앞만 보고 달려야 한다.

STORY RECIPE 100

20

완벽한 여인

〈완벽한 신랑감〉

어떤 인디언 부족은 결혼할 나이가 된 딸을 옥수수 밭으로 데려간다. 그리고 "가장 크고 잘 여문 옥수수를 하나 따서 바구니에 담아라. 단 절대로 뒤로 되돌아가면 안 된다"고 말한다. 딸은 처음에는 좋은 옥수수를 보아도 더 좋은 옥수수를 담으려는 욕심에 그냥 지나친다. 그렇게 계속 미루다가 결국은 고랑 끝까지 갔는데도 바구니를 채우지 못한다. 그제서야 딸은 완벽한 신랑감을 찾다가 혼자 늙어 죽을 수도 있다는 사실을 깨닫는다.

상당히 화려한 카드를 고르셨군요. 카드에서 무엇이 보이시나요? 네, 금발의 한 여인이 방패와 왕홀을 들고 있습니다. 머리에는 별들이 찬란하게 빛나고 있고 등에는 하얗고 커다란 날개가 있습니다. 이 여인의 정체는 무엇일까요? 여인은 왜 저러고 있을까요?

〈타로카드 설명〉

이 여인은 완벽한 여인입니다. 얼굴도 예쁘고 마음씨도 천사와 같습니다. 부와 명예, 현명한 지혜까지 모두 갖추었습니다. 요즘에는 이런 여자를 '엄마 친구 딸'을 줄여서 '엄친딸'이라고 부릅니다. 과연 엄친딸은 자기 혼자 힘으로 될 수 있을까요? 아닙니다. 가족이든 형제든 누군가의 큰 희생이 있어야 가능합니다.

〈고객과의 접점〉

한때 골프에 3년 정도 미친 적이 있습니다. 골프는 많은 비용과 시간을 요구하는 운동입니다. 골프가 너무나 하고 싶었지만 결국 포기했습니다. 그보다 더 중요한 것에 집중하기 위해서였습니다. 남들 다 하는 골프 하나를 포기했을 뿐인데 남들이 하지 못하는 3가지를 얻을 수 있었습니다. 바로 책쓰기, 강의, 여행이었습니다.

〈스토리카드 연결〉

결혼생활에 충실하려면 솔로의 자유를 포기해야 합니다. 그러면 더 많은 것을 얻을 수 있습니다. 결혼할 때 덕을 볼 생각으로 하시나요? 아니면 희생하겠다는 마음으로 하시나요? 가장 큰 희생을 요구하는 것이 결혼입니다.

〈추남의 사랑〉

한 곱사등이가 아름다운 여자를 사랑했습니다. 처음에 여자는 곱사등이를 거들떠보지도 않았습니다. 곱사등이가 여자에게 말했습니다. "사람은 태어나면서부터 신에 의해 배우자가 정해진다고 하는데 믿으십니까?" 여자는 그렇다고 대답했습니다. 그러자 곱사등이가 말했습니다. "신이 저에게 곱사등이 신부를 맞이할 거라고 했을 때 저는 차라리 곱사등이를 저에게 주시고 아름다움을 신부에게 달라고 기도했답니다." 결국 여자의 마음을 움직이는 데 성공한 곱사등이는 그녀와 결혼할 수 있었습니다.

⟨보험으로 연결⟩

요즘엔 종신보험증서도 혼수 품목에 들어간다는 사실을 알고 계신가요? 종신보험에는 어떤 상황에서도 배우자를 끝까지 지켜주겠다는 희생과 배려의 마음이 담겨 있습니다. 결혼에서 재산이나 외모는 물론 중요합니다. 그러나 그보다 훨씬 더 중요한 것이 상대에 대한 희생과 배려입니다.

⟨혼수목록이 된 보험증서⟩

31세 동갑내기인 예비부부의 종신보험 가입 사례다. 결혼을 앞두고 예물 준비, 드레스, 야외촬영, 가구 준비 등으로 무척 바쁜 나날을 보내고 있었다. 그중 가장 큰 고민은 신혼집을 구하는 것이라고 했다. 남자는 대기업에 다니고 여자는 항공사에 근무해서 둘 다 안정적이고 수입도 높은 편이었다.

처음에는 보험상담에 별관심이 없었다. 그러나 보험이 아니라 인생계획과 서로의 사랑을 확인하는 방법에 관한 것이라고 말했더니 관심을 보이기 시작했다. 먼저 남들과 같은 수준으로 배우자를 사랑하고 싶은지 아니면 그 이상으로 사랑하고 싶은지 물었더니 남들 이상의 사랑을 주고 싶다고 했다.

죽을 때까지 사랑하겠다는 다짐을 많이 하는데 사망 이후까지 배려하는 경우는 드물다. 살아있는 동안 책임지는 것은 누구나 할 수 있는 것이지만 그 이후를 책임지겠다는 약속은 말이 아닌 시스템으로 해야 한다. 종신보험이야말로 배려심, 건강, 경제력을 증명해 주는 혼수목록이다.

결국 예비부부는 각각 3억 원의 보장을 선택했다. 보험료 부담으로 주계약 1억 원에 정기특약 2억 원이었다. 종신보험에 가입하려면 우선 건강하고 납입 능력이 있어야 한다. 가장 중요한 것은 사망 후에도 보호하겠다는 배려심이다. 상대에 대한 배려심으로 다른 결혼준비보다 종신보험을 먼저 준비한 사례다.

〈배우자에게 배우자〉

배우자끼리는 서로 배워야 한다. 그래서 '배우자'다. 그런데 서로 가르치려고 드니까 싸우게 된다. 상대에게서 배우려면 자신을 학생처럼 낮추고 상대를 선생처럼 높여야 한다. 'Flower'에는 'low'가 들어있다. 자신을 낮추면 꽃처럼 아름다운 향기가 난다. 가장 좋은 옥수수를 고르려다가 결국 아무것도 고르지 못한다. 완벽한 상대를 고르려고 애쓰기보다 자신을 조금만 낮추고 상대를 배려하는 것이 어떨까?

제3장

타로
스토리 카드
21~30

100

STORY RECIPE 100

천의 얼굴

〈바람과 태양〉

바람과 태양이 누가 먼저 나그네의 외투를 벗기나 내기를 했다. 바람이 입김을 세게 불수록 나그네는 단단히 옷깃을 여몄다. 그러나 태양이 따뜻한 빛을 비추자 나그네는 스스로 외투를 벗어 들었다. 고객도 마찬가지다. 바람처럼 지나치게 압박을 하면 마음의 문을 닫는다. 반면 태양처럼 따뜻하게 마음을 어루만지면 마음을 활짝 연다. 보험세일즈에서 태양처럼 따뜻한 것은 무엇일까?

〈타로카드 질문〉

화려한 카드를 고르셨군요. 카드에서 무엇이 보이시나요? 네, 소도

보이고 새도 보입니다. 오른쪽 아래에 노란 덤불같은 것은 사자입니다. 왼쪽 위로는 아기천사도 보입니다. 지푸라기(?)로 만든 원형 구조물 안에는 한 여인이 있습니다. 이 여자의 정체는 무엇일까요? 이 카드에 등장하는 동물들은 각각 무엇을 의미할까요?

〈타로카드 설명〉

소, 사자, 새, 천사 그리고 여자. 이 모든 것을 한 단어로 말하면 무엇일까요? 저는 '엄마'라고 말하고 싶습니다. 엄마는 아이들을 키울 때는 천사 같지만 가끔 잔소리를 할 때는 새처럼 머리를 쪼아댑니다. 집안일을 할 때는 소처럼 억척스럽습니다. 남편과 말싸움을 할 때는 사자처럼 무서워서 감히 당해낼 수 없습니다. 천의 얼굴을 가진 천사. 그 이름은 바로 '엄마'입니다.

<고객과의 접점>

'까마귀는 검어도 살은 희다.'는 속담이 있습니다. 사람을 평가할 때 겉모습만 봐서는 안 된다는 뜻입니다. 보험 세일즈에서 가장 중요한 것은 고객입니다. 고객은 다양한 면을 가지고 있습니다. 고객을 대할 때도 경제 상황, 경쟁 상대 등 겉모습에 현혹되어서는 안 됩니다. 오직 고객의 내면에 집중해야 합니다.

<스토리카드 연결>

'변죽을 울린다'는 말에서 '변죽'이란 그릇이나 물건의 가장자리를 말합니다. 즉, 변죽을 울린다는 것은 핵심을 건드리지 않고 주변을 감질나게 맴도는 것을 뜻합니다. 핵심을 파악하지 못하면 변죽만 울리다가 끝납니다. 그러면 말하는 사람도 듣는 사람도 모두 힘들어집니다. 뜬금없지만, 혹시 사과를 좋아하시나요?

〈한 그루의 사과나무〉

사과나무 밭에서 여러 명이 달리기를 한다고 가정해 봅시다. 여러 사과나무에 한눈을 팔며 우왕좌왕하는 사람은 결국 뒤처지고 맙니다. 그러나 처음부터 사과나무 한 그루를 딱 점 찍고 달리는 사람은 앞서 나갈 수 있습니다. 마치 옆쪽 눈가리개를 한 경주마처럼 주위에 한 눈을 팔지 않기 때문이죠. 가장 빨리 목표에 도달하고 싶다면 '단 한 그루'의 사과나무에 집중해야 합니다.

〈보험으로 연결〉

세상에는 너무나 많은 보험나무가 있습니다. 저마다 형형색색의 색깔과 향기로 우리를 유혹합니다. 유니버셜, 변액, 달러, CI, GI 저해지 환급형 등. 뭐가 뭔지 구분이 되지 않습니다. 그러나 불리는 이름은 달라도 본질은 하나입니다. 종신보험의 핵심은 바로 사망보장입니다. '핵심'의 '핵'은 사물이나 현상의 중심을 의미합니다. 핵심을 파악하면 세상이 심플해집니다.

〈이름은 달라도 내용은 종신보험〉

책임감이 유난히 강했던 40대 가장의 사례다. 자녀가 3명인 외벌이 가장으로 자녀 3명을 위해서 각각 5천만 원씩, 아내와 본인 몫 각각 5천만 원으로 총 2억 5천만 원의 보장이 필요하다고 했다. 정기보험 1억 5천만 원은 경제활동 기간인 60세까지 보장하는 것으로 설계했다.

아내와 자기를 위한 1억 원은 종신보장을 원해서 주계약 일반사망으로 설계했다. 사망보장의 중요성을 확실하게 이해하고 본인이 살아있으면 어떻게든 가족을 케어할 수 있다고 자신했다. 변액종신보험, 유니버셜종신보험, 확정종신보험, CI종신보험 중에서 변액종신보험으로 최종 선택했다.

변액종신보험은 동일 보험료로 보장이 크고 운용수익률에 따라 환급금이 바뀐다. 그러나 사망보험금은 가입 금액 이상을 확정적으로 보장하기 때문에 만족도가 높았다. 저렴한 보험료로 사망보장을 확실하게 받으면 되고 크게 아프지만 않으면 중간에 해지할 일도 없다고 했다.

종신보험도 시장 상황에 따라 천의 얼굴을 하고 나타난다. 그러나 사망보장의 본질은 변하지 않는다. 사망보장의 니즈환기가 가장 중요하다. 그렇지 않으면 다양한 상품을 비교하다 가입을 못하는 경우가 많다. 모든 것을 다 설명하다 보면 고객은 선택을 못한다. 눈앞에 단 한 그루의 사과나무를 보여주어야 한다.

〈모든 길은 종신으로 통한다〉

요즘 많은 사람들이 정보의 홍수 속에서 힘들어 한다. 보험에 대한 정보도 너무 넘쳐나서 판단을 어지럽힌다. 정보의 홍수 속에서 맑은 샘물 같은 정보를 얻으려면 핵심 가치 하나에 집중해야 한다. 종신보험은 천의 얼굴을 하고 있다. 그러나 가장 중요한 본질은 사망보장이다. 종신보험의 모든 길은 이름은 달라도 결국 사망보장으로 통한다.

22

손 위의 별

〈범고래의 사냥〉

범고래는 바다의 최상위 포식자이다. 몸 길이 약 10m에 체중 10톤에 이르는 압도적인 덩치는 말할 것도 없고 지능도 매우 뛰어나다. 심지어 먹이를 잡을 때 미끼를 활용하기도 한다. 먼저 가까운 뭍에 작은 먹이를 놓아둔다. 새가 그것을 먹으려고 접근하는 순간, 그 순간을 놓치지 않고 새를 잡아챈다. 미끼는 일종의 도구다. 도구는 불가능한 것을 가능하게 해 준다. 도구가 없었다면 물속에 사는 범고래가 아무리 강하다고 한들 하늘을 나는 새를 잡을 수가 없을 것이다.

〈타로카드 질문〉

아주 재미있는 카드를 고르셨군요. 카드에서 무엇이 보이시나요?
네, 가운데 별이 박힌 구슬 하나가 보입니다. 이 구슬은 어떤 구슬일까
요? 하늘에서 떨어진 별일까요? 아니면 만화에 나오는 드래곤 볼일까
요? 남자는 이 구슬을 손에 들고 무슨 생각을 하고 있을까요?

〈타로카드 설명〉

이 남자의 정체는 나그네입니다. 세상 이 곳 저 곳을 떠돌며 남을 도
와주자 신이 이를 기특하게 여겨서 소원을 들어주겠다고 했습니다. 나

그네는 밤하늘에 환하게 빛나는 별 하나를 가리키며 그 별을 달라고 했습니다. 신은 해도 있고 달도 있는데 왜 하필 별을 달라고 하느냐고 물었습니다. 이에 나그네가 대답했습니다. "지금은 작은 별이라 아무도 알아주지 않지만 저 같은 나그네에게는 방향을 알려주는 귀중한 별이거든요." 그렇습니다. 그 별은 바로 북극성이었습니다.

〈고객과의 접점〉

가장 소중한 것은 눈에 보이지 않습니다. 술을 좋아하던 친척 형이 있었습니다. 하루가 멀다 하고 음주를 즐기던 형은 건강검진에서 간경화 말기 판정을 받았습니다. 간은 체내의 독소를 걸러주는 매우 중요한 역할을 합니다. 그러나 80%가 파괴되기 전까지는 어떤 전조증상도 보이지 않기에 '침묵의 장기'라고도 불립니다. 소중한 것은 평소에 그 가치를 알아야 합니다.

〈감춰진 보화〉

한 나그네가 우연히 금은보화가 묻혀있는 밭을 발견했습니다. 그런데 주인은 그런 사실을 전혀 모르고 있었습니다. 나그네는 자신의 모든 재산을 팔고 빚까지 내서 그 밭을 샀습니다. 그리고 밭에서 나온 금

은보화로 큰 부자가 되었습니다. 나그네가 자신의 모든 것을 투자할 수 있었던 이유는 무엇일까요? 그 밭의 숨겨진 가치를 알았기 때문입니다.

〈보험으로 연결〉

금융상품 중에도 시간이 지나면서 점차 가치가 올라가는 상품이 있습니다. 젊어서는 그 가치를 잘 모르기 때문에 보험료도 저렴하고 가입 조건도 유리합니다. 그러나 나이가 들면서 보험료도 올라가고 가입 조건도 까다로워집니다. 금은보화가 묻힌 밭처럼 시간이 지나면서 가치가 증가하는 상품, 그것이 바로 종신보험입니다.

⟨20년간 커진 보장의 가치⟩

　69세 동갑 노부부의 사례다. 20년 전인 49세에 아내가 5억 원씩 2건, 합계 10억 원의 종신보험에 가입하고 두 자녀도 각각 3억 원씩 가입했다. 자녀들에게는 상가를 일찍 증여하여 보험료를 낼 수 있는 수입원을 만들어주었다. 계약자, 수익자, 납입자를 자녀로 하면서 상속세 문제를 완벽히 해결했다.

　마음도 편해졌다. 아내의 사망보장 금액인 10억 원 범위 내에서는 자녀들에게 부담이 넘어갈 일이 없었다. 아내의 납입총액은 5억 원이고 보장금액은 납입액의 2배인 10억 원이었다. 20년 가까이 종신보험의 울타리 안에서 걱정 없이 살 수 있었다. 보험의 가치는 시간이 지나면서 점점 높아졌다.

　남편은 간경화로 간이식 수술을 받아서 초기에 보험 가입이 불가능했다. 결국 유병자 종신보험 1억 원을 가입했는데 납입해야 할 보험료는 총 1억2천만 원으로 보장금액보다 납입해야 할 보험료가 많았다. 그래도 앞으로 무슨 일이 벌어질지 모르니 종신보험 1억 원은 가지고 있어야 아내가 안심할 수 있었다.

　현재는 일가족 4명이 모두 종신보험에 가입한 상태다. 아버지의 보험가입을 알렸더니 자녀들도 기뻐했다. 그동안 엄마를 통해 보장의 가치를 피부로 느낄 수 있었기 때문이다. 종신보험의 가치는 가입할 때는 잘 모른다. 매달 내는 보험료가 아깝게 느껴질 수도 있다. 그러나 시간이 지나면서 점점 그 진가가 드러난다.

〈증가하는 가치〉

백화점의 상품에는 가격표가 있다. 하지만 박물관의 보물에는 가격표 대신 히스토리가 있다. 보물은 가격을 정할 수 없을 정도로 가치가 있다. 왜 그럴까? 긴 시간을 견디고 살아남았기에 희소성이 있기 때문이다. 앞으로도 시간이 지날수록 그 가치는 증가할 것이다. 종신보험은 우량주와 같다. 살 때는 가격 때문에 망설이지만 한번 사면 만족도가 계속 증가한다.

23

왕관을 쓴 칼

〈마카오 번지점프〉

세계에서 가장 높은 번지점프대는 마카오에 있다. 높이가 무려 233m에 달한다. 나는 생애 처음이자 마지막 번지점프를 마카오에서 했다. 물론 무서워서 다리가 후들거렸다. 그러나 몸에 매여 있는 밧줄과 밑에 처져있는 그물이 있었기에 뛰어내릴 수 있었다. 안전장치가 있으면 마음이 든든하다. 도전에 기꺼이 몸을 던질 수 있다. 언제 삶의 낭떠러지로 떨어질지 모르는 고객에게도, 언제 고객의 거절에 낙담할지 모르는 세일즈맨에게도 안전장치는 필요하다.

〈타로카드 질문〉

아주 신비로운 카드를 고르셨군요. 카드에서 무엇이 보이시나요?
구름 속에서 나타난 손과 그 손이 들고 있는 칼, 그리고 칼끝에 걸려있
는 왕관이 보입니다. 칼을 잡은 손은 누구의 손일까요? 칼이 왕관을 쓴
사연은 무엇일까요? 이 카드가 전체적으로 의미하는 바는 어떤 것일
까요?

〈타로카드 설명〉

이 카드에서 칼이 상징하는 것은 숫자 1입니다. 반듯하게 세로로 선

모습이 닮았습니다. 1은 최고의 가치를 뜻합니다. 그래서 칼끝에 왕관이 걸려 있습니다. 1등에게는 1등에 걸맞은 대접이 필요합니다. 그래서 올림픽에서 저마다 금메달을 따려고 있는 힘을 다해서 경쟁합니다. 동메달을 딴 선수는 메달권에 들어가서 웃지만, 은메달을 딴 선수는 금메달을 못 땄다는 아쉬움에 고개를 떨굽니다.

〈고객과의 접점〉

동메달 10개보다 금메달 1개가 낫습니다. 1등은 2등의 절대량을 알아도 2등은 1등의 절대량을 모릅니다. 그래서 전교 2등이 전교 1등을 이기기가 어렵습니다. 기왕에 할 거라면 최고를 경험해 보아야 합니다. 세계에서 가장 높은 마카오 번지점프를 뛴 다음부터 누구도 저에게 번지점프 이야기를 꺼내지 않습니다. 5만 원짜리 번지점프 10번을 뛰느니 50만 원짜리 마카오 번지점프 1번을 뛰어야 합니다.

〈스토리카드 연결〉

세계에서 가장 비싼 우표는 스웨덴의 색도에러 우표입니다. 원래는 옥색인데, 색도에러로 노랑색이 된 희귀우표입니다. 2010년 최종 낙찰가는 최소 25억 원 이상이었다고 합니다. 우표 한 장이 어떻게 25억 원

이 넘는 가치를 가질 수 있었을까요?

〈한 장 뿐인 우표〉

　세상에 단 2장밖에 없는 우표가 있었습니다. 그중 한 장을 가진 사람이 다른 한 장을 가진 사람을 수소문했습니다. 우여곡절 끝에 다른 한 장을 찾아낸 그는 무려 1억 원을 주고 우표를 샀습니다. 그리고 판매자가 보는 눈앞에서 우표를 불태웠습니다. 이제 남은 우표는 세상에 단 한 장뿐인 우표가 되었습니다. 1억 원이 아니라 판매자가 부르는 것이 가격이 되었습니다. 가치는 희소성에서 나옵니다.

〈보험으로 연결〉

　세상에서 가장 희귀한 것은 무엇일까요? 목숨입니다. 누구나 가지고 있지만 세상에 단 하나뿐입니다. 세상에 한 장뿐인 우표처럼, 세상에 하나뿐인 목숨을 담보로 한 보험이 있습니다. 바로 종신보험입니다. 종신보험은 무엇과도 비교할 수 없는 가족의 행복을 지켜줍니다. 그래서 가격으로 환산할 수 없는 최고의 가치가 있습니다.

〈최고의 가치를 지켜주는 최고의 보장〉

　종신보험 2억 원에 가입한 45세 남자의 사례다. 심장이식 수술을 한 후, 종신보험의 여명급부금 1억 원으로 회복기간 동안 생활비를 충당할 수 있었다. 가입 시 2억 원은 충분히 큰 금액이라고 생각했지만 죽을 고비를 넘기면서 사망보장이 적게 느껴졌다. 수술 후 지급받은 1억 원으로 다시 경제활동을 할 때까지 버틸 수 있을까 불안했다.

　이미 수술을 받았기에 이제는 종신보험에 가입하고 싶어도 가입할 수가 없었다. 건강한 사람은 보험료를 묻고 건강에 이상이 있는 사람은 가입가능 여부를 묻는다. 자신의 목숨을 담보로 한 보장금액인데 10억 원도 크지 않다. 요즘은 의료기술이 발달하면서 국민건강보험이 적용되지 않는 해외에서 수술할 수도 있다. 여명급부금이 있으면 이를 커버할 수 있다.

불치병에 걸린 자식을 포기하는 부모는 없다. 여기저기 정보를 알아
보러 다니지만 결국은 돈 문제로 귀결된다. 형제자매는 경제적으로 도
와줄 수도 없고 마냥 외면할 수도 없어서 괴롭기만 하다. 이러한 괴로
움을 한 번에 해결할 수 있는 방법이 종신보험이다. 종신보험이 있어
서 가족을 수익자로 지정하면 치료비를 안 도와줄 가족이 없다. 오히
려 고맙다고 생각한다.

〈최고의 가치〉

왕관을 쓰는 자는 그 무게를 견뎌야 한다. 최고의 가치를 얻고 싶다
면 그에 상응하는 대가를 지불해야 한다. 번지점프를 뛰려면 강촌에서
10번 뛰는 것보다 마카오에서 1번 뛰는 것이 낫다. 기왕 투자를 하려면
가장 가치 있는 곳에 투자해야 한다. 보험업계의 마카오 번지점프는
종신보험의 주계약 일반사망이다.

24

최후의 승리

〈이중포장〉

귀중한 것들은 대개 이중으로 포장되어 있다. 밤은 단단한 껍질이 있고 그 위를 밤송이가 한 번 더 감싸고 있다. 중요한 서류를 보관할 때는 가방에 넣고 다시 한 번 금고에 넣는다. 땅콩도 속껍질과 겉껍질로 알맹이를 보호한다. 포장이 많으면 많을수록 포식자들이 알맹이를 건드리기가 어렵다. 결국 끝까지 보호받은 알맹이는 싹을 틔우고 커다란 나무로 자라난다.

〈타로카드 질문〉

위엄이 있어 보이는 카드를 고르셨군요. 카드에서 무엇이 보이시나

요? 네, 한 남자가 왕관을 쓰고 의자에 앉아 있습니다. 남자가 있는 곳은 어디인가요? 주변에 물결이 거칠게 넘실거리고 있습니다. 홍수라도 난 것 같습니다. 저 남자는 어떻게 물살 한 가운데 태연하게 앉아있을 수 있을까요? 과연 어떤 사연이 있는 것일까요?

〈타로카드 설명〉

옛날에 두 나라의 왕이 한 영토를 두고 오랫동안 전쟁을 했습니다. 두 나라의 힘이 비슷하다 보니 10년이 넘도록 전쟁이 끝나지 않았습니다. 결국 두 나라는 내기를 해서 이긴 쪽이 진 쪽의 영토를 모두 갖기로 합의했습니다. 내기는 파도 위에 떠 있는 뗏목에서 오래 버티기였습니다. 카드 속의 남자는 그 내기에서 승리한 왕입니다. 오랜 시간 파도를 견딘 왕은 결국 두 나라의 영토를 모두 가지게 되었습니다.

〈고객과의 접점〉

태산을 넘으면 평지를 볼 수 있습니다. 저는 보험 세일즈를 시작한 후 첫 1년간은 감옥에 갔다고 생각하고 미친 듯이 일했습니다. 남들이 3년 동안 해야 할 일을 1년에 다 한 것 같습니다. 그야말로 넘실거리는 파도 위에서 균형을 잡듯이, 소용돌이치는 온갖 어려움을 이를 악 물고 버텼습니다. 그래서일까요? 첫 1년을 잘 버틴 덕분에 지금까지 20년을 슬럼프 없이 견딜 수 있었습니다.

〈스토리카드 연결〉

쉽게 이룬 부는 오래 견디지 못합니다. 당장 커다란 부를 얻는 것보다 그 부를 견딜 수 있는 힘을 기르는 것이 중요합니다. 길거리에 주인 없는 황금 덩어리가 떨어져 있어도 그것을 지고 갈 힘이 없으면 남들이 가져가는 것을 지켜볼 수밖에 없습니다. 설령 운 좋게 부를 얻어도 힘이 부족하면 쉽게 잃어버립니다. 제대로 된 부를 축적하기 위해서는 긴 시간에 걸쳐 그것을 감당할 힘을 길러야 합니다.

〈장롱 뒤의 금덩어리〉

커다란 사업을 하는 것도 아닌데 강남에 여러 채의 빌딩을 가진 부자가 있었습니다. 누군가 그 비결을 묻자 그는 이렇게 대답했습니다. "별거 아닙니다. 저는 돈이 생길 때마다 금을 사서 장롱 뒤로 던졌습니다. 옛날식 장롱이라서 크고 무거워서 이사할 때가 아니면 옮기기 힘들었죠. 중간에 급하게 돈 쓸 일이 생겨도 장롱을 옮기기 힘들어서 버텼습니다. 그랬더니 나중에 금이 쌓이고 금값도 올라서 제법 큰돈이 됐지 뭡니까? 그걸 팔아서 건물을 샀지요."

〈보험으로 연결〉

시간을 견디는 것 이상의 재테크는 없습니다. 긴 시간을 버텨야 가치를 발휘하는 금융상품이 있습니다. 바로 종신보험입니다. 장롱 뒤로 던진 금을 찾고 싶은 유혹을 이기듯이, 중간에 해지하고 싶은 유혹을 이기고 오래 유지할수록 종신보험의 가치는 올라갑니다. 결국 세월의 파도 위에서 마지막까지 버틴 사람이 다른 사람들이 포기한 땅까지 모두 차지하게 됩니다.

〈시간을 견디는 최고의 상품〉

증권사 애널리스트의 사례다. 지인들에게 투자를 권했다가 수익이 나지 않아 마음고생을 하고 있었다. 주식은 단기간에 큰 수익을 원하는 사람들이 주로 찾는다. 아무리 좋은 상품을 소개해 줘도 잘되면 자신의 선택 때문이라고 생각한다. 그러나 경기가 안 좋아서 수익률이 낮은 시점에 해지하면 소개한 사람을 탓한다.

가장 좋은 상품은 수익률이 높은 상품이 아니다. 끝까지 유지한 상품이다. 아무리 보장이 좋아도 중간에 해지해서 써버리고 나면 남는 것이 없다. 투자상품은 수익률이 높으면 그 돈을 쓰려고 해지한다. 반면 수익률이 낮으면 더 손해 보지 않으려고 해지한다. 이래저래 해지하기 때문에 끝까지 쥐고 있기가 힘들다.

그러나 종신보험은 다르다. 종신보험의 진정한 가치는 삶의 끝에 가서야 알 수 있다. 애널리스트 고객은 시간에 투자한다는 생각으로 종신보험 3억 원에 가입했다. 잠시 잊어버리고 시간을 견디게 해주는 상품이 최고의 상품임을 알고 있었던 것이다. 덕분에 지금은 누구에게 수익률이 떨어졌다고 원망들을 일 없이 마음 편하게 살고 있다.

〈껍질이 두꺼운 씨앗〉

재정안정 계획 및 관리는 요행을 바라지 말고 시간에 투자하는 것에 달렸다. 강한 것이 오래 가는 것이 아니라 오래 가는 것이 강한 것이다. 보험은 수익률이 높은 것이 오히려 독이 된다. 해지해서 중간에 써 버리면 수익률은 잊혀지고 후회만 남는다. 종신보험은 장기간 유지를 해야 비로소 가치가 발휘된다. 그래서 시간의 힘을 잘 아는 투자 전문가는 종신보험을 선택한다. 껍질이 두꺼운 씨앗만이 싹을 틔운다.

25

칼을 든 사공

〈마음의 지렛대〉

만약 꼭 들어가야 하는 문 입구에 커다란 돌이 놓여 있다면 어떻게 해야 할까? 포기하고 발길을 돌려야 할까? 아니다. 앞으로 원활하게 문을 이용하기 위해서 돌을 옮겨야 한다. 그냥 옮기기는 힘드니까 지렛대를 써야 한다. 고객들의 마음에는 커다란 돌이 입구를 가로막고 있다. 그 돌을 옮길 수 있는 마음의 지렛대가 있으면 얼마나 좋을까?

〈타로카드 질문〉

경치가 좋은 카드를 고르셨군요. 카드에서 무엇이 보이시나요? 네, 한 남자가 배를 타고 노를 젓고 있습니다. 그리고 자세히 보면 남자 앞

에 한 사람이 담요를 쓰고 앉아 있습니다. 이 사람의 정체는 무엇일까요? 그 사람의 앞에는 여러 자루의 칼이 십자가처럼 꽂혀 있습니다. 이 칼들은 무엇을 의미할까요?

〈타로카드 설명〉

한 사공이 가족을 배에 태우고 노를 저어갑니다. 그런데 바다의 한 쪽은 파도가 출렁이고 다른 쪽은 잔잔합니다. 사공은 파도가 출렁이는 험한 곳에서 잔잔하고 평화로운 쪽으로 나아갔습니다. 배 앞에 있는 칼은 방어용입니다. 작은 배는 언제 어떤 위험에 노출될지 모릅니다. 상어를 만날 수도 있고 해적을 만날 수도 있습니다. 그럴 때 도망가면 쫓기다가 목숨을 잃습니다. 차라리 용감하게 맞서 싸워야 합니다.

〈고객과의 접점〉

하늘은 스스로 돕는 자를 돕습니다. 예전에 수입이 줄어서 힘들 때 매일 로또를 산 적이 있습니다. 내심 기대를 해봤지만 번번이 돈만 날리고 말았습니다. 지금 생각하면 그게 얼마나 다행인지 모릅니다. 만약 어려움을 쉽게 피할 수 있게 로또에 당첨되었다면 세일즈맨으로서 발전할 기회를 영영 잃어버렸을 것입니다. 로또가 당첨되지 않았기에 정신을 차리고 세일즈에 집중할 수 있었습니다. 지금은 세일즈가 당첨된 연금로또입니다.

〈스토리카드 연결〉

칼이 꽂힌 모양을 보니 십자가가 연상되는군요. 아무리 신앙심이 깊은 사람이라고 하더라도 기도만으로 모든 일이 이루어지는 않습니다. 믿음에 걸맞은 노력과 실천이 필요합니다.

〈응답 받은 기도〉

홍수가 나서 마을이 물에 잠겼습니다. 목사는 지붕 위로 올라가서 하느님께 열심히 기도했습니다. "저는 평생 당신을 찬양했습니다. 제발 저를 구해주세요!" 그러나 물은 점점 차올랐습니다. 목사 곁으로 통나무가 떠내려 왔지만 목사는 이를 무시하고 기도만 했습니다. 물은 더 불어났고 결국 목사는 물살에 떠내려가 죽고 말았습니다. 목사는 저승에서 하느님께 왜 자신을 도와주지 않았냐고 따졌습니다. 그러자 하느님이 대답했습니다. "내가 네 기도를 듣고 통나무를 보내주지 않았더냐?"

〈보험으로 연결〉

'진인사대천명(盡人事待天命)'이라는 말이 있습니다. 인간이 할 수 있는 일을 다하고 신에게 맡겨야 한다는 뜻입니다. 가족을 지키는 것도 마찬가지입니다. 마냥 기도만 하고 있어서는 안 됩니다. 종신보험은 가족을 지켜주기 위해 하느님이 보내주신 통나무입니다. 물이 점점 차오르고 있는데 그냥 떠나보내야 할까요? 단단히 붙잡아야 할까요?

〈딸을 구한 부지런한 세일즈맨〉

자녀의 큰 수술을 앞둔 신앙심이 강한 두 세일즈맨의 사례다. 한 세일즈맨은 일을 더 열심히 해서 보장을 증액했다. 자녀를 제대로 치료해야 한다는 생각으로 더 열심히 일했다. 아픈 딸은 아내가 병원에서 케어하고 세일즈맨은 틈틈이 아이를 보러 병원에 들렀다.

만나는 사람들에게는 딸이 아프기 때문에 새벽부터 저녁까지 휴일에도 더 열심히 일한다고 말했다. 그의 사연을 들은 고객은 조금이라도 도움을 주고 싶어서 보험에 가입했다. 수입이 늘어나자 증액한 보험료도 낼 수 있고 병원비도 댈 수 있었다.

한편, 다른 세일즈맨은 일을 그만두고, 있던 보장도 해지했다. 일도 제대로 하지 못하고 병원에 상주하다시피 하면서 아픈 자녀를 돌봤다. 수입이 거의 끊긴 상태에서 좋은 의사를 만나게 해달라고, 딸을 건강하게 해달라고 날마다 기도했다.

만나는 사람마다 아이가 아파서 경제적, 심적으로 힘들고 세일즈도 못한다고 하소연했다. 사람들도 처음에는 공감하지만 같은 이야기가 반복되니까 만나기를 꺼렸다. 결국 경제적으로 더 어려워지고 아이도 제대로 치료를 받을 수 없게 되었다.

〈무능력이 한을 품으면〉

무능력이 한을 품으면 무한능력이 된다. 신에게 기도만 하고 아무 행동도 하지 않으면 무능력자로 남는다. 그러나 한(?)을 품고 적극적으로 행동하면 무한능력을 발휘할 수 있다. 신에게 용기를 달라고 기도하면 용기를 주지 않는다. 대신 용기를 발휘할 수 있는 기회를 준다. 고객의 마음 문을 막고 있는 돌을 옮길 수 있는 지렛대는 다름 아닌 '행동'이다.

26

평온한 왕좌

〈우두머리가 된 여우〉

어느 날, 여우가 호랑이에게 잡혔다. 호랑이가 여우를 잡아먹으려 하자, 여우가 말했다. "신께서 저를 짐승들의 우두머리로 삼으셨으니 저를 잡아먹는 것은 신의 뜻을 거역하는 것입니다. 제 말이 믿어지지 않으면 제가 앞장서서 걸어갈 테니 뒤에 따라와 보시죠. 모든 짐승들이 저를 보고 달아날 거예요." 호랑이가 여우의 말을 듣고 뒤를 따라갔더니, 아니나 다를까 호랑이를 본 동물들은 기겁을 하며 도망갔다.

〈타로카드 질문〉

평화로워 보이는 카드를 고르셨군요. 카드에서 무엇이 보이시나요?

네, 한 왕이 의자에 앉아 있고 손에는 기다란 칼을 들고 있습니다. 석양이 진 뒤쪽 하늘에서는 뭉게구름이 하얗게 피어오르고 있습니다. 왕이 있는 곳은 어디일까요? 왕이 마치 구름 위에 앉은 듯이 평온한 표정을 짓는 이유는 무엇일까요?

〈타로카드 설명〉

왕이 있는 곳은 전쟁터 한복판입니다. 그래서 한 손에 칼을 들고 군대를 지휘하고 있습니다. 하늘이 석양처럼 노란 것은 들판이 불타기 때문이고, 뭉게구름처럼 보이는 것은 화약 연기입니다. 그렇지만 왕의 표정은 전혀 불안해 보이지 않습니다. 믿는 구석이 있기 때문입니다.

왕이 앉은 의자가 튼튼한 방탄의자였습니다.

〈고객과의 접점〉

거미도 줄을 쳐야 벌레를 잡습니다. 제 지인 중에 온라인 강의로 성공한 사람이 있습니다. 교직을 그만두고 한동안 변변한 수입도 없이 힘든 시기를 보냈습니다. 그런 와중에 미친 듯이 몰두해서 수백 편의 동영상 콘텐츠를 만들었습니다. 얼마 지나지 않아 코로나로 인해 오프라인 강의 시장이 무너졌습니다. 그때 미리 만들어 둔 온라인 콘텐츠가 대박을 치게 되었습니다. 미리 거미줄을 쳐 둔 것입니다.

〈스토리카드 연결〉

추락하는 것은 날개가 있습니다. 높이 올라갈수록 추락했을 때의 충격도 큽니다. 그래서 미리 대비책을 세워두어야 합니다. 비난을 무릅쓰고 설치한 안전망 덕분에 성공을 거둔 사례가 있습니다.

〈금문교〉

미국 샌프란시스코에 있는 금문교는 관광 명소로 유명합니다. 총 길이 1,280미터의 이 다리를 건설할 때 처음 1년 동안 23명의 사람이 떨어져 죽었습니다. 빠른 물살과 잦은 폭풍과 안개가 작업을 더욱 어렵게 만들었습니다. 회사는 궁리 끝에 다리 밑에 거대한 그물망을 깔았고, 그때부터 떨어져 죽는 사람이 나오지 않았습니다. 더욱 중요한 것은 공사 진행이 그물망을 쳐놓기 전보다 약 20%나 빨리 진척되었다는 점입니다. 떨어져도 죽지 않는다는 생각에 인부들의 작업 능률이 높아졌습니다.

〈보험으로 연결〉

우리의 인생은 삶과 죽음을 연결하는 기나긴 금문교와 같습니다. 바람이 불면 흔들리고 밑에는 거친 파도가 출렁입니다. 만약 안전망이 없다면 어떻게 될까요? 오금이 저려서 한 발도 제대로 디디지 못할 것입니다. 어떤 상황에서도 자신있게 미래를 향해 걸어갈 수 있도록 도와주는 인생의 안전망, 그것이 바로 종신보험입니다.

〈취업을 시켜준 보험〉

실직자였던 고객의 사례다. 육아휴직 후 직장에 복귀하려 했으나 복귀가 되지 않았다. 어쩔 수 없이 실직상태에서 종신보험에 가입했다. 종신보험 1억 원 보유 고객인데 기존 보장을 리뷰해 주었다. 1억 원이 가입 시는 크다고 느꼈는데 지금 상황에서는 너무 적게 느껴진다고 했다.

1억 원을 증액하고 싶은데 취업이 되면 그때 하겠다고 했다. 그래서 나는 종신보험 증액과 취업 둘 다 필요하다면 당장 할 수 있는 종신보험부터 가입하라고 권했다. 보험료를 납입해야 한다는 생각으로 절실하게 취업 준비를 하면 취업이 빨라질 수 있다는 말에 고객은 1억 원을 증액했다.

우연의 일치일까? 증액하고 3개월 후에 고객은 취업에 성공할 수 있었다. 취업은 의지로만 되지 않고 시간이 걸린다. 그러나 종신보험은 본인의 의지만 있으면 당장 가입이 가능하다. 언젠가 반드시 취업을 해야 한다면 종신보험 가입이 취업을 위한 강력한 동기부여 수단이 될 수 있다.

실직자이기 때문에 보험에 가입할 수 없는 것이 아니라 실직자이기 때문에 보험에 가입해야 한다. 고객이 세일즈맨을 싫어하는 것은 돈을 빼앗는다고 생각하기 때문이다. 없던 돈을 만들어서 같이 나누자고 하면 고객은 다가온다. 월급을 만들어 주고 월급의 일부분을 보험료로 가져오는 것이다.

〈믿는 구석〉

믿는 구석이 있어야 인생이 잘 풀린다. 여유가 있어서 종신보험에 가입하는 것이 아니라 종신보험에 가입해야 여유가 생긴다. 여우가 당당할 수 있었던 이유는 뒤에 호랑이라는 든든한 빽이 있었기 때문이다. 여우가 호랑이의 권세를 믿고 여유를 부리듯, 우리도 종신보험이 있어야 여유롭게 살아갈 수 있다.

27

게으른 전령사

〈사막으로 떠나는 법〉

내일 당장 사막으로 떠나야 한다면 선뜻 떠날 수 있는 사람이 얼마나 될까? 대부분의 사람들은 엄두를 내지 못한다. 사막에서는 예상 밖의 무슨 일이 벌어질지도 모른다. 낮에는 더위와 싸워야 하고 밤에는 추위와 싸워야 한다. 장비도 철저하게 준비해야 하고 스케줄도 잘 짜야 한다. 세일즈맨이 고객을 만나러 가는 것은 사막으로 혈혈단신 모험을 떠나는 것과 같다.

〈타로카드 질문〉

황혼이 느껴지는 카드를 고르셨군요. 카드에서 무엇이 보이시나요?

네, 말을 탄 한 남자가 보입니다. 하늘이 노란 색인걸로 봐서 저녁 무렵인 것 같습니다. 이 사람의 정체는 무엇일까요? 투구에 달린 날개는 무엇을 의미할까요? 또 그 사람이 손에 들고 있는 두루마리에는 어떤 내용이 적혀 있을까요?

〈타로카드 설명〉

칼 대신 두루마리 편지를 들고 있는 남자의 정체는 전령사입니다. 편지에는 지원군을 요청하는 내용이 적혀 있습니다. 이 전령사는 게으르다는 치명적인 단점을 가지고 있습니다. 출발 시간을 미루고 미루다가 저녁이 되었습니다. 밤이 되면 어두워서 다닐 수가 없으니 다음 날 출발하자고 다짐하지만, 다음 날도 미루기를 반복합니다. 결국 지원을 받지 못한 전령사의 군대는 전쟁에서 패하고 말았습니다.

〈고객과의 접점〉

봄에 하루 놀면 겨울에 열흘 굶어야 합니다. 아끼는 코트 주머니에 작은 구멍이 났는데 언젠가 꿰매야지 하면서 미루고 있었습니다. 며칠이 지나자 구멍이 점점 커졌고 그 틈으로 돈이 빠져나갔습니다. 그제서야 부랴부랴 주머니를 수선했지만 소 잃고 외양간 고치기였습니다.

〈스토리카드 연결〉

미루는 습관은 누구나 가지고 있습니다. 철강왕으로 유명한 앤드류 카네기는 "내일은 없다고 생각하고 살아라. 오늘이 내일이다."라는 명언을 남겼습니다. 티벳에 있는 새도 오늘 할 일을 내일로 미루기로 유명합니다.

〈내일은 집 지으리〉

이 새는 저녁이 되면 추워서 오들오들 떨면서 내일은 날이 밝자마자 집을 짓겠다고 다짐합니다. 그러나 아침에 해가 뜨고 따뜻해지면 언제 그랬냐는 듯 즐겁게 지냅니다. 다시 저녁이 되고 추워지면 오들오들 떨면서 내일은 기필코 집을 짓겠노라고 다짐합니다. 이런 식으로 이 새는 평생 집 한 채를 짓지 못합니다. 이 새의 이름은 '내일은 집 지으리 새'입니다.

<보험으로 연결>

실행하기에 가장 좋은 날은 바로 오늘입니다. 금융상품 중에도 절대로 미뤄서는 안 되는 것이 있습니다. 바로 가족을 보호하는 종신보험입니다. 인생은 종잡을 수 없습니다. '내일은 꼭 가입해야지' 하며 미루는 것은 추운 저녁이 다가오는데 소중한 가족들이 머물 집을 짓지 않는 것과 마찬가지입니다.

<가족을 절벽에 세운 가장>

안주류 도매를 하는 자녀 둘이 있는 외벌이 40대 대표의 사례다. 사업이 번창하는 상황에서 가족을 위한 종신보험을 권유하였으나 나중에 하겠다고 10년을 미루고 있었다. 사업이 안정되면 가입하겠다고 했는데 상황이 점점 힘들어졌다. 10년이 되는 시점에서는 사채까지 끌어다 썼다.

스트레스 때문에 제대로 먹지도 못하고 운동도 못하면서 건강에 이상이 생기기 시작했다. 최근에는 신장이 망가져서 신장투석을 하면서 사업도 그만두었다. 배우자는 마트에서 일을 하면서 힘든 생활을 하고 있다. 가족들에게 도움을 주지는 못할 망정 짐이 되는 것 같아서 괴롭다고 했다.

사업용 차량과 공장을 위해서는 당연하게 보험에 가입하면서 정작 본인과 가족을 위한 안전장치는 준비하지 않은 것이다. 사업이 잘될 때 보장을 제대로 준비했다면 납입 면제로 보험료를 내지 않아도 보장을 유지할 수 있을 텐데 하는 아쉬움이 남았다.

〈사막을 건너는 법〉

아침에 남들 일할 때 게으른 사람은 저녁에 남들 쉴 때 일해야 한다. 인생이란 사막으로 긴 여행을 떠나는 일이다. 물을 준비하지 않으면 탈수로 쓰러질 수 있고, 신발을 제대로 준비하지 않으면 발에 모래가 들어가서 오래 걸을 수 없다. 사막에서 맞닥뜨릴 수 있는 위험은 너무나 다양하다. 그 모든 리스크에 대응할 수 있는 것이 종신보험이다. 오늘 당장 가입하지 않을 이유가 없다.

28

소개받은 구원

〈이어달리기〉

세일즈는 이어달리기와 같다. 아무리 내가 잘 달려도 다음 주자에게 바통을 제대로 넘겨주지 못하면 경주에서 패배한다. 세일즈도 마찬가지다. '소개'라는 바통이 한 고객에서 다음 고객으로 끊임없이 이어지는 것이 중요하다. 바통이 이어져야 레이스가 계속되고, 소개가 이어져야 세일즈가 계속된다.

〈타로카드 질문〉

별이 반짝이는 카드를 고르셨군요. 카드에서 무엇이 보이시나요? 네, 귀족처럼 보이는 한 남자가 평민처럼 보이는 두 사람에게 뭐라고

말하고 있습니다. 남자가 손에 들고 있는 것은 무엇인가요? 저울인가요? 하늘에는 드래곤볼 같은 별이 떠 있습니다. 이 세 사람은 무엇을 하고 있는 중일까요?

〈타로카드 설명〉

심한 기근이 들자 한 귀족이 마을 사람들에게 재산을 나누어 주었습니다. 귀족이 손에 저울을 든 이유는 공평하게 나누어주기 위함입니다. 소문을 듣고 많은 사람들이 찾아왔는데 그중에는 먹고살 만한 사람도 있었습니다. 어떻게 하면 가난한 사람들만 골라서 도와줄 수 있을까 고민하다가 좋은 생각이 떠올랐습니다. 가난한 사람들에게 소개를 받는 것이었습니다. 가난한 사람들이 부자들을 소개할 리는 없으니까요. 귀족의 지혜로운 조치로 가난한 사람들은 기근을 이겨낼 수 있었습니다.

〈고객과의 접점〉

돈도 정보도 행운도 모두 사람을 통해서 옵니다. 사람들은 가장 좋은 것을 소개합니다. 자신이 없으면 아예 소개를 하지 않습니다. 괜히 말을 잘못 꺼냈다가는 안 좋은 소리만 듣게 됩니다. 저는 결혼도 친구의 소개로 만난 사람과 했습니다. 지금 하고 있는 보험 세일즈도 후배가 소개한 것입니다. 심지어 점심을 먹으러 갈 때도 가까운 동료에게 식당을 소개받아서 갑니다. 잘 모를 때는 소개가 답입니다.

〈스토리카드 연결〉

유유상종이라고 하죠? 좋은 사람 곁에는 좋은 사람이 있습니다. 좋은 고객은 좋은 고객을 소개해 줍니다. 고객이 소개한 고객만큼 믿을 만한 고객은 없습니다. 소개는 지상뿐만 아니라 천국에서도 중요합니다. 천국도 소개, 즉 전도를 통해서 갈 수 있습니다.

〈산신령과 소개〉

한 남자의 꿈속에 산신령이 나타나서 이렇게 말했습니다. "내일은 비가 올 터이니 단단히 준비하거라." 잠에서 깬 남자는 날이 맑았지만 산신령의 말을 기억하고 문단속을 했습니다. 한편 아무것도 모르는 옆집 남자는 마당에 빨래를 널어놓았습니다. 점심때가 되자 아니나 다를까 소나기가 내리기 시작했습니다. 미리 준비를 한 남자는 괜찮았지만 옆집은 빨래가 다 젖고 난리가 났습니다. 그날 밤에 꿈에서 다시 산신령을 만난 남자가 물었습니다. "왜 옆집에는 말씀해 주시지 않으셨나요?" 그러자 산신령이 대답했습니다. "이놈아, 네가 소개를 해줘야 알 것 아니냐?"

〈보험으로 연결〉

보험은 '보'이지 않는 '험'한 일을 막아주는 상품입니다. 보이지 않는 일에 대한 보증은 먼저 가입한 사람의 소개가 절대적입니다. 죽음을 미리 경험하는 사람은 없습니다. 그래서 종신보험이야말로 소개가 중요합니다. 그런 의미에서 저에게도 몇 분 소개해 주시면 감사하겠습니다.

〈친구따라 가입한 소개자〉

딸이 3명인 건축업을 하는 대표의 사례다. 가족을 위한 안전장치로 종신보험을 설명했더니 수긍은 하면서도 가입은 하지 않았다. 몇 번을 더 방문했고 상담만 받는 것이 미안했던지 아주 친한 친구를 소개해주었다. 친구는 물려받은 재산으로 부동산 임대업을 하고 있었다.

여러 번의 상담이 진행되었는데 시간적 여유가 있어서인지 순조로웠다. 상담 받은 내용과 관련한 공부를 열심히 하고 질문도 많이 했다. 결국 본인 1억 5천만 원, 배우자 1억 원으로 종신보험에 가입했다. 재산 수준에 비해서는 아주 적은 금액이었다.

종신보험에 가입한 이유를 물었더니 소개자의 영향력이 컸다고 했다. 보장 수준이 작아서 큰 매력이 느껴지지 않았지만 부모에게 물려받은 만큼 다음 대에 물려주어야 한다고 말했다. 또한 물려줄 때 종신보험이 상속세 재원으로 활용될 수 있다는 사실에도 매력을 느꼈다고 했다.

소개해준 대표에게 친구의 가입소식을 알렸더니 깜짝 놀랐다. 그 친구는 아주 꼼꼼하고 계산에 밝아서 절대로 보험에 가입하지 않을 것으로 생각했던 것이다. 그 친구가 가입했다면 검증이 된 것이라면서 친구가 가입한 보장금액의 2배인 본인 3억 원과 배우자 2억 원의 종신보험에 가입했다.

〈천국 가는 법〉

소개팅이 잘되면 남자가 좋을까? 여자가 좋을까? 소개자가 가장 좋다. 좋은 인연 셋을 만들어주면 죽어서 천국에 간다고 한다. 그럼 좋은 보험에 가입할 사람을 셋만 추천해 주면 어떻게 될까? 천국에서도 상석에 앉게 된다. 이것이 살아서 천국 가는 비결이다. 세일즈의 이어달리기는 오늘도 계속된다.

29

청년의 칼

〈계조의 깃털〉

인도의 히말라야 일대에 "계조(揭鳥)"라는 꽁지가 긴 새가 살고 있었다. 계조는 늘 자기의 예쁜 꼬리를 자랑스러워했다. 날다가 깃 하나라도 떨어질까 걱정이 되어 움직이지 않고 늘 가만히 있었다. 우연히 계조를 발견한 사냥꾼은 재빨리 계조에게 총을 겨누었다. 계조는 즉시 도망가야 하는데도 아름다운 꽁지털이 상할까 봐 가만히 있었다. 결국 계조는 사냥꾼의 총에 꽁지털보다 훨씬 소중한 목숨을 잃었다.

〈타로카드 질문〉

무협지를 연상케 하는 카드를 고르셨군요. 카드에서 무엇이 보이시

나요? 날쌔 보이는 한 청년이 칼을 들고 있습니다. 날카로운 눈빛이며 칼을 든 자세가 예사롭지 않습니다. 청년의 뒤로는 하얀 뭉게구름이 피어오르고 있습니다. 청년의 정체는 무엇일까요? 청년은 왜 칼을 들고 저러고 있을까요?

〈타로카드 설명〉

청년은 무술의 고수입니다. 그러나 전쟁이 끝나는 바람에 제 실력을 발휘할 기회가 사라졌습니다. 일거리가 사라진 청년은 산에 올라가 칼로 새도 쫓고 고기도 잡고 나무도 벱니다. 그러나 칼의 원래 용도는 전쟁에서 적과 목숨을 걸고 싸울 때 쓰는 무기입니다. 이런 저런 잡일을 하면서 칼날이 점점 무디어졌습니다. 탁월했던 청년의 검술 실력도 점점 녹이 슬어서 결국 시골 농부로 늙어 죽었습니다.

〈고객과의 접점〉

히말라야에 오르면 저녁에 무척 춥지만 난방이 되지 않습니다. 두 겹의 침낭 속에 들어가도 추위를 막기 힘듭니다. 그래서 물통에 뜨거운 물을 담아서 침낭의 발끝에 놓았습니다. 물통의 숫자로 온도를 조절할 수 있습니다. 온수매트인 셈입니다. 새벽에 목이 마르면 적당히 식은 물을 마시면 됩니다.

〈스토리카드 연결〉

용도가 정해진 물건은 없습니다. 똑같은 물건도 어떤 용도로 사용하느냐에 따라 달라집니다. 군인들이 쓰고 다니는 철모도 마찬가지입니다. 하나의 철모를 몇 가지 용도로 사용할 수 있을까요?

〈철모의 본질〉

군인들이 행군을 하다가 잠시 쉬어가기로 했습니다. 비가 추적추적 내리면 바닥에 바로 앉을 수가 없습니다. 그래서 철모를 깔고 앉았더니 의자가 되었습니다. 쉬다 보니 배가 슬슬 고파졌습니다. 그런데 마땅한 냄비가 없었습니다. 그래서 철모를 뒤집어서 걸었더니 훌륭한 전골냄비가 되었습니다. 그러나 철모의 본래 용도는 총알로부터 머리를 보호하는 것입니다. 철모의 본래 용도를 망각하면 자칫 위험해질 수 있습니다.

〈보험으로 연결〉

철모를 의자나 냄비로 쓰는 것은 종신보험에서 건강특약에 해당합니다. 전쟁터에서 목숨을 지켜주는 본질적인 역할은 종신보험의 주계약인 사망보장에 해당합니다. 본인이 사망했을 때 가족을 지켜주는 종신보험의 본래 기능을 망각하고 건강특약 위주로 준비하면 어떻게 될까요? 자칫 가족이 위험에 처할 수 있습니다. 본질에 집중해야 합니다.

〈핵심을 빗나간 보장〉

자영업을 하는 가장의 사례다. 종신보험 이야기를 꺼내자 옛날에 가입한 보험이 있는데 저렴한 비용으로 큰 보장을 해준다고 자랑했다. 보험료 대비 보장이 너무 커서 내용을 보여 달라고 했더니 잘 아는 친구가 해준 것이라고 하면서 보여주지 않았다.

몇 년이 지난 후 그분으로부터 전화가 왔다. 뇌출혈로 중환자실에 한 달 정도 입원했다 퇴원했는데 제대로 보장이 되지 않는다고 불만을 쏟아냈다. 보험증서들을 살펴보니 재해위주로 되어 있었다. 확률이 낮은 재해사망 5억 원과 일반사망 2천만 원, 진단보장 2천만 원이 전부였다.

뇌출혈로 못 깨어나면 얼마 받느냐고 물어서 2천만 원을 받는다고 했다. 교통사고로 사망하면 5억 원 나오는데 앞으론 죽어도 사고로 죽어야겠다고 혼잣말을 했다. 현대인은 활동량이 적고 앉아있는 시간이 많아서 재해의 위험성이 낮다는 사실을 간과한 결과였다.

뇌출혈 후유증으로 고혈압과 당뇨가 심해졌는데도 추가로 보장 받을 것이 없었다. 결국 몇 년 후에 당뇨합병증으로 사망해서 2천만 원을 지급받았다. 배우자는 암에 걸려도 2천만 원을 받는데 암보다 몇 배 심각한 사망에 대한 보장으로 2천만 원이 말이 되냐고 하소연했다.

〈주객전도〉

주객전도란 주된 것과 부수적인 것이 뒤바뀐 것을 말한다. 밑반찬 종류가 많은 식당이 정작 주메뉴는 부실한 경우가 많다. 차라리 반찬은 김치 하나만 주더라도 주메뉴가 잘 나오는 것이 낫다. 보험도 건강특약 위주로만 플랜을 짜면 사망보장을 제대로 받지 못한다. 건강특약은 아무리 화려해도 꽁지털에 불과하다. 그깟 꽁지털보다 목숨이 더 소중하지 않은가?

30

뿌리 없는 나무

〈신발과 양말〉

존 우든은 1948년부터 27년간 UCLA 팀을 이끈 미국 최고의 농구코치다. 그가 세운 620승 147패의 기록은 아직까지도 깨지지 않고 있다. 누군가 성공비결을 묻자 우든이 말했다. "저는 선수들을 처음 만날 때 신발과 양말을 제대로 신으라고 가르칩니다. 경기를 준비할 때 가장 기초적인 일이 신발과 양말을 신는 일이기 때문입니다." 양말도 제대로 못 신은 선수가 슛을 제대로 넣을 수 있을까. 모든 일에는 기초가 중요하다.

뭔가 힘들어 보이는 카드를 고르셨군요. 카드에서 무엇이 보이시나요? 건장해 보이는 한 청년이 부지런히 나무를 심고 있습니다. 그런데 뭔가 이상합니다. 나무에 당연히 있어야 할 것이 보이지 않습니다. 잎인가요? 아닙니다. 잎사귀는 작지만 붙어있습니다. 그렇다면 무엇일까요? 청년은 왜 이런 일을 하고 있을까요?

청년은 먼 훗날 자손들을 위해 나무를 심었습니다. 언젠가 나무가 자라면 잘라서 집도 짓고, 땔감으로도 쓰고, 시장에 내다 팔려고 했습니다. 청년은 하루도 쉬지 않고 땀을 뻘뻘 흘리며 나무를 심었습니다. 그러나 아무리 많은 나무를 심어도 시간이 지나면 모두 말라 죽었습니다. 뿌리가 없는 나무를 심었기 때문입니다. 절망한 청년은 결국 나무를 모두 뽑고 다시는 심지 않았습니다.

〈고객과의 접점〉

뿌리 깊은 나무는 바람에 흔들리지 않습니다. 제가 보험 세일즈를 시작한 지 5년이 지나자 여기저기서 강의 요청이 들어왔습니다. 하지만 모두 거절했습니다. 세일즈 경험도 충분하지 않은 상태에서 강의를 하면 얼마 안 가 소재가 떨어집니다. 그때부터 자신의 경험이 아니라 책에 있는 뻔한 내용을 강의하게 됩니다. 그렇게 되면 인기는 곧 시들해지고 그동안 등한시했던 세일즈도 실패하게 됩니다. 세일즈를 시작한 지 15년이 지나서야 강의를 했더니 시너지 효과로 세일즈도 탄력을 받았습니다.

〈스토리카드 연결〉

씨앗이 흙 속에 뿌리를 내리는 모습을 보신 적이 있으신가요? 연약

한 뿌리가 촘촘한 흙, 자갈 틈새를 비집고 들어가는 모습이 안쓰럽습니다. 얼마나 아플까요? 얼마나 힘들까요? 그러나 그렇게 뿌리를 내린 씨앗이 성장하면 어느새 폭풍이 불어도 끄떡없는 튼튼한 나무로 성장합니다. 미국 텍사스의 볼리바 해변에서도 비슷한 일이 일어났습니다.

〈허리케인 볼리바〉

2005년, 미국 텍사스 볼리바 해변에 허리케인 '리타'가 상륙했습니다. 평온하던 해변 마을은 삽시간에 쑥대밭이 되었고 수많은 이재민이 발생했습니다. 엎친 데 덮친 격으로 4년 뒤 더 강력한 허리케인 '아이크'가 찾아오는 바람에 간신히 다시 지은 집이 날아가 버렸습니다. 그때, 허허벌판에 단 한 채의 집만이 우뚝 서 있었습니다. 아담스의 집이었습니다. 아담스는 4년 전에 리타로 집을 잃은 후 어떤 허리케인에도 끄떡없는 튼튼한 집을 짓겠다고 다짐했습니다. 땅을 깊게 파고 커다란 주춧돌을 심었습니다. 이런 준비가 있었기에 다른 집이 다 날아갈 때도 굳건히 버틸 수 있었습니다.

〈보험으로 연결〉

인생에도 여러 번의 허리케인이 불어옵니다. 언제 어떻게 올지는 아무도 모릅니다. 그러나 분명한 것은 누구나 일생에 한 번 이상은 찾아온다는 점입니다. 이때 제대로 대비하지 않으면 시련이 찾아올 때마다 집을 잃어야 합니다. 그러나 아담스처럼 미리 철저히 대비하면 어떤 시련에도 견딜 수 있습니다. 우리의 행복을 지켜주는 튼튼한 주춧돌과 같은 상품, 그것이 바로 종신보험입니다.

〈사업의 뿌리가 된 종신보험〉

매출 300억 원 정도의 제조업을 운영하는 고객의 사례다. 20년 전 가입한 10억 원의 종신보험을 유지하는 중이었는데 현재는 건강 때문에 추가 가입이 불가능했다. 배우자는 10년 전 10억 원의 보장을 준비했고 최근 100억 원의 건물을 부부 공동명의로 구입하면서 상속세 재원 마련 용도로 10억 원에 추가 가입했다.

부부 중 한 명이 혼자 남게 되면 상속세 계산 시 배우자 공제가 없어진다. 그러면 자녀의 상속세 부담이 커진다. 상속세 재원마련을 위해서는 나중에 남는 배우자가 더 크게 준비해야 한다. 이 고객은 아내의 보장이 더 커야 된다는 것에 공감했기에 추가 가입이 순조로웠다.

자녀들의 종신보험에도 관심이 많았다. 기왕 가입할 거라면 일찍 가입할수록 유리하다는 사실을 잘 알고 있었다. 아들 2명은 각각 6억 원씩 가입했고 딸은 건강 때문에 가입하지 못했다. 이 고객이 오랜 기간 성공적으로 사업을 할 수 있었던 이유는 이처럼 2중, 3중의 안전장치를 마련했기 때문이었다.

종신보험은 회사, 건물, 재산을 다음 대로 물려줄 때 재산이 추락하는 것을 막는 안전망이다. 갑작스럽게 문제가 발생하면 상속세 재원으로 쓸 수 있고, 상속재산을 분배할 때는 금액조정 역할을 한다. 종신보험 보장의 크기는 거센 폭풍을 견디게 할 주춧돌의 크기와 같다.

〈인생의 주춧돌〉

주춧돌은 겉으로 잘 보이지 않는다. 나무의 뿌리처럼 땅 속에 숨어 있기 때문이다. 나무의 뿌리가 얼마나 깊은지는 큰 폭풍이 온 다음에야 알 수 있다. 그러나 뿌리가 얕다는 사실을 알게 된 후에는 이미 늦는다. 농구 선수가 양말 신는 법부터 연습하듯, 평소에 기초부터 차근차근 준비해야 한다. 빌딩을 높게 올리려면 땅을 깊게 파야 한다.

제4장

타로
스토리 카드
31~40

STORY RECIPE 100

31

모아둔 낙엽

<코끼리를 냉장고에 넣는 법>

코끼리를 냉장고에 넣는 방법을 물으면 각자 자신의 전공대로 대답한다. 물리학자는 특수 상대성 이론을 적용하여 코끼리의 길이 수축을 유도한다. 유전공학자는 유전자 조작으로 냉장고 보다 작은 코끼리를 만든다. 행정학자는 코끼리가 냉장고 안에 있다는 서류를 작성하고 상사에게 결재를 맡는다. 당신이라면 어떻게 하겠는가?

<타로카드 질문>

운치가 있어 보이는 카드를 고르셨군요. 카드에서 무엇이 보이시나요? 네, 커다란 나무가 있고 그 주변에는 해바라기밭이 있습니다. 나무

밑에는 낙엽이 잔뜩 쌓여 있습니다. 자연스럽게 쌓인 것 같지는 않고 누가 일부러 긁어모은 것 같습니다. 낙엽이 떨어지면 누가 가장 바빠질까요? 그 사람은 왜 낙엽을 모으는 것일까요?

〈타로카드 설명〉

추수하기도 바쁜 어느 가을날, 한 농부가 낙엽을 긁어모읍니다. 다른 농부들은 쓸데없이 왜 낙엽을 모으냐고 핀잔을 줍니다. 그러나 농부는 아무 말 없이 자기 밭 주변의 낙엽뿐만 아니라 산에 있는 낙엽까지 쓸어와서 쌓아두었습니다. 그렇게 모은 낙엽은 몇 년을 묵히자 거름이 되었습니다. 거름을 밭에 뿌린 농부는 다른 집보다 몇 배의 수확을 거둘 수 있었습니다.

〈고객과의 접점〉

'티끌 모아 태산'이라는 말이 있습니다. 아무리 작은 것도 모으면 큰 힘이 됩니다. 저는 10년 넘게 청소년들 고민상담을 해왔습니다. 그동안 주고받은 질문지만 수백 개가 넘었습니다. 그중 100개를 추렸더니 책 한 권을 출간할 수 있었습니다. 아무리 두꺼운 책도 하나하나의 글자가 모여서 만들어집니다.

〈스토리카드 연결〉

낙엽 하나하나는 가치가 없습니다. 티끌도 하나하나는 가치가 없습니다. 그러나 낙엽과 티끌이 모이면 거름이 되고 태산이 됩니다. 별것 아닌 것도 평소에 모아두면 결정적인 순간에 큰 힘을 발휘합니다.

〈뜨거운 정〉

오성은 어릴 적 장난꾸러기였습니다. 어려서 대장간에 놀러 다니면

서 대장장이가 만들어 놓은 정(釘)을 몰래 하나씩 궁둥이에 끼어서 옮겨 다른 곳에 모아 놓았습니다. 정이 하나씩 없어지자 대장장이는 오성의 장난인 줄 알고 불에 달군 정을 맨 위에 놓았습니다. 평소처럼 정을 훔치러 온 오성은 호되게 볼기짝을 델 수밖에 없었습니다. 그로부터 몇 년이 지난 뒤 대장장이의 형편이 어려워졌습니다. 그러자 오성은 그동안 모아 두었던 정을 도로 가져왔습니다. 그 정도면 새롭게 일을 시작하기에 충분한 양이었습니다. 그제서야 대장장이는 오성에게 눈물을 흘리며 고마워했습니다.

〈보험으로 연결〉

오랜 기간 종신보험을 유지하는 것은 불에 달군 정으로 엉덩이를 지지는 것처럼 고통스러울 수 있습니다. 그러나 여유가 있을 때 미리 대비하지 않으면 나중에 곤란한 일이 닥쳤을 때 헤쳐나갈 수 없습니다. 오늘의 고통은 내일의 행복으로 돌아옵니다. 종신보험은 삶의 여유를 없애지 않습니다. 정말로 필요할 때 여유를 만들어 줍니다.

〈보장의 댐을 쌓은 공무원〉

두 아들을 둔 경찰공무원의 사례다. 세일즈맨을 도와준다는 생각으로 종신보험 5천만 원에 가입했다. 나중에 자녀가 생기면서 필요성을 느끼고 5천만 원을 증액했다. 둘째가 태어나자 또다시 5천만 원을 증액해서 총 1억 5천만 원이 되었다.

50대가 되면서 건강이 급속도로 나빠졌다. 1주일에 3번씩 경찰병원에서 투석 치료를 받았다. 다행히 보험료 납입 면제 대상이 되어 보험을 유지할 수 있었다. 만약 진작 종신보험에 가입하지 않았다면 어떻게 되었을까? 병원비와 생활비 부담으로 순식간에 어려운 상황에 처했을 것이다.

큰아들은 일본 유학을 원했고 둘째 아들은 그림을 잘 그렸다. 아들들에게 도움을 못 주고 짐이 되면 어쩌나 하는 걱정이 많았다. 그동안 종신보험의 가치를 몰랐는데 아플 때 종신보험이 없었으면 어떠했을까 생각하니 아찔하다고 했다. 이제 다행히 아이들의 꿈을 지켜줄 수 있게 되었다.

건강할 때 조금씩 쌓아 온 1억5천만 원의 종신보험이 이제는 삶의 홍수를 막아주는 댐이 되었다. 일을 못할 정도로 아플 때도 가족에게 피해를 주지 않고 본인을 끝까지 지켜줄 보디가드다. 죽고 나서도 가족에게 물려줄 수 있는 거름같은 자산이 되었다. 생각하면 할수록 잘한 투자였다.

〈All in Small〉

'Small'이라는 글자 안에 'all'이 들어있다. 작은 것에 충실하면 큰일을 모두 이룰 수 있다는 뜻이다. 아무리 큰 빌딩도 뜯어보면 모래 한 알 한 알이 모여서 이루어진 것이다. 코끼리를 냉장고에 넣는 방법은 간단하다. 코끼리를 냉장고에 넣을 수 있는 크기로 나누면 된다.

32

사막의 지팡이

<멀티 플레이어>

메이저리그 선수 오타니 쇼헤이는 투수와 타자를 겸업한다. 시속 165㎞에 육박하는 강속구를 던지면서 한 시즌 수십 개의 홈런을 쳐낸다. 뉴욕 양키즈의 포수 호르헤 포사다 또한 2루수 포지션과 오른손 타자만을 고집하지 않았다. 포수와 왼손 타자까지 연습함으로써 평범한 선수에서 위대한 선수가 되었다. 이 둘은 모두 남들이 가지 않는 험한 길을 스스로 선택해서 갔다.

<타로카드 질문>

외로워 보이는 카드를 고르셨군요. 카드에서 무엇이 보이시나요?

네, 한 남자가 사막에서 싹이 난 지팡이를 들고 있습니다. 지팡이를 바라보면서 뭐라고 말을 걸고 있는 것 같습니다. 남자의 정체는 무엇일까요? 남자는 사막에서 지팡이를 들고 무엇을 하고 있을까요?

〈타로카드 설명〉

한 영주가 누명을 써서 영지를 다 빼앗기고 사막으로 쫓겨났습니다. 그러나 영주는 절망하지 않고 사막에 나무를 심기 시작했습니다. 다른 사람들은 영주가 자기 땅에서 쫓겨나더니 미친 것 같다며 비웃었습니다. 그러나 꾸준히 나무를 심고 가꾸자 사막이 서서히 녹지로 변해갔습니다. 한참 뒤에는 빼앗긴 영지보다 더 나무가 울창하고 기름진 땅으로 바뀌었습니다. 결국 영주는 자신만의 방법으로 영지를 되찾았습니다.

〈고객과의 접점〉

'젊어서 고생은 사서도 한다'는 말이 있습니다. 제가 해본 고생 중에서 가장 힘들었던 것은 사하라 사막 마라톤이었습니다. 남들은 돈 받고도 못할 고생을 제 돈 수백만 원을 써가면서 했습니다. 낮에는 40도가 넘는 뜨거운 사막을 건너느라 발톱이 빠지고 밤에는 추위와 싸우며 잠을 이루지 못했습니다. 그렇게 고생하고 왔더니 제 인생에 그보다 힘든 사막은 존재하지 않았습니다.

〈스토리카드 연결〉

스티브 도나휴는 그의 저서 《사막을 건너는 여섯 가지 방법》에서 지도를 따라가지 말고 나침반을 따라가라고 조언합니다. 나침반을 따라가면 아무리 힘든 길이라도 결국 목적지에 도달할 수 있습니다. 누구나 인생을 살다 보면 사막을 건너는 것처럼 힘든 순간이 한번은 찾아옵니다. 그럴 때 삶의 나침반을 따라 일부러 더 어려운 길을 택하는 것이 결과적으로 쉬운 길을 택한 것이 될 수도 있습니다.

〈직업 선택의 10계명〉

다음은 거창고등학교의 직업선택 10계명입니다. 하나, 월급이 적은 쪽을 택하라. 둘, 내가 원하는 곳이 아니라 나를 필요로 하는 곳을 택하라. 셋, 승진 기회가 거의 없는 곳을 택하라. 넷, 모든 조건이 갖추어진 곳을 피하고 처음부터 시작해야 하는 황무지를 택하라. 다섯, 앞을 다투어 모여드는 곳은 절대 가지 마라. 아무도 가지 않은 곳으로 가라. 여섯, 장래성이 전혀 없다고 생각되는 곳으로 가라. 일곱, 사회적 존경 같은 건 바라볼 수 없는 곳으로 가라. 여덟, 한가운데가 아니라 가장자리로 가라. 아홉, 부모나 아내나 약혼자가 결사반대를 하는 곳이라면 틀림없다. 열, 왕관이 아니라 단두대가 기다리고 있는 곳으로 가라.

<보험으로 연결>

세상에 쉬우면서 큰 수익을 얻을 수 있는 것은 없습니다. 도선사가 억대 연봉을 받는 이유는 암초를 피해서 배를 정박시키는 일을 아무나 할 수 없기 때문입니다. 고객은 자신이 케어할 수 없는 리스크를 처리해 주는 사람에게 기꺼이 높은 비용을 지불합니다. 보험 세일즈는 승진의 기회가 없고 부모와 배우자가 결사적으로 반대하는 직업입니다. 그래서 어쩌면 거창고등학교의 직업 선택 10계명에 가장 어울리는 직업일지도 모릅니다.

<마지막까지 견뎌야 하는 것>

동료 세일즈맨의 사례다. 보험을 시작하면서 엄마에게 제일 먼저 투자형 상품을 팔았다. 두 번째로 원금이 보장되는 연금을 팔았다. 마지막으로 종신보험 3천만 원을 팔았다. 몇 년 후 엄마가 암에 걸렸다. 치료는 잘되었으나 식당을 계속할 수 없어서 보험을 유지할 수 없었다. 결국 종신보험만 남기고 나머지는 모두 해지했다.

고객들은 투자 - 저축 - 건강보험 - 종신보험 순서로 원한다. 그러나 실제로 필요한 순서는 거꾸로다. 가장 먼저 종신보험을 선택하는 것은 가격 상승이 확정된 주식을 사는 것과 같다. 끝까지 유지하기만 하면 반드시 남는 장사다.

일본에서 30년 이상 보험 세일즈를 한 동료에게 물었다. "만약 20년 전 과거로 되돌아간다면 세일즈를 어떻게 하겠어요?" 그러자 그가 대답했다. "더 종신보험에 집중할 거예요. 저축성 보험에 집중했던 동료들은 중도에 포기했거나 힘들어 하고 있거든요."

본인이 케어할 수 없는 것을 케어해 주는 상품, 시간이 지날수록 반드시 가치가 상승하는 상품, 누구나 알고는 있지만 아무나 팔 수는 없는 상품이 바로 종신보험이다. 동료 세일즈맨은 팔기 어려운 종신보험을 엄마에게 팔았더니 결국 엄마의 삶을 끝까지 지켜줄 수 있었다.

〈어렵고도 쉬운 일〉

누구나 할 수 있는 것은 굳이 나까지 할 필요가 없다. 그런 것은 열심히 해도 경제적으로 큰 도움도 안 된다. 아무나 할 수 없는 일을 해야 희소성이 높아지고 수익도 보장된다. 쉽게 판 것은 쉽게 해지된다. 가장 팔기 어려운 종신보험을 제대로 팔아야 한다. 그러면 고객이 경제적으로 어려워지더라도 끝까지 유지하고 세일즈맨의 수입도 증가한다.

33

옛날이야기

〈생활의 달인〉

예전에 생활의 달인이라는 프로그램이 인기였다. 그 방송에 나오는 주인공들은 자기 분야에서 상식을 초월하는 능력을 과시한다. 변기를 만드는 회사에서 근무하는 달인은 나무망치로 변기를 몇 번 내리치는 것만으로 어느 부분에 금이 생겼는지를 알 수 있다. 포장을 하는 달인은 기계보다 빠르고 정확하게 제품을 포장한다. 은행에서 근무하는 달인은 지폐 뭉치를 집는 순간 얼마인지 귀신같이 알아맞힌다. 어떻게 이런 일이 가능할까?

〈타로카드 질문〉

다정한 분위기의 카드를 고르셨군요. 카드에서 무엇이 보이시나요? 네, 할머니 한 분이 손자들과 함께 의자에 앉아 있습니다. 뒤에는 한 여인이 살림을 하고 있습니다. 이 곳은 어디일까요? 할머니는 손자들과 무슨 이야기를 나누고 있을까요? 왜 한 아이는 깨어 있고 다른 아이는 잠들어 있을까요?

〈타로카드 설명〉

육아로 바쁜 엄마 대신 할머니가 아이들을 돌보고 있습니다. 손자들이 할머니에게 옛날이야기를 해달라고 조릅니다. 할머니의 레퍼토리는 맨날 똑같습니다. 처음 듣는 동생은 귀를 쫑긋 세우고 경청하고 있습니다. 그러나 누나는 할머니 치마 폭에 안겨 곤히 잠들었습니다. 이미 어렸을 때부터 수도 없이 반복해서 들은 이야기였기 때문입니다.

〈고객과의 접점〉

역사는 반복됩니다. 그 이유는 중요한 것은 변하지 않기 때문입니다. 저는 짜게 먹는 습관이 있습니다. 그래서 식사를 할 때마다 아내가 짜게 먹지 말라고 잔소리를 합니다. 가끔 귀찮을 때도 있지만 '중요한 말이니까 반복하는 것이겠지.' 하고 그 말을 들으려고 합니다.

〈스토리카드 연결〉

옛날이야기는 삶의 중요한 메시지를 담고 있습니다. 신기하게도 동서고금의 옛날이야기 중에 쌍둥이처럼 닮은 이야기가 많습니다. 이는 인류의 공통된 가치는 변하지 않기 때문입니다.

〈가장 오래된 잔소리〉

한 아버지가 제멋대로 구는 아들에게 다음과 같이 훈계했습니다. "제발 철 좀 들어라. 길거리에서 배회하지 말고 학교에 가서 과제물을 암송해라. 선생님 앞에서는 예의를 갖추어라." 요즘 인터넷 게시판에 있는 글이 아닙니다. 놀랍게도 지금으로부터 약 3,700여 년 전 점토판에 새겨진 수메르인들의 기록입니다. 어른들의 눈에는 젊은이가 못마땅한 것은 예나 지금이나 같습니다. 삶의 근본적인 문제는 항상 반복되고 유행을 타지 않습니다.

〈보험으로 연결〉

길이 막힐 때면 항상 옆 차선은 잘 뚫리는 것 같습니다. 그런데 그 차선으로 끼어들면 이번에는 원래 차선이 뚫립니다. 이리저리 차선을 바꿔봤자 결국 목적지에 도달하는 시간은 비슷합니다. 보험도 마찬가지입니다. 당장 유행하는 상품을 쫓아 이리저리 바꾸면 해지하고 가입하는 과정에서 돈만 더 들어갑니다. 절대적인 가치가 있는 것은 유행을 타지 않습니다. 종신보험은 가족 사랑이라는 절대적인 가치를 담고 있습니다.

〈유행을 역주행하는 보장〉

10년 전 5천만 원의 종신보험에 가입한 45세 주부의 사례. 유지 중인 종신보험이 유행이 지난 것 같아서 다른 보험으로 갈아타야 할 것 같다고 상담을 요청했다. 요즘에는 종신보험을 줄이거나 해약하고 저렴한 것으로 바꾸라는 광고가 TV에 많이 나온다고 했다.

그래서 현재 시점에서 같은 조건으로 가입하면 보험료가 2배나 된다는 자료를 보여주었다. 고객은 놀라면서 종신보험 해지했으면 큰일 날 번했다고 가슴을 쓸어내렸다. 종신보험은 처음 몇 해만 넘기면 매년 납입액 정도의 환급금이 증가하므로 보장을 받으면서 저축하는 것과 같다.

중요한 것은 반복된다. 옛날이야기가 반복되는 것은 그만큼 중요하기 때문이다. 학교 다닐 때도 수업시간에 반복해서 나온 것이 시험문제로 출제된다. 부모님의 잔소리도 들을 때는 정말 싫었는데 이제 와서 생각해보니까 틀린 말이 하나도 없었다. 죽음과 가족 사랑이 존재하는 한 종신보험은 반복될 수밖에 없다.

일부 보험회사나 세일즈맨들은 종신보험이 유행이 지난 것처럼 말한다. 그러나 앞으로 10년이 지나면 나이 때문에 같은 보장의 보험료가 지금보다 훨씬 높아진다. 때론 건강 때문에 가입을 거부당할 수도 있다. 결국 종신보험을 해지하러 온 고객은 오히려 5천만 원을 증액했다. 그리고 자녀들의 종신보험 가입도 검토했다.

〈반복의 힘〉

생활의 달인들이 일반인들의 상상을 초월하는 능력을 가지게 된 비결은 '반복'이다. 영어 속담에서 "Practice makes perfect. 연습이 완벽을 만든다."는 말이 있다. 로버트 마우어는 그의 책 《아주 작은 반복의 힘》에서 큰일을 해내는 유일한 방법은 아주 작은 일의 반복이라고 말한다. 가족의 행복을 지키는 힘은 매달 반복적으로 납부하는 종신보험료에서 나온다.

34

늘어난 황금잔

〈종이의 두께〉

A4용지 1장의 두께는 0.1㎜이다. 한 번 접으면 0.2㎜가 되고 두 번 접으면 0.4㎜가 된다. 같은 방법으로 30회를 접으면 얼마나 될까? 약 1000㎞가 나온다. 서울과 부산의 왕복 거리다. 출발은 고작 0.1㎜였다. 그러나 한 번 더 접을 때마다 엄청난 차이를 만들어 낸다. 시작은 미약하였으나 끝은 창대한 것. 이것이 바로 복리의 마법이다.

〈타로카드 질문〉

아주 화려한 카드를 고르셨군요. 카드에서 무엇이 보이시나요? 네, 한 남자가 9개의 커다란 잔에 둘러싸여 있습니다. 화려하게 빛나는 황

금잔입니다. 남자는 자신만만한 자세로 앉아있습니다. 남자의 정체는
무엇일까요? 남자는 황금잔을 가지고 무엇을 하려는 것일까요?

〈타로카드 설명〉

술을 좋아하는 한 남자가 잔소리가 심한 아내를 피해 도망쳤습니다.
길을 걷다가 한적한 곳에서 요술램프를 발견합니다. 램프를 문지르자
요정이 나와 3가지 소원을 들어주겠다고 약속했습니다. 첫 번째 소원
으로 비싼 황금잔을 달라고 하자 그대로 이루어졌습니다. 두 번째 소
원으로 그 잔에 독한 술을 채워달라고 하자 그대로 이루어졌습니다.
술에 취하자 황금잔이 9개로 보였습니다. 세 번째 소원으로 눈에 보이

는 것을 현실로 바꾸어달라고 하자 그대로 이루어졌습니다. 남자는 술에 취한 채 9개의 황금잔을 들고 의기양양하게 집으로 돌아왔습니다. 그러자 9명의 아내가 9배의 잔소리를 하며 마중 나왔습니다.

〈고객과의 접점〉

아인슈타인은 복리를 세계의 8대 불가사의라고 말했습니다. 저도 세일즈 초기에는 계약 숫자를 늘리기가 힘들었습니다. 시간이 지나면서 고객이 어느 정도 늘어나니까 고객이 고객을 소개하기 시작했습니다. 판매하는 상품의 종류도 다양해졌습니다. 자연스럽게 계약건수도 빨리 증가했습니다.

〈스토리카드 연결〉

세상은 모두 복리로 이루어져 있습니다. 한 알의 씨앗이 나무로 성장하고 또 그 나무의 씨앗이 땅에 떨어지고 또 떨어지기를 반복하면 벌거숭이산도 몇십 년이 지나면 나무로 우거지게 됩니다. 복리의 마법은 나라의 주인을 바꿀 수도 있습니다.

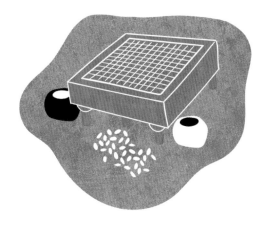

〈바둑판과 쌀알〉

　옛날 어느 왕국의 공주가 병에 걸렸습니다. 여러 신하가 나섰지만 아무도 공주의 병을 고치지 못했습니다. 왕은 공주의 병을 고쳐준 사람에게는 어떤 소원이든 들어 주기로 했습니다. 드디어 한 남자가 나타나서 공주의 병을 고쳤습니다. 왕이 소원을 묻자 남자는 바둑판의 첫 칸에는 쌀 1알, 두 번째 칸에는 2알, 세 번째 칸에는 4알 이렇게 2배씩 쌀을 달라고 말했습니다. 왕은 남자의 요구를 흔쾌히 수락했습니다. 그러나 바둑판의 마지막 칸에 이르자 쌀의 개수는 2의 360 제곱이 되었습니다. 이는 나라를 모두 팔아도 갚지 못할 정도였습니다. 왕은 약속을 지키기 위해 공주를 남자와 결혼시키고 왕위를 물려주었습니다.

〈보험으로 연결〉

세상에 영원히 사는 사람은 없습니다. 사망보장은 해지만 하지 않으면 언젠가는 반드시 지급됩니다. 주변에서 보험금을 받았던 사례를 들은 사람은 보험에 관심을 가지게 됩니다. 씨앗을 뿌리면 언젠가 열매를 거두듯 시간을 견디면 보험금 지급 사례는 많아집니다. 사례가 많아질수록 소개에 의한 계약의 증가도 빨라집니다. 이제 복리의 마법이 시작됩니다.

〈혜택을 모으면 복리 된다〉

종신보험에 부정적인 인식을 가지고 있던 40세 남자의 사례다. 상담 내내 종신보험은 보험사와 세일즈맨을 위한 수익률이 형편없는 상품이라고 열변을 토했다. 일단 그의 생각을 존중하면서도 나는 종신보험 세일즈를 20년 이상 했고 앞으로도 종신보험 세일즈를 하면서 살아갈 예정이라고 말했다.

고객은 이해가 안 된다는 표정으로 한번 들어나 보겠다고 태도를 바꿨다. 먼저 종신보험의 복리 수익률을 다양한 관점에서 설명했다. 처음에는 환급률이 낮다가 3년 이후부터는 매년 납입 보험료와 비슷한 수준으로 늘어난다. 초기에 환급금이 적은 것은 장기상품을 3년 이내에 해지하면 장기간 나누어 분배될 모든 비용이 일시에 청구되기 때문이다.

고객은 보험을 5년 이상 유지한 경우가 한 번도 없었다고 했다. 10년 전 시점으로 종신보험을 같은 조건으로 설계했을 경우와 현재 시점의 종신보험을 비교했을 때 보험료가 2배가 넘게 오른 것을 보여주니 몹시 놀랐다. 2배 오른 보험료로도 가입하는 사람들이 많다고 알려주었다.

50세가 되면 주위에 아픈 사람들이 생기면서 건강에 관심이 많아진다. 시간이 지나면서 종신보험의 혜택은 환급률, 나이, 건강 등을 종합적으로 고려하면 급격히 증가한다. 종신보험은 장기간 유지하면 복리의 마술처럼 수익률이 급상승한다. 내 말에 공감한 고객은 결국 장기납으로 종신보험에 가입했다. 지금은 종신보험 전도사로 키맨 역할을 하고 있다.

〈지구에서 태양까지〉

빠듯한 생활비를 쪼개 매달 보험금을 납부하는 것은 이미 두툼하게 접힌 종이를 다시 접는 것만큼이나 힘든 일이다. 그러나 0.1mm에 불과한 종이를 30번 접으면 1000km가 되고, 50번을 접으면 약 1억 km가 된다. 이는 지구와 태양 사이 거리의 3분의 2에 해당한다. 매달 조금씩 내는 보험료는 복리의 마법에 의해 언젠가 막대한 수익으로 돌아온다.

35

궁궐의 시작

〈10년의 준비〉

옛말에 '양병십년 용병일일(養兵十年 用兵一日)'이란 말이 있다. 병사를 키우는 데는 10년이 걸리지만 병사를 사용하는 데는 하루밖에 걸리지 않는다는 뜻이다. 이 말을 달리하면 하루를 쓰기 위하여 10년을 준비한다는 뜻이다. 하루를 쓰기 위한 10년의 준비는 헛된 것이 아니다. 그 10년의 세월이 없으면 단 하루의 전쟁에 패해서 모든 것을 잃을 수도 있다.

〈타로카드 질문〉

막막해 보이는 카드를 고르셨군요. 카드에서 무엇이 보이시나요?

네, 궁궐이 보이고 그 앞에 허름하게 지은 천막이 보입니다. 천막은 무엇으로 이루어져 있나요? 그리고 이 천막은 왜 궁궐 앞에 세워진 것일까요? 이 천막을 세운 사람은 누구일까요?

〈타로카드 설명〉

한 학자가 학문에 한계를 느끼고 방황을 하다가 왕궁을 지나게 되었습니다. 너무도 화려한 궁궐에 마음을 빼앗긴 학자는 궁궐지기에게 이 궁궐이 어떻게 지어진 것이냐고 물었습니다. 궁궐지기는 이렇게 대답했습니다. "전해지는 이야기에 의하면 처음에는 4개의 기둥으로 세운 천막 밖에 없었습니다. 하지만 대를 이어가며 하나씩 벽돌을 더해나가다 보니 지금의 왕궁이 되었습니다." 이 말에 깊은 감명을 받은 학자는 다시 연구에 정진하여 대학자가 되었습니다.

〈고객과의 접점〉

고고한 백조도 물속에서는 부지런히 발을 움직입니다. 제가 마라톤 풀코스를 뛰면 사람들은 어떻게 그 나이에 완주를 할 수 있느냐며 놀라워합니다. 마라톤 완주를 위해 매번 몇 백 ㎞씩 연습한 것을 알면 더 놀라워합니다. 우리가 보는 것은 스포츠의 하이라이트지만, 그 뒤에는 선수들이 흘리는 무수한 땀방울이 있습니다.

〈스토리카드 연결〉

놀라운 결과는 고된 준비 과정을 통해 만들어집니다. 밴쿠버 올림픽 금메달의 주인공 김연아는 7살 때부터 하루에 8시간씩 연습을 했다고 합니다. 그 결과 시니어 데뷔 이래 세계 메이저 대회 3개를 모두 석권하는 마술 같은 결과를 만들어냈습니다.

⟨마술의 비밀⟩

　마술사 후디니는 큰 금고나 수조 속에 단지 수영복만 입고 들어가서 탈출에 성공하는 쇼로 관객들에게 놀라움을 선사했습니다. 언뜻 불가능해 보이는 마술의 비밀은 너무나 간단했습니다. 마술에 사용할 금고의 잠금장치 스프링을 미리 부드러운 스프링으로 교체하고 위조 열쇠를 따로 준비해 두었던 것입니다. 또한, 그는 트릭을 검사하는 사람 중한 명을 매수했습니다. 후디니는 마술을 시작하기 전 악수를 할 때 매수인을 통해 자연스럽게 위조 열쇠를 받을 수 있었던 것입니다. 만일 후디니가 사전 준비가 없이 수조에 들어갔다면 어떻게 되었을까요? 아마 생명을 보장하기 어려웠겠죠.

〈보험으로 연결〉

모든 놀라운 마술에는 이중, 삼중의 안전장치가 있습니다. 우리의 인생을 보호하는 이중, 삼중의 안전장치가 바로 종신보험입니다. 가족을 지키는 것도 실패하면 안 됩니다. 가족을 보호하는 종신보험은 유지되는 한 100% 지급됩니다. 종신보험은 종이와 펜으로 부릴 수 있는 마술입니다.

〈작은 시작 큰 보장〉

아들 둘과 홀어머니를 부양하고 있는 건설회사 대표의 사례다. 종신보험 주계약 1억 원, 정기특약 4억 원, 가족 수입 1억 원에 가입했다. 청약을 한 후에 가족에게 남기는 글을 쓰라고 했다. 이 편지는 보험 유지의 어두운 터널을 지나 사망 뒤에 가족에게 전달된다. 쑥스러워서인지 나중에 쓰겠다고 하는 것을 지금 당장 써야 한다고 재촉했다.

구체적으로 어떻게 써야 하느냐고 묻길래 이렇게 대답했다. "비행기가 추락하고 있는데 시간이 10분 정도 남았다고 생각해 보세요. 그 때 가족에게 어떤 말씀을 남기고 싶으실까요? 바로 그 말씀을 써 주시면 됩니다." 고객은 아내에게는 잘해주지 못해 미안하다고, 아들들에게는 생각했던 꿈을 이뤘으면 좋겠다고, 어머니에게는 잘 모시지 못해서 미안하다고 썼다.

그 후 회사가 부도 위기를 맞았을 때도 종신보험은 대출로 납입하면서 어렵게 유지했다. 그 후로도 사업은 다시 일어나기 힘들었다. 잦은 음주와 스트레스로 간경화가 왔다. 결국 증상이 심해져서 종신보험에 가입한 지 12년 후에 사망했다.

사망보험금으로 대출금을 해결했고, 유학 갔던 아들은 계속 공부를 할 수 있었고, 가족수입 특약에서 매월 지급되는 100만 원으로 어머니를 부양하는 것도 가능했다. 아내는 채권자들을 피해다닐 때 해지할까 고민했는데 그러지 않아서 천만다행이라고 했다. 남편이 가족에게 남긴 글을 보면서 끝까지 유지하려 했던 이유를 알겠다고 눈물을 흘렸다.

〈보험의 마술〉

관객의 돈을 사라지게 하는 마술과 돈을 빌려가서 안 갚는 사기의 차이는 무엇일까? 나중에 다시 갚으면 마술이고 안 갚으면 사기다. 보험도 마찬가지다. 청약서에 사인을 함으로써 시작된 마술은 온갖 어려움을 뚫고 끝까지 유지해야 마술같이 가족의 삶을 보호할 수 있다.

36

마녀의 귀환

〈꿀을 담을 그릇〉

한 사람이 양봉을 해서 꿀을 많이 모았다. 그는 마을 사람들에게 꿀을 공짜로 나누어 줄 테니 빈 그릇을 가져오라고 했다. 어떤 사람은 박카스 병을 가져와서 꿀을 받아갔고, 다른 사람은 페트병을 가져와서 꿀을 받아갔다. 커다란 기름통에 받아간 사람도 있었다. 사람들이 공평하지 않다고 불평하자 그가 대답했다. "나는 각자 준비해 온 그릇대로 채워주었을 뿐이오." 마을 사람들은 할 말이 없었다.

〈타로카드 질문〉

쓸쓸해 보이는 카드를 고르셨군요. 카드에서 무엇이 보이나요? 네,

한 여인이 뗏목 위에 누워있습니다. 여인은 무엇을 하고 있나요? 양손을 모으고 기도하듯 눈을 감고 있습니다. 여인은 죽었을까요? 살았을까요? 뗏목은 어디로 가고 있을까요? 도대체 여인에게 무슨 일이 있었을까요?

〈타로카드 설명〉

어려운 사람들을 도와주고 베풀면서 살던 부유한 과부가 있었습니다. 이를 옆에서 보고 있던 성직자는 과부의 인기와 부가 탐이 나서 마녀라고 모함했습니다. 마녀로 몰아서 수장을 시키려 하자 과부가 말했습니다. "제가 진짜 마녀라면 그냥 죽을 것이고 마녀가 아닌 누명을 쓴 것이라면 신의 도움으로 나는 다시 떠오를 거예요." 놀랍게도 과부는 물속에 들어가자마자 다시 떠올랐습니다. 이것을 본 성직자는 뒤도 보지 않고 줄행랑을 쳤습니다. 어떻게 그런 일이 가능했을까요? 그녀의 도움을 받았던 사람들이 그녀가 죽지 않도록 물속에서 몰래 받쳐주었기 때문입니다.

〈고객과의 접점〉

기회는 준비된 자에게 옵니다. 예전에 은행에서 근무할 때 외환관련 업무를 맡았습니다. 그래서 미리 외환관련 연수를 받고 관련 자격증을 따 두었습니다. 나중에 우연한 기회에 외환관련 부서의 빈자리가 생겼을 때 그 자리로 발령을 받았습니다. 동료들은 모두 저에게 운이 좋다고 말했습니다. 운은 미리 준비했기에 잡을 수 있었습니다. 과녁이 준비되지 않으면 아무리 화살이 많아도 꽂히지 않습니다.

〈스토리카드 연결〉

기적처럼 보이는 일에는 눈에 보이지 않는 비밀이 숨어있습니다. 마술도 마찬가지입니다.

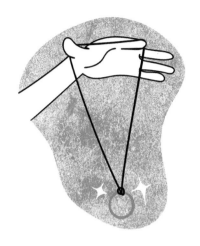

〈마술링〉

　마술링의 원리를 아시나요? 줄을 따라서 링을 위로 올렸다가 놓으면 바닥으로 떨어집니다. 어떤 경우는 링이 떨어지지 않고 마술처럼 중간에 탁 걸립니다. 어떻게 이런 일이 일어날까요? 링이 줄을 따라 올라가는 것은 지금까지 살아오면서 몸값을 올려 왔다는 것을 의미합니다. 몸값을 올리기 위해서 본인도 노력했지만 가족들의 도움도 있었습니다. 그 상태에서 링을 그대로 놓으면 바닥으로 떨어집니다. 그러나 중간에 트릭으로 안전장치를 하면 떨어지지 않고 중간에 걸리게 됩니다.

인생의 링이 바닥으로 추락하지 않도록 우리를 지켜주는 안전장치가 바로 종신보험입니다. 아무리 몸값이 높아도 안전장치가 없으면 언제 0으로 떨어질지 모릅니다. 병원에 오래 입원하면 마이너스가 될 수도 있습니다. 우리의 인생에도 안전한 트릭이 필요합니다.

〈의사의 추락 방지용 안전망〉

10억 원의 종신보험을 유지 중인 의사의 사례다. 자녀가 둘인데 자녀 1인당 교육비가 5억 원 정도 필요할 것 같다며 10억 원을 추가로 증액하고자 했다. 자신에게 갑자기 문제가 생겨도 자녀들 교육은 시켜줘야 할 것 같아서 그 정도 금액을 정했다는 것이다.

3대 금융기관은 은행, 증권, 보험이다. 은행은 모으고, 증권은 불리고, 보험은 지키는 역할을 한다. 그중 어디에 가장 많이 투자했는지 물었더니 부동산이라고 대답했다. 부동산은 보통 불리는 목적으로 구입하기 때문에 증권과 비슷하다고 했더니 증권의 비중이 가장 크다고 했다. 증권보다 몇 십 배 높은 비중의 투자를 한 것이 본인 자신이다.

병원에 불이 나면 무엇을 가지고 나갈 것인지 물었더니 자신만 살아

나가면 된다고 했다. 의료장비야 다시 살 수 있지만 자신이 죽으면 소용이 없다는 것이었다. 그래서 병원의 장비는 보험에 가입했냐고 물었더니 당연히 그렇다고 했다. 그렇다면 본인의 가치를 지키기 위한 보험은 충분한지 물었더니 선뜻 대답하지 못했다.

보장의 적정선은 몸값의 30% 정도라고 했더니 지금의 10억 원으로는 턱없이 부족하다고 했다. 마술링을 바닥에 떨어뜨리며 한순간에 추락할 수 있는 전문직의 가치를 설명했다. 링이 떨어지는 순간 '철렁' 하는 마음의 동요를 느낄 수 있었다. 결국 몇 번의 상담을 더 하고 추가 계약을 하게 되었다.

〈5만 개의 매뉴얼〉

맥도널드의 창업주였던 레이 크록은 하나의 점포를 개설하기 위해 5만 개의 매뉴얼을 준비했다. 그리고 그중 하나라도 미흡할 경우 매장을 오픈하지 않았다. 이 매뉴얼에는 햄버거에 들어가는 고기의 두께에서부터 조리 온도 및 시간, 감자를 써는 요령과 두께까지 꼼꼼하게 기록되어 있었다. 이러한 철저한 준비 끝에 맥도널드는 세계 최대의 외식 프랜차이즈가 될 수 있었다. 기적은 없다. 각자 준비한 그릇대로 받아갈 뿐이다.

37

파도와 나무

<성냥불 금지>

2차 대전 당시 장교들은 사병들에게 성냥불을 켜지 못하게 단단히 주의를 주었다. 왜냐 하면 깜깜한 한밤중에 담배를 피우려고 성냥불을 잘못 켰다가는 아군의 위치가 발각될 수 있기 때문이다. 실제 실험 결과 쌍안경으로 보면 32km 정도 떨어진 곳에서도 성냥불처럼 작은 불도 확인할 수 있었다. 방심하면 작은 실수가 큰 비극을 불러올 수 있다.

<타로카드 질문>

쓸쓸해 보이는 카드를 고르셨군요. 카드에서 무엇이 보이시나요? 네, 한 남자가 파도 위에 서 있습니다. 손에는 무엇이 있죠? 나무를 짚

고 의지하고 있습니다. 이 남자의 정체는 무엇일까요? 왜 파도 한가운데에서 나무에 의지해 버티고 있는 것일까요? 나무는 어떤 역할을 하고 있는 것일까요?

<타로카드 설명>

어느 마을에 자주 해일이 밀려왔습니다. 바닷가 근처의 숲에는 나무가 울창했습니다. 마을 사람들이 힘을 합쳐서 숲의 나무를 방파제에 옮겨 심었습니다. 다행히 파도는 방파제 근처에서 사그라들었습니다. 그런데 사람들은 여기저기 가시에 찔려서 크게 다쳤습니다. 멀리서 다가오는 파도의 위험에 대비하느라 가까이에 있는 나무의 독가시를 무

시했기 때문입니다.

〈고객과의 접점〉

'가랑비에 옷 젖는다'는 말이 있습니다. 큰 비가 올 때는 미리 우산을 준비하니까 비를 안 맞습니다. 그러나 가랑비가 오면 우습게 알고 준비를 안했다가 옷을 흠뻑 적시게 됩니다. 작은 위험을 방치하면 큰 위험이 되어 돌아옵니다.

〈스토리카드 연결〉

우리를 넘어뜨리는 것은 큰 산이 아니라 작은 돌부리입니다. 한창 잘 나가는 스타를 한순간에 무너뜨리는 것은 사소한 실수입니다. 큰 댐을 무너뜨리는 것도 눈에 보이지 않는 작은 구멍입니다. 비행기가 이륙하고 착륙할 때도 마찬가지입니다.

〈비행기 사고의 확률〉

비행기 사고로 사망할 확률과 자동차 사고로 사망할 확률 둘 중에

어느 쪽이 더 높을까요? 비행기 사고로 사망할 확률은 고작 0.0009%입니다. 반면 자동차 사고로 사망할 확률은 0.03%로 30배 이상 높습니다. 그러나 사람들은 자동차보다 비행기가 훨씬 위험하다고 생각합니다. TV에서 비행기 사고를 큰 비중으로 보도하기 때문입니다. 발생 빈도로만 따져보면 비행기는 자동차보다 안전합니다. 하지만 한 번 비행기 사고가 발생하면 탑승자 대부분이 사망하게 됩니다. 이처럼 비행기 사고의 발생 빈도는 자동차보다 낮지만 위험의 크기는 훨씬 큽니다.

〈보험으로 연결〉

안전장치는 빈도수가 아니라 위험의 크기를 기준으로 준비해야 합니다. 사망은 단 한번이지만 일단 발생하면 모든 것을 무너뜨립니다. 게다가 누구에게나 일생에 한 번은 반드시 찾아옵니다. 감당할 수 없는 위험에 대비하는 방파제가 바로 종신보험입니다.

〈착각은 작지만 불행은 크다〉

30대 후반의 평범한 직장인 부부의 사례다. 운전자보험, 대중교통 상해보험, 건강보험에는 가입했지만 종신보험은 없었다. 운전자보험은 형사 합의금과 스쿨존에서의 사고 위험 때문에 가입했고, 대중교통 상해보험은 저렴한 보험료에 비해 보장이 커서 가입한 상태였다.

1년에 5천 ㎞ 이내로 운전하는 사람이 자동차보험에 운전자보험까지 가입하는 것은 자동차 관련 보험에 지나치게 투자한 것이다. 10% 이내의 사망 확률에 보험이 집중되다 보니 90% 이상의 확률인 일반사망이 무방비 상태로 방치되고 있었다.

아내는 비행기 착륙 시는 의자를 붙들고 불안해한다. 그러나 자동차만 타면 옆 좌석에서 쿨쿨 잠을 잘 잔다. 이것은 내가 운전을 잘해서가 아니라 착각 때문이다. 자동차 사고로 사망할 위험은 비행기 사고로 사망할 위험보다 30배 이상 높다.

보험사는 이런 착각을 이용해서 돈을 번다. 고객들이 착각해서 보험을 선택하면 위험해 질 수 있다. 우선 자동차와 비행기의 비유로 보장의 체계를 설명하고 통계로 보장의 공백을 확인시켜 주었다. 내 말에 공감한 부부는 종신보험에 가입했고 인생의 공백을 완벽하게 채울 수 있었다.

〈작은 실수, 큰 위험〉

"자나 깨나 불조심, 꺼진 불도 다시 보자." 80년대의 불조심 공익광고다. 넓은 전쟁터에서 성냥불로 인해 위치가 발각될 확률은 매우 낮다. 그러나 만의 하나라도 그런 일이 일어나면 많은 희생을 치러야 한다. 큰 실수와 사고는 대부분 작은 것을 관리하지 못하기 때문에 발생한다. 큰 위험을 막기 위해서는 작은 실수를 살펴야 한다.

38

되찾은 왕좌

〈해초가 많은 바다〉

한 어부가 해안에서 고기를 잡으며 투덜거렸다. "이 바다에는 이상하게 해초가 많아서 고기를 잡는데 방해가 된단 말이야." 그 말을 들은 늙은 어부가 말했다. "그렇지만 해초가 없으면 새우 새끼도 없을 걸세. 먹이인 새우가 없으면 고기도 없을 걸세." 그 말을 들은 어부는 다시는 불평하지 않았다. 불편한 것이 있어야 좋은 것도 누릴 수 있다.

〈타로카드 질문〉

위엄이 있어 보이는 카드를 고르셨군요. 카드에서 무엇이 보이시나요? 네, 한 남자가 왕좌에 앉아있습니다. 손에는 무엇을 들고 있죠? 긴

칼을 한 자루 들고 있습니다. 이 남자의 정체는 무엇일까요? 왜 왕좌에
앉아서 칼을 들고 있을까요?

〈타로카드 설명〉

한 왕이 믿었던 신하의 반란으로 왕좌를 빼앗겼습니다. 신하는 왕에
게 옛정을 생각해서 원하는 두 가지만 가지고 나라를 떠나라고 했습니
다. 왕은 자기가 앉아있던 의자와 칼을 달라고 했습니다. 신하는 길
을 떠나는데 거추장스럽게 의자와 칼은 왜 들고 가느냐고 비웃었습니
다. 왕은 비웃음을 뒤로 한 채 길을 떠났습니다. 한참을 가다가 다른 나
라의 군대를 만났습니다. 군대는 그 나라의 왕이 병으로 죽자 신탁에

따라 왕의 상징을 지닌 사람을 찾는 중이었습니다. 자기 나라에서 쫓겨난 왕은 왕의 상징인 의자와 칼 덕분에 다시 다른 나라의 왕이 될 수 있었습니다. 불편한 갑옷이 결정적인 순간에 목숨을 구해주는 것과 같습니다.

〈고객과의 접점〉

'왕관을 쓴 자 그 무게를 견뎌라'라는 말이 있습니다. 석사 위에 박사, 박사 위에 '밥사'가 있습니다. 선배 대접을 받고 싶으면 후배에게 밥을 잘 사야 합니다. 나이를 먹을수록 입은 닫고 지갑을 열어야 대우를 받습니다. 반대로 하면 따돌림을 당합니다.

〈스토리카드 연결〉

세상에 쉽게 보이는 일은 있어도 정말로 쉬운 일은 없습니다. 남들이 마다하는 힘든 길을 가면 그다음이 쉬워집니다. 거센 물살이 흐르는 강을 혼자 건너야 한다면 어떻게 해야 할까요?

〈돌을 들고 강 건너기〉

아마존에 사는 원주민들은 강을 건널 때 무거운 돌을 하나씩 들고 건넙니다. 그들은 왜 굳이 무거운 돌을 들고 건너는 것일까요? 거센 물결에 휩쓸려 떠내려가지 않기 위해서입니다. 돌을 드는 것은 힘든 일입니다. 그러나 그 무게만큼 안정감이 있으므로 거센 물살에 휩쓸리지 않고 안전하게 강을 건널 수 있습니다.

〈보험으로 연결〉

인생은 거센 물살이 소용돌이치는 긴 계곡을 건너는 일입니다. 무슨 일이 있어도 건너편에 도달해야 합니다. 가족이 있는 경우 특히 그렇습니다. 그러나 맨몸으로 거센 물살을 견디는 것은 한계가 있습니다. 적당한 돌을 들고 계곡을 건너면 힘은 들지만 떠내려가지는 않습니다. 물살에 떠내려가는 것을 막아주는 돌처럼, 당장은 힘들지만 결정적인 순간에 가족을 지켜주는 것이 종신보험입니다.

〈젊음을 주고 자유를 산 청년〉

35세 청년의 사례다. 아버지는 사업 부도를 맞고 동생은 가출을 했다. 엄마는 과소비를 하고 본인도 원인 모를 피부병에 시달리는 등 힘든 삶을 살고 있었다. 청년의 소원은 단 하나, 하루 빨리 부자가 되어서 이런 힘든 생활에서 탈출하는 것이었다.

동기가 분명해서인지 수입 대비 큰돈을 모았고 미래에 더 많은 돈을 모을 계획이 뚜렷했다. 또래 친구들은 욜로족이라고 해서 지금 이 순간의 행복을 추구하고 있었다. 그러나 이 청년은 돈에서 자유로운 삶을 위해 30대를 기꺼이 희생할 준비가 되어있었다.

그래서 나는 이렇게 말했다. "아버지와 같은 삶이 반복되지 않으려면 계획대로 되지 않더라도 최소한의 행복이 지켜질 수 있도록 최악을 대비해야 하지 않을까요? 아마 아버지도 젊은 시절에는 행복한 미래를 꿈꿨을 겁니다." 인생이 잘 풀리는 최선의 경우만 생각하면 거꾸로 최악의 상황에 놓일 수 있다.

내 말에 공감한 청년은 35세에 20년납으로 3억 원의 보장을 원했다. 종신보험에 가입하고자 했다. 저축, 투자는 다른 방법으로 할 예정이니까 보장은 크게, 보험료는 최소로 해달라고 했다. 그래서 종신보험 주계약 2천만 원에 20년납 20년 보장 정기특약 1억 원과 가족 수입 1억 원 보장으로 월 보험료는 10만 원이 안 되었다. 최초 안 대비 같은 보장에 보험료는 7분의 1수준이었다.

〈수조 속의 상어〉

먼 바다에서 잡은 물고기를 산 채로 잡아 올 때는 수조에 일부러 상어 한 마리를 넣어둔다고 한다. 천적이 있으면 물고기들이 잡아먹히지 않기 위해 필사적으로 움직이게 되고 결국 항구에 도달해서도 생명력을 잃지 않는다. 힘든 것을 견뎌야 삶의 근육을 키울 수 있다. 종신보험은 인생의 근육을 단련하기 위해 짊어지고 가야 하는 적당한 돌 한 덩어리이다.

39

독성 있는 나무

〈하인리히의 법칙〉

허버트 윌리엄 하인리히(Herbert W. Heinrich)는 1920년대 미국 여행 보험사 직원이었다. 그는 수많은 통계를 다루다가 하나의 법칙을 발견했다. 대형 사고 한 건이 발생하기 이전에 이와 관련한 작은 사고가 29회 발생하고, 그 작은 사고 이전에 이와 관련한 사소한 징후가 300번 나타난다는 것이었다. 이것을 1: 29: 300의 법칙이라고 부른다. 문제를 해결하려면 작은 징후를 통해 근본적인 원인을 파악해야 한다.

〈타로카드 질문〉

뭔가 위험해 보이는 카드를 고르셨군요. 카드에서 무엇이 보이시나

요? 네, 한 남자가 나무를 짚고 서서 골똘히 생각에 잠겨 있습니다. 나무에는 뾰족한 잎사귀가 돋아 있습니다. 이 나무는 어떤 나무일까요? 이 남자는 왜 걱정스런 표정을 짓고 있을까요?

〈타로카드 설명〉

옛날 어느 왕국에 독성이 강한 나무가 무서운 속도로 퍼졌습니다. 온 국민이 아무리 뽑아도 소용이 없었습니다. 뿌리와 뿌리가 서로 연결된 나무는 한 쪽을 죽여도 다른 쪽이 살아나서 번식했습니다. 왕은 이 문제를 해결하는 사람에게 큰 상을 내리겠다고 했습니다. 결국 한 청년이 이 문제를 해결했습니다. 우선 그는 독성이 있는 나무의 즙을

짜서 해로운 물질만 농축시켰습니다. 다음으로 그 물질을 나무 한 그루에 집중적으로 주입했습니다. 그러자 뿌리와 뿌리가 연결된 나무는 모두 말라 죽었습니다.

〈고객과의 접점〉

큰 소도 작은 고삐를 쥐고 당기면 힘을 쓰지 못하고 끌려옵니다. 아무리 큰 SUV 자동차도 조그만 핸들을 돌려서 원하는 방향으로 몰고 갈 수 있습니다. 아무리 복잡하게 얽힌 문제도 핵심이 되는 실마리만 찾으면 쉽게 해결할 수 있습니다.

〈스토리카드 연결〉

수학 문제를 잘 푸는 학생은 문제를 철저하게 분석합니다. 문제 안에 답이 있기 때문입니다. 그러나 수학 문제를 잘 풀지 못하는 학생은 멀리서 답을 찾습니다. 결국 돌고 돌아 다시 문제로 돌아옵니다. 도저히 해결할 수 없을 것 같은 문제일수록 그 안에서 힌트를 찾아야 합니다.

〈버거운 짐〉

시지프스는 자신의 지혜를 자랑한 죄로 신의 저주를 받았습니다. 그 벌로 크고 무거운 바위를 산 정상으로 밀어 올려야 했습니다. 그러나 산 정상은 뾰족했습니다. 기껏 고생해서 바위를 올려도 정상에 놓는 순간 바위는 반대편 산기슭으로 굴러 떨어졌습니다. 시지프스는 한순간도 쉬지 못하고 영원토록 바위를 밀어 올려야 했습니다. 차라리 약간의 수고를 해서 산 정상을 먼저 평평하게 닦아놓았다면 어땠을까요?

〈보험으로 연결〉

가장의 삶은 시지프스와 비슷합니다. 날이 갈수록 생활비는 늘어납니다. 자녀들이 자라면서 교육비 부담도 커집니다. 결혼 자금도 마련해 주어야 합니다. 답이 보이지 않습니다. 이 버거운 짐을 나눌 수 있는 방법이 있습니다. 약간의 경제적 부담으로 가족을 대신 지켜주는 종신보험입니다. 종신보험에 가입하는 것은 약간의 수고를 해서 산 정상을 평평하게 닦는 것과 같습니다.

〈어깨의 바위를 내려놓은 엄마〉

혼자 가정 경제를 책임지고 있는 40대 후반 엄마의 사례다. 남편은 스포츠 마사지 일을 했었는데 어느 날 갑자기 근육이 굳어가는 병에 걸려서 일을 하지 못하고 있었다. 장남이었지만 물려받은 재산은 없고 엎친 데 덮친 격으로 시부모까지 보살펴야 하는 상황이었다.

곧 결혼할 나이가 되는 딸도 걱정이고, 취업 준비 중인 아들도 아직 자리를 잡지 못한 상태였다. 직장 정년은 짧아지고 회사의 전망도 불투명했다. 남편의 병수발도 점점 힘들어지고 있었다. 신혼 때는 50대가 되면 행복한 노후를 보내리라 장밋빛 계획을 세웠지만 어느새 막다른 골목에 몰려 있었다.

이런 상황에서 종신보험 이야기를 꺼내자 먹고 죽을 돈도 없다고 이야기를 들으려 하지 않았다. 그래서 잠시 보험 이야기는 접어두고 어려운 삶에 대해 한참을 들어 주었다. 아무런 대책이 없어서 자포자기하기 직전이었다. 보험료가 저렴하면 혹시 가입할 의사가 있냐고 묻자 그렇다고 했다.

보험은 우선 여유가 되는 만큼만 준비하고 나중에 증액하면 된다. 보험료를 최소로 하면서 보장을 크게 할 필요가 있었다. 그래서 종신 주계약은 최소로 하고 저렴한 정기특약을 크게 설계해서 계약했다. 계약서에 사인을 마치자 이제야 비로소 어깨에 짊어진 바위를 내려놓은 것처럼 마음이 편하다고 했다.

〈작은 링 하나〉

1986년 1월, 우주왕복선 챌린저호는 발사 후 73초 만에 폭발했다. 사고 원인을 찾기 위해 대통령 직속 위원회가 만들어졌다. 그 위원회에 참여했던 과학자 리처드 파인만의 조사 노트에는 "클레비스 볼트를 조사해 보니 'O-링'이 탄 흔적이 있었다."라고 쓰여 있었다. 'O-링'은 합성고무나 합성수지 등으로 만들어진 링으로, 외부 기압의 영향을 받지 않기 위해 사용되는 것이다. 작은 'O-링' 하나가 챌린저호의 성패를 좌우했던 것이다.

40

돌아온 보물선

〈행운을 잡는 법〉

　하루는 현자가 길을 걷고 있는데 어떤 사내가 바쁘게 달려가고 있었다. 현자는 사내에게 물었다. "여보시오, 어딜 그렇게 바쁘게 가시오?" 사내는 뒤도 안 돌아보며 대답했다. "행운을 잡으러 갑니다!" 이 말을 들은 현자가 웃으며 대답했다. "이보게, 지금 행운이 자네를 잡으려 부지런히 뒤쫓고 있다네. 그런데 자네가 너무 빨리 가고 있지 뭔가?" 행운은 결코 멀리 있는 것이 아니다.

〈타로카드 질문〉

　가슴이 벅차오르는 카드를 고르셨군요. 카드에서 무엇이 보이시나

요? 네, 돛을 단 범선 한 척이 바다에서 어디론가 가고 있습니다. 그런데 배 위에 사람의 그림자가 보이지 않습니다. 범선은 어디서 와서 어디로 가고 있는 것일까요? 도대체 배에 어떤 일이 생긴 것일까요?

〈타로카드 설명〉

평온하게 살고 있던 부부가 있었습니다. 어느 날 남편은 큰돈을 벌어오겠다며 바다로 나갔습니다. 아내가 아무리 말려 봐도 보물을 찾고야 말겠다는 남자의 의지를 꺾을 수 없었습니다. 체념한 아내는 남편의 허리춤에 비상식량을 챙겨주었습니다. 남편은 처음에는 거부하다가 결국 못 이기는 척 비상식량을 가지고 떠났습니다. 얼마 후 배는 폭풍우를 만나 표류했습니다. 남자는 아내가 챙겨준 비상식량 덕분에 살아서 돌아올 수 있었습니다.

〈고객과의 접점〉

소중한 것은 곁에 있을 땐 모르다가 잃어버리고 나서야 그 가치를 깨닫습니다. 휴대폰도 항상 옆에 있을 때는 소중함을 모르다가 깜빡 잊고 집에 두고 나오면 하루 종일 불편함을 느낍니다.

〈스토리카드 연결〉

행운과 행복은 한 글자가 다르지만 그 격차는 큽니다. 행운의 '운(運)'은 내가 마음대로 컨트롤 할 수 없습니다. 그러나 행복의 '복(福)'은 내가 얼마든지 불러들일 수 있습니다.

〈클로버의 꽃말〉

네잎클로버의 꽃말은 '행운'입니다. 수많은 세잎클로버 사이에서 네잎클로버를 찾는 것은 쉽지 않습니다. 그러나 세잎클로버의 꽃말은

'행복'입니다. 세잎클로버는 우리 주변에 널려있습니다. 그러나 많은 사람들이 자기 주변의 행복을 즐기지 못하고 먼 곳의 행운을 찾아 돌아다닙니다. 네잎클로버를 찾는 사이 세잎클로버는 무참히 짓밟힙니다. 결국 행복은 불행이 되고 행운은 불운이 됩니다.

〈보험으로 연결〉

한번에 대박이 터지는 로또는 행운입니다. 매달 받는 월급은 행복입니다. 행복이 몇 십 년 모이면 행운이 됩니다. 우리가 평생 일해서 버는 월급을 합치면 대략 로또 당첨금 정도가 됩니다. 그런 점에서 안정적인 직장은 당첨된 로또나 다름없습니다. 그러나 30년을 일할 것으로 생각했는데 10년 후에 사망하면 어떻게 될까요? 20년 분의 당첨금을 잃게 됩니다. 이것을 대신 채워주는 것이 종신보험입니다.

〈로또 당첨금이 된 남편〉

주식 때문에 사이가 벌어진 부부의 사례다. 이웃집이 주식투자로 큰 돈을 벌어서 조기 은퇴를 하자 아내는 남편을 천덕꾸러기로 여기고 구박했다. 지킬 가치가 없다고 생각해서인지 아예 남편의 종신보험 이야기를 들으려고도 하지 않았다.

파이어족(Financial Independence Retire Early)이 된 이웃집 남자는 이민을 갈 예정이었다. 그 후로 몇 년이 지난 후 우연히 부부를 다시 만났다. 이웃집 남자의 근황을 물어보니 호주로 이민을 갔다가 다시 돌아와서 일을 하고 있다고 했다. 몇 년 동안 벌지 않고 쓰기만 하니까 자산이 급속히 줄었다는 것이다.

그제서야 아내는 고정 수입을 따박따박 가져오는 남편을 다시 보게 되었다. 종신보험에 대한 태도도 긍정적으로 바뀌었다. 그래서 이렇게 물었다. "집에 있던 골동품을 진품명품 TV 프로에 가지고 나갔더니 엄청난 보물이라고 판정을 받으면 어떻게 하시겠어요?" 그러자 보관함을 만들고 애지중지 모셔야겠다고 대답했다.

"남편분이 매월 벌어오는 수입을 평생 합치면 로또 1등 당첨금과 비슷하지 않나요? 보물에 안전장치를 하는 것처럼 당첨된 로또에도 안전장치가 있어야 당첨금을 제대로 받을 수 있습니다. 남편의 몸값인

당첨금을 지켜주는 것이 종신보험입니다."

　내 말에 공감한 아내는 즉시 남편을 종신보험에 가입시켰다. 그리고 남편만큼은 아니지만 자신도 당첨된 로또라고 생각해서 남편 보장의 절반 정도로 가입했다. 행복을 의미하는 세잎클로버에 잎 하나를 추가하면 행운이 된다. 이 정도 마술은 로또가 아니라도 누구나 할 수 있는 것이다. 지금 당장 종신보험에 가입하라!

〈행운과 행복〉

　행운에서 '운(運)'은 군사 군(軍)자와 쉬엄쉬엄 갈 착(辶)자가 합쳐진 글자다. 즉 군대가 이동하는 모습을 형상화한 글자다. 영어로 운을 뜻하는 '포춘(fortune)'은 그리스 신화에서 운명을 관장하는 여신 포르투나(Fortuna)에서 유래했다. 포르투나는 운명의 수레바퀴를 돌린다. 남의 손에 달려 있는 운(運)을 좇을 것인가? 노력하면서 스스로 얻을 수 있는 복(福)을 좇을 것인가? 그것은 우리의 선택에 달려 있다.

제 5 장

타로
스토리 카드
41~50

STORY RECIPE 100

시드는 꽃

⟨로또의 비극⟩

미국에서 한 노숙자가 180억 원에 해당하는 로또에 당첨이 되었다. 그러나 그로부터 불과 5년 뒤 놀라운 사실이 밝혀졌다. 억만장자가 되었던 그는 다시 노숙자가 된 것이다. 심지어 로또에 당첨되기 이전보다 더 많은 빚을 진 상태였다. 어떻게 이런 일이 벌어졌을까?

⟨타로카드 질문⟩

쓸쓸해 보이는 카드를 고르셨군요. 카드에서 무엇이 보이시나요? 네, 꽃 한 송이가 보입니다. 꽃송이가 4개인 이유는 무엇일까요? 꽃은 왜 이렇게 시들어 있을까요? 꽃을 다시 생생하게 되살리려면 어떻게

해야 할까요?

〈타로카드 설명〉

한 남자가 행복한 삶을 달라고 신에게 기도했습니다. 신은 그에 대한 응답으로 4가지 신비한 힘을 가진 4송이의 꽃을 주었습니다. 꽃이 가진 4가지 신비한 힘은 돈, 건강, 사랑, 믿음이었습니다. 한 순간에 4가지를 모두 가진 남자는 행복하게 살았습니다. 그러나 언제부턴가 나태해져서 꽃을 제대로 돌보지 않았습니다. 꽃은 점점 시들어갔습니다. 남자는 돈을 잃고, 건강을 잃고, 사랑을 잃고, 마지막으로 믿음을 잃었습니다. 뒤늦게 후회한 남자는 다시 꽃을 살리려 애썼지만 늦었습니다. 한번 시든 꽃은 다시는 살아나지 않았습니다.

〈고객과의 접점〉

'화무십일홍(花無十日紅)'이라는 말이 있습니다. 열흘 동안 붉은 꽃은 없다는 뜻입니다. 제아무리 타고난 미모도, 부모가 물려준 재산도, 신이 주신 축복도 가꾸지 않으면 소용이 없습니다. 쉽게 얻은 행운일수록 쉽게 나갈 수 있습니다.

〈스토리카드 연결〉

부자는 망해도 삼 년은 간다고 합니다. 반대로 생각하면 부자가 망해도 삼 년밖에 못 간다는 의미이기도 합니다. 저축은 소비를 이길 수 없습니다. 설령 로또에 당첨이 되더라도 마찬가지입니다.

〈새어나가는 당첨금〉

만약 로또에 당첨된다면 어떻게 쓰시겠습니까? 많은 사람들이 빚을 갚고, 좋은 차를 한 대 뽑은 다음 남은 돈을 주택자금, 교육자금, 노후

자금 등으로 사용합니다. 그러나 갑자기 생긴 돈은 잘 관리하지 않으면 금세 사라집니다. 큰돈이 생기면 튼튼한 금고에 넣고 보관해야 합니다. 물통에 넣은 물처럼 흥청망청 쓰면 얼마 안 가 통에 금이 가서 물이 새거나 물통이 깨질 수도 있습니다. 부자가 된 기쁨은 통에서 흘러넘치는 물을 조금 핥는 것에 그쳐야 합니다.

〈보험으로 연결〉

물통의 물이 줄줄 새는 것을 막아주는 것이 건강특약입니다. 물통이 깨졌을 때도 생활비, 교육비, 주택자금, 배우자의 노후자금은 필요합니다. 물통이 깨졌을 때 이를 대체하는 소득 시스템이 종신보험입니다.

〈물 아끼다 물통을 깬 아내〉

고소득 부부의 사례다. 남편은 아버지가 암으로 일찍 사망한 가족력이 있어서 종신보험 가입에 적극적이었다. 그러나 아내의 반대로 종신보험에 가입하지 못하고 있었다. 아내는 건강보험을 저렴하게 가입하고 암이 안 걸리게 관리하는 것이 더 중요하다고 생각했다.

아내는 친정 엄마에게 배운 대로 돈을 철저하게 관리했다. 수입을 생활비, 주택자금대출, 교육비, 노후자금, 예비자금 등으로 분류하고 우선순위를 정해서 생활했다. 보험은 실손보험과 갱신형 건강보험에 최소한으로 가입하고 있었다. 이 정도면 충분하다고 생각했다.

그로부터 몇 년 후 남편이 암 진단을 받았다. 건강이 속수무책으로 나빠져서 더 이상 병원에서 치료를 받기 어려운 상황이 되었다. 남편을 포기할 수 없었던 아내는 해외 원정치료를 시도했다. 그러는 사이 모아 놓은 돈을 다 썼고 남편도 사망했다. 철저하게 돈 관리를 한 것이 무색했다.

그제서야 아내는 잘 알지 못하면서 보험에 반대했던 것을 후회했다. 돈 관리는 잘했지만 정작 수입원인 남편에 대한 안전장치를 준비하지 못해 그동안 고생한 것이 물거품이 된 것이다. 그 후로 얼마 뒤, 아내는 자녀들과 함께 종신보험에 가입했다. 물통이 깨지기 전에 대비해야 함을 깨달은 것이다.

〈진정한 챔피언〉

권투선수 마이크 타이슨의 재산은 한때 4억 달러에 달했지만 2003
년 파산 신청을 했다. 메이저리그 타자 잭 클라크도 한때 페라리를 비
롯해 18대의 슈퍼카를 과시하며 호화스러운 생활을 했지만 1,140만 달
러의 엄청난 빚을 진 채 파산했다. 진정한 챔피언은 벨트를 빼앗을 때
보다 지킬 때 강하다. 돈은 버는 것보다 지키는 것이 중요하다.

42

가슴의 통증

〈코끼리 길들이기〉

태국에서 코끼리를 길들이는 방법을 '파잔'이라고 한다. 우선 생후 2~3년 된 새끼 코끼리를 어미로부터 강제로 떼어놓는다. 어미와 생이별한 새끼는 쇠꼬챙이로 쉴 없이 찔리며 학대를 당한다. 이 과정에서 약 절반이 목숨을 잃는다. 살아남은 코끼리는 저항을 포기하고 관광용 상품이 되기까지 끊임없는 고통을 당해야 한다.

〈타로카드 질문〉

가슴이 섬찟한 카드를 고르셨군요. 카드에서 무엇이 보이시나요? 커다란 심장이 있고, 그 심장을 세 개의 칼이 찌르고 있습니다. 하늘에

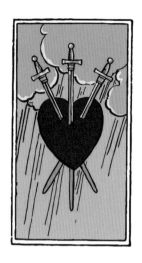

는 먹구름이 잔뜩 끼어있고 폭우가 쏟아지고 있습니다. 이 심장은 누구의 것일까요? 누가 이 심장에 칼을 꽂았을까요?

〈타로카드 설명〉

아주 먼 옛날, 엄청난 폭우가 몇 날 며칠 쏟아졌습니다. 강물은 넘치고 집은 떠내려가고 수많은 사람이 실종되거나 죽었습니다. 마을 사람들은 신의 노여움을 풀어주겠다며 마을에서 가장 아름다운 처녀의 가슴에 3개의 칼을 꽂아서 제물로 바쳤습니다. 그러자 거짓말처럼 비가 그쳤습니다. 그런데 그 후로 이상한 일이 벌어졌습니다. 비가 올 때마다 마을 사람들은 심장을 칼로 찌르는 듯한 아픔을 느꼈습니다. 그것은 죄 없는 처녀를 죽였다는 죄책감이었습니다. 그 후로 사람들은 남에게 상처를 주면 자신도 똑같은 아픔을 느끼게 되었습니다.

〈고객과의 접점〉

'남의 눈에 눈물 나게 하면 내 눈에는 피눈물이 난다'는 말이 있습니다. 막 유명해지기 시작한 연예인이 어느 날 터진 학폭 미투로 순식간에 추락하는 것을 자주 봅니다. 영원히 감출 수 있는 죄는 없습니다. 임시로 천을 덮어놓은 쓰레기 더미처럼 언젠가는 진실이 드러납니다.

〈스토리카드 연결〉

때린 사람은 기억 못해도 맞은 사람은 기억합니다. 누구나 남에게 준 상처는 잊으면서도 자신이 받은 상처는 잊지 못합니다. 여러분은 혹시 누군가의 마음에 상처를 준 적이 있으신가요?

〈기둥의 못 자국〉

습관이 잘못 든 아들을 둔 한 농부가 있었습니다. 농부는 아들이 나

쁜 짓을 할 때마다 기둥에 못을 하나씩 박고, 좋은 일을 할 때마다 못을 하나씩 뽑았습니다. 얼마 안 가 기둥은 완전히 못으로 뒤덮였습니다. 그 모습을 보고 충격을 받은 아들은 착한 자식이 되기로 했습니다. 아들이 착한 일을 할 때마다 박혔던 못들이 하나씩 뽑혔고 드디어 마지막 남은 못을 뽑았습니다. 아들은 못이 다 뽑힌 기둥을 보며 하염없이 눈물을 흘렸습니다. 못은 사라졌지만, 못이 박혔던 자국은 그대로 남아있었습니다.

〈보험으로 연결〉

사람들이 세상을 떠날 때 남기는 말은 크게 두 종류입니다. 하나는

'사랑한다'이고 다른 하나는 짐을 남기고 가서 '미안하다'입니다. 사랑한다는 말은 시간이 지나면 잊혀집니다. 그러나 미안하다는 말은 현실입니다. 남은 대출금, 교육비, 자녀의 결혼 자금은 시간이 지나도 사라지지 않습니다. 그 미안함을 해결해 주는 것이 종신보험입니다.

〈효자가 된 불효자〉

폭력과 절도로 부모의 마음을 아프게 했던 아들의 사례다. 젊어서는 말썽을 많이 부렸지만 나이가 들어서는 부모를 생각하는 효자로 바뀌었다. 불효자가 효자가 되면서 그동안 못 다한 효도를 다 해드리려고 했다.

처음에는 종신보험에 부정적이었다. 차라리 그 돈으로 맛있는 것을 사드리고 좋은 곳을 구경시켜 드리는 게 효도라고 생각했다. 그러나 부모의 건강 문제에 대해 이야기하자 달라졌다. 부모를 돌봐야 할 상황이 되면 얼마나 들어갈지 물어봤더니 월 100만 원 정도라고 했다.

형과 50만 원씩 나눠서 부담하더라도 안심할 수 없다. 형이 아프거나 부담을 못할 상황이 되면 형과 사이가 안 좋아진다. 간병비 부담으로 부모님 찾아보기 힘들게 될 수도 있다. 그때 부모의 마음은 어떨까? 못 찾아오는 아들이 미운 것이 아니라 얼마나 힘들면 못 올까 안쓰러울 것이다.

그럴 때를 대비해서 여유자금을 모아 놓으면 배우자와 갈등 없이 형의 몫을 부담할 수 있다. 부모와 형을 위해서 돈을 모으지만 결국 본인 마음이 편해진다. 내가 아프거나 사망하는 등 어떠한 상황에서도 자신의 몫을 다하고 싶다면 종신보험이 답이었다. 내 말에 공감한 고객은 종신보험 1억 원에 가입했다.

〈마음의 상처〉

예전에 서커스에서 구조된 코끼리가 있다. 온몸이 흉터로 얼룩진 코끼리는 사육사가 건초더미를 넣어줘도 먹지 않았다. 서커스에서 묘기를 익힐 때 당한 잔인한 폭력 때문에 삶의 의욕을 잃은 것이다. 코끼리가 사육사에게 마음을 열고, 먹이를 먹고, 다른 코끼리들과 어울릴 수 있을 때까지 오랜 시간이 걸렸다. 한번 마음에 새겨진 상처는 쉽게 아물지 않는다.

43

새로 나는 잎

〈바람이 분다〉

"너의 이름은 도훈이야, 권도훈. 내가 사랑하는 사람 이름은 이수진, 딸 이름은 아람이. 아무것도 기억 못하겠지만, 오늘은 기적이 일어난 일이라서, 도저히 잊을 수 없는 날이라서 이렇게 기록을 남기는 거야." JTBC 드라마 〈바람이 분다〉의 남자 주인공은 젊은 나이에 치매에 걸린다. 모든 것을 다 잊어도 소중한 사람의 이름만큼은 어떻게든 기억하려고 애쓴다. 왜? 사랑하니까.

〈타로카드 질문〉

애절해 보이는 카드를 고르셨군요. 카드에서 무엇이 보이시나요?

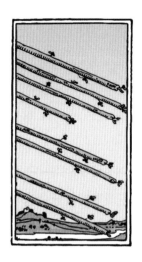

네, 싹이 돋기 시작한 나뭇가지가 보입니다. 이 나무의 종류는 무엇일까요? 나무를 보고 어떤 감정이 느껴지시나요? 그런 감정이 느껴지는 이유는 무엇인가요? 나무는 왜 이렇게 잘려 있을까요?

〈타로카드 설명〉

서로 사랑하는 연인이 있었습니다. 남자는 양반의 신분이었고 여자는 기생의 신분이었습니다. 둘은 서로를 깊이 사랑했지만 주위의 시선 때문에 결혼을 할 수 없었습니다. 그러던 어느 날, 남자는 일 때문에 서울로 올라가야 했습니다. 여자는 작별 선물로 버드나무 가지를 꺾어주며 말했습니다. 부디 주무시는 창 밖에 심어두시라고. 밤비에 새 잎이

나거든 자신을 보는 것처럼 여겨달라고 말입니다.

〈고객과의 접점〉

눈에서 멀어지면 마음에서도 멀어집니다. 혹시 고등학교 때 친구를 자주 만나시나요? 대부분 그렇지 않습니다. 옛날에는 하루만 못 봐도 죽고 못 살았는데 요즘은 생각도 나지 않습니다. 왜 그럴까요? 생활이 바빠서 그럴까요? 눈에서 멀어지니까 그렇습니다.

〈스토리카드 연결〉

눈에서 멀어져도 결코 마음에서 멀어질 수 없는 사람들이 있습니다. 아니 눈에서 멀어질수록 오히려 더 애절하게 생각나는 사람들, 바로 가족입니다. 혹시 〈도깨비〉라는 드라마를 보신 적이 있으신가요? 그 드라마에는 저승사자가 등장합니다.

〈망각의 차〉

저승사자가 죽은 사람에게 차를 권합니다. 그 차는 이승에서의 모든

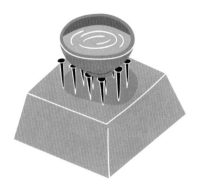

기억을 잊게 하는 망각의 차입니다. 권유받은 사람들은 대부분 망설입니다. 잊을 수 없는 사람이 있기 때문이죠. 자녀는 부모를, 부모는 자녀를 이야기합니다. 그때 저승사자가 다시 묻습니다. 혹시 잊을 수 없는 사람에게 전해 주고 싶은 말이 있느냐고요. 가족이니까 사랑한다. 같이 해줘서 고맙다. 잘해주지 못해서 미안하다. 이런 말 아닐까요? 미안해서 잊을 수 없고 미안해서 망각의 차를 못 마십니다. 망각의 차가 올려져 있는 차받침은 나사못으로 고정되어 있습니다. 나사못의 숫자는 미안한 사람의 숫자이고 나사못의 깊이는 미안함의 정도입니다.

〈보험으로 연결〉

마음 놓고 망각의 차를 마실 수 있는 사람은 남부럽지 않은 인생을 산 사람입니다. 대개는 그렇지 못했기 때문에 선뜻 차를 마시지 못합니다. 마지막 남은 미안함을 털어버리고 웃는 얼굴로 차를 마실 수 있는 것은 내가 사라져도 나를 대신해 줄 종신보험이 있기 때문입니다.

〈잊을 수 없는 망각의 차〉

33세 미혼 간호사의 사례다. 병원 원장에게 망각의 차를 설명하고 있을 때였다. 상담 도중 다음 환자가 있다며 간호사가 들어왔다. 마침 망각의 찻잔을 발견한 간호사는 그게 뭐냐고 물어봤다. 그래서 짧게 드라마 도깨비와 망각의 차를 이야기해 주었다.

그녀가 관심을 보이면서 타깃이 원장에서 간호사로 바뀌었다. 효성이 깊은 그녀는 시골에서 농사짓는 부모님을 생각하면 눈물부터 난다고 했다. 그녀가 잊을 수 없는 사람은 부모님과 남동생이었다. 가족을 생각하면 차마 망각의 차를 못 마시겠다고 했다.

퇴근 후에 따로 만나서 부모님을 위해서 무엇을 하고 있는지 물었다. 매달 용돈을 드리고 여행을 보내 드리기 위해서 적금을 붓고 있다고 했다. 혹시라도 먼저 사망해서 용돈을 계속 못 드리고 적금도 못 넣게 된다면 어떻게 될지 물어보았다. 너무 미안하고 가슴이 아플 것 같다고 대답했다.

"제가 오늘 제시하는 종신보험의 사망보험금은 만약의 경우 못 드린 용돈이 되고, 여행을 보내 드리기 위해 붓다가 못 부은 적금이 되기도 합니다. 이런 보험을 찾으셨나요?" 하고 물으니까 눈물을 글썽이면서 그렇다고 했다. 계약서에 사인을 하며 다른 보험과는 비교도 할 수 없다며 좋아했다.

〈잊을 수 없는 사람들〉

종이를 4칸으로 접어보자. 그리고 각 칸마다 절대로 잊어서는 안 되는 사람들의 이름을 적어보자. 나, 부모, 형제, 자녀의 이름만 적어도 벌써 종이가 꽉 찰 것이다. 치매에 걸리더라도, 망각의 차를 마시더라도 결코 잊을 수 없는 소중한 사람을 위해 우리가 할 수 있는 것은 무엇일까? 내가 없더라도 나를 대신할 수 있는 나의 분신, 종신보험을 준비하는 것이다.

44

왕궁 그리기

〈지구의 색깔〉

"지구는 푸른빛이었다." 최초의 우주인 유리 가가린이 남긴 말이다. 1961년 그는 보스토크 3KA-2를 타고 1시간 48분 동안 지구를 한 바퀴 돌고 귀환하는 데 성공했다. 지구 위에 사는 우리들은 지구가 푸른빛인 줄 모른다. 흙색이나 녹색이나 회색인 줄 안다. 실체를 알기 위해서는 가끔 멀리 떨어져서 바라보아야 한다.

〈타로카드 질문〉

고독해 보이는 카드를 고르셨군요. 카드에서 무엇이 보이시나요? 네, 한 젊은 남자가 의자에 쓸쓸하게 앉아있습니다. 한 손에는 작은 모

형 같은 것을 들고 있습니다. 이 남자의 정체는 무엇일까요? 손에 들고 있는 것은 무엇일까요? 왜 이러고 있을까요?

〈타로카드 설명〉

왕은 왕위를 물려주기 위해 3명의 왕자를 시험했습니다. 거대한 왕궁을 3일 후에 설명하라는 문제를 냈습니다. 첫째 왕자는 왕궁을 구석구석 돌아다니며 조사했지만 3일이 되어도 절반도 알아보지 못했습니다. 둘째 왕자는 상상력을 발휘해서 왕궁을 표현했지만 실제 모습과 일치하지 않았습니다. 셋째 왕자는 왕궁을 떠나 멀리서 바라보면서 왕궁의 모형을 만들었습니다. "왕은 작은 일에 집착해서는 안 된다. 머리로만 탁상공론을 해서도 안 된다. 직접 행동하되 멀리서 전체를 바라보는 시야를 가지고 있어야 한다. 셋 중에서 네가 제일 지혜롭구나." 왕은 셋째 왕자에게 왕위를 물려주었습니다.

〈고객과의 접점〉

섬을 떠나야 섬이 보인다는 말이 있습니다. 여행을 떠나면 제일 가고 싶은 곳이 집이라고 합니다. 휴가를 방금 끝낸 사람만큼 휴가가 필요한 사람은 없습니다. 집 떠나면 고생이고, 고생을 해 봐야 집의 소중함을 알게 됩니다.

〈스토리카드 연결〉

쇠라의 점묘화는 가까이서 보면 무슨 그림인지 알 수 없습니다. 울긋불긋한 색점들의 집합체에 불과합니다. 몇 발자국 떨어져서 봐야 형상이 눈에 들어옵니다. 점묘화를 각각의 색점으로 분해하면 퍼즐이 됩니다.

〈퍼즐 벽화〉

　퍼즐을 맞출 때 바짝 붙어서 맞추면 제대로 맞출 수 없습니다. 멀리 떨어져서 큰 틀을 잡아가면서 맞춰야 합니다. 인생은 퍼즐과 같습니다. 멀리 떨어져서 봐야 전체가 보이고 큰 계획을 세울 수 있습니다. 어릴 땐 좋아하는 장난감이 퍼즐의 중심을 차지합니다. 학창시절엔 공부와 친구들이 퍼즐의 중심에 있습니다. 세월이 흘러갈수록 중심에 있던 퍼즐들은 주변으로 밀려나고 새로운 것들이 퍼즐의 중심을 차지합니다. 가정을 꾸리면 가족이 중심을 차지합니다. 완성된 인생의 퍼즐 전체를 보기 위해서는 멀리 떨어져서 바라보아야 합니다.

〈보험으로 연결〉

우리는 인생이라는 거대한 퍼즐에서 몇 걸음이나 떨어져 있을까요? 자신의 삶이 그려진 벽화를 가장 멀리서 바라볼 수 있는 것이 무엇일까요? 종신보험은 인생을 가장 멀리서 볼 수 있게 도와주는 망원경입니다. 멀리 볼 수 있을수록 망원경 가격도 올라갑니다.

〈죽음의 자리에서 바라본 삶〉

부지런히 살아온 55세 여자의 사례다. 하루도 쉬지 않고 열심히 살아온 만큼 노후를 편안하게 보장받고 싶어했다. 우선 종신보험 10년납 5천만 원과 80세납 1억 원을 비교해서 설명했다. 60세에 개시되는 연금의 일부를 의료생활비로 다시 저축한다고 생각해서 80세납이 좋겠다고 했다.

하루살이는 하루만 열심히 살면 된다. 매미는 한 여름만 열심히 울면 된다. 사람은 100년 한평생을 열심히 살아야 한다. 100년을 아무 계획 없이 잘 살 수 있을까? 불가능하다. 죽는 시점으로 이동해서 현재를 바라보아야 한다.

죽을 고비를 넘긴 사람들은 죽기 직전에 살아온 삶이 파노라마처럼 펼쳐진다고 한다. 파노라마의 사진이 자신이 만든 삶의 퍼즐이다. 퍼즐의 그림을 맞추며 살아왔는데 지금은 한 가운데 가족들이 자리 잡고 있다. 다음의 그림은 생각나지 않고 현재 그림 속의 행복을 어떻게 잘 지킬까 걱정한다.

가끔은 퍼즐 벽화의 사진을 찍어봐야 후회 없는 인생을 살 수 있다. 퍼즐 벽화를 제대로 찍으려면 멀리 떨어져서 찍어야 한다. 보험에서도 중복 없고 누락 없는 보장을 준비하려면 가끔은 전체를 봐야 한다. 멀리서 삶의 공백을 발견하고 그 공백을 메워주는 퍼즐의 한 조각, 그것이 바로 종신보험이다.

〈멀리서 보아야 아름답다〉

눈과 비는 창문을 통해 바라보면 아름답기 그지없다. 그러나 가까이 다가가면 다가갈수록 흉해진다. 구름처럼 순백인 줄 알았던 눈도 가까이서 보면 온갖 이물질이 보인다. 마냥 투명한 줄 알았던 빗물도 가까이서 보면 흙탕물로 변한다. 사람도 마찬가지다. 멀리서 보면 근사해 보이던 사람도 알면 알수록 실망하기 쉽다. 잠깐 보아야 예쁘다. 멀리서 보아야 사랑스럽다. 인생도 그렇다.

45

세계 정복의 꿈

〈1008번의 거절〉

커넬 샌더스는 70세가 넘어서 KFC를 창업한 미국의 기업인이다. 그는 개발한 조리법 계약을 거부당한 숫자가 무려 1008번이나 되었다. 만약 커넬 샌더스가 나이가 많다고 창업을 포기했다면 어떻게 됐을까? 1008번째 거절에 무릎을 꿇었다면 어떻게 됐을까? 전 세계 120여 개국에 약 3만 개의 가맹점을 가지고 있는 오늘날의 KFC는 없었을 것이다.

〈타로카드 질문〉

원대해 보이는 카드를 고르셨군요. 카드에서 무엇이 보이시나요?

네, 한 남자가 동그란 물체를 들고 어딘가를 바라보고 있습니다. 남자의 정체는 무엇일까요? 손에 든 물체는 무엇일까요? 남자가 바라보고 있는 곳은 어딜까요? 남자는 왜 이러고 있을까요?

〈타로카드 설명〉

옛날 지구의 모습을 궁금해하는 왕이 있었습니다. 왕은 여행을 할 수 없으니까 앉아서 지구를 볼 수 있는 지구본을 만들라고 명령했습니다. 신하들은 너무 많은 비용과 너무 긴 시간이 걸린다고 반대했습니다. 그러나 왕은 신하들의 반대에 굴하지 않고 탐험가들을 파견해서 지구 곳곳에서 정보를 수집했습니다. 그러나 왕의 생전에 과업을 마무리 짓기에는 지구가 너무 넓었습니다. 그 후로 몇 대에 걸쳐 프로젝트를 이어간 끝에 마침내 지구본은 완성되었습니다. 그 덕분에 왕의 후손은 지구본을 보며 세계 각국과 교역했고 국력을 더욱 강대하게 키울 수 있었습니다.

〈고객과의 접점〉

시간을 이기는 수익률은 없습니다. 겨울이 되면 작년에 장롱에 넣었던 코트를 꺼내 입습니다. 그때 뜻밖에도 안주머니에서 만 원짜리를 발견할 때가 있습니다. 작년에 넣어두었다가 깜빡한 것이죠. 그럴 때면 어차피 내 돈임에도 불구하고 공돈을 주운 것처럼 기분이 좋습니다. 손에 쥐고 있었더라면 진작에 써 버렸을 것을 코트 주머니에 넣고 한동안 잊고 있었기에 1년이라는 시간을 견딜 수 있었습니다.

〈스토리카드 연결〉

'돌도 십 년을 보고 있으면 구멍이 뚫린다'는 속담이 있습니다. 나폴레옹은 "승리는 가장 끈기 있는 자에게 돌아간다."고 말했습니다. 포기하지 않고 한 가지 일에 집중하면 불가능한 일도 가능하게 됩니다. 혹시 인간의 힘으로 산을 옮길 수 있다고 생각하시나요?

〈우공이산〉

　옛날 중국에 우공이라는 노인이 살고 있었습니다. 노인의 마을에는 큰 산이 있어서 어디를 갈 때마다 빙 돌아서 가야 했습니다. 노인은 가족회의를 열고 온 가족이 힘을 합쳐 산을 옮기기로 의견을 모았습니다. 다음 날부터 우공의 가족들은 곡괭이를 들고 산을 옮기기 시작했습니다. 그렇게 해서 어느 세월에 산을 옮기겠느냐고 주위에서 빈정거리자 우공이 대답했습니다. "내가 죽더라도 자손들이 있으니 일하는 손이 끊이지 않을 것이오! 산이 지금보다 커지지는 않을 테니 언젠가는 산을 다 옮길 수 있지 않겠소?" 우공의 기개에 감탄한 옥황상제는 하룻밤 사이에 산을 딴 데로 옮겼습니다.

<보험으로 연결>

큰 돌로만 쌓은 성은 포탄을 한 번 맞으면 쉽게 무너집니다. 그러나 중간에 작은 돌을 섞어가며 쌓은 성은 쉽게 무너지지 않습니다. 그래서 지휘를 하는 성의 망루는 절대 큰 돌을 쓰지 않습니다. 종신보험 세일즈도 마찬가지입니다. 작은 보장을 소중히 여기며 긴 시간 세일즈를 하다 보면 고객들이 성장해서 큰 계약을 하게 됩니다.

<20년 납입 끝, 20년 납입 시작>

50세 남자 고객의 사례다. 30세에 20년납으로 가입한 종신보험 1억 원의 납입이 완료되자 다시 20년납으로 3천만 원을 증액했다. 지금 시작하면 20년 후에 무엇인가 남는데 아무것도 시작하지 않으면 남는 것이 없을 것이라고 했다.

"걱정이 걱정만 한다고 사라지나요? 그럼 다들 걱정만 하고 있겠죠. 걱정할 시간에 뭐라도 해야 걱정거리가 조금이라도 사라지지 않겠어요? 제가 20년 전에 어떻게 장기간 보험료 납입할지를 걱정만 했다면 지금의 1억 원 납입 완료는 꿈도 꿀 수 없었겠죠." 막상 납입을 완료하고 나니 1억 원 범위 내의 걱정은 종신보험이 해결해 주니까 그만큼 걱정이 줄었다고 했다. 지금 종신보험을 30% 증액하면 또다시 20년 후에 그만큼 걱정이 줄어들 것이다.

　종신보험은 다른 보험과 달리 다음 대까지 이어지는 긴 시간을 견뎌야 한다. 시간을 견디려면 잠시 없는 셈치고 잊어야 한다. 수시로 생각하고 신경 쓰는 금융 상품 중에 남아있는 것은 없다. 요즘은 고객의 알 권리를 보장한다면서 환급금, 대출 가능금액을 지속적으로 알려 주기 때문에 잊고 지내기 힘들게 되었다.

　이 고객은 이미 20년의 시간을 견딘 경험이 있기 때문에 다시 가입한 20년도 유지할 수 있을 것이다. 천 리 길도 한 걸음부터라는 말이 있다. 시작부터 천 리를 생각하면 걸음을 뗄 수 없다. 일단 천 리를 잊고 한 걸음 한 걸음 걷다 보면 어느새 천 리 떨어진 목적지에 도달할 수 있다.

〈10년의 법칙〉

　6세에 작곡을 시작하여 신동이라고 불리던 모짜르트 또한 10년의 법칙에 벗어나지 않는다. 모짜르트의 초기작은 진부하거나 표절에 가까운 것들이 많았다. 그의 나이 21세 때 만들어진 '협주곡 9번'이 나와서야 비로소 진정한 걸작으로 평가 받았다. 이는 모짜르트가 협주곡을 만들기 시작한 지 10년이 흐른 시점이었다.

46

다시 찾은 칼

〈인생 최고의 발명품〉

스티브 잡스는 스탠퍼드 대학교 졸업 축사에서 '죽음은 인생 최고의 발명품'이라고 말했다. 그는 매일 아침 거울을 들여다보며 스스로에게 이렇게 질문했다고 한다. '내가 오늘 죽으면 무엇을 하겠는가?' 항상 죽음을 의식하며 매순간 최선을 다했기 때문에 그는 위대한 업적을 남길 수 있었다. 죽음을 생각해야 삶을 잘 살 수 있다.

〈타로카드 질문〉

평온해 보이는 카드를 고르셨군요. 카드에서 무엇이 보이시나요? 네, 누워있는 청년과 그 위에 세 자루의 칼이 보입니다. 세 자루의 칼은

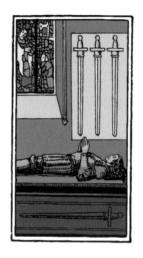

어디서 온 것일까요? 청년의 정체는 무엇일까요? 세 자루의 칼이 의미하는 것은 무엇일까요? 이 청년은 왜 이러고 있는 것일까요?

〈타로카드 설명〉

도둑이 값비싼 칼을 훔쳐 달아났습니다. 경찰이 잡으려고 쫓아오자 일단 훔친 칼을 우물에 숨겼습니다. 당장 위기는 모면했지만 우물이 너무 깊어서 다시 꺼낼 수가 없었습니다. 제발 칼을 건져달라고 간절하게 기도하자 우물에서 신령이 나타났습니다. 신령은 금, 은, 동으로 된 칼을 차례로 보여주면서 어느 칼이 맞냐고 물었습니다. 도둑이 모두 아니라고 하자 신령은 만약 거짓말을 했으면 칼을 모두 빼앗기고 죽음을 면치 못했을 거라고 말했습니다. 상으로 세 자루의 칼과 원래의 칼까지 모두 돌려받은 도둑은 자신의 행동을 반성하고 원래의 칼을 주인에게 돌려주었습니다. 그리고 신령에게 받은 세 자루의 칼을 팔아서 가난한 사람을 도와주었습니다.

〈고객과의 접점〉

사람은 죽을 때가 되면 변한다고 합니다. 혹시 주변에 변했으면 하는 사람이 있나요? 누구나 한 두 명은 있습니다. 죽이고 싶을 정도로 미운 사람들입니다. 아무도 없다고요? 그렇다면 자신이 그런 사람일 확률이 높습니다.

〈스토리카드 연결〉

어차피 변해야 한다면 죽기 직전에 변하는 것이 좋을까요? 아니면 지금 당장 변하는 것이 좋을까요? 말할 것도 없이 지금 당장 변하는 것이 좋습니다. 그래야 칼을 돌려준 도둑처럼 남은 인생을 보람 있게 살수 있습니다.

〈죽음에서 살아난 청년〉

병사들은 28세의 청년을 향해 일제히 총구를 겨누었습니다. 청년의 눈에서는 하염없이 뜨거운 눈물이 흘러내렸습니다. "나는 왜 지나온 세월을 귀중하게 쓰지 못했던가!" 청년은 덧없이 흘려보낸 지난 세월을 후회했지만 이미 늦었습니다. 병사들이 방아쇠를 당기려는 찰나, 마차 한 대가 사형장으로 질주해 들어왔습니다. 마차에서 내린 관리가 큰 소리로 말했습니다. "사형 집행을 중단하라! 피고는 감형되어 4년간 시베리아 유형에 처한다!" 가까스로 목숨을 건진 28세의 젊은 사형수는 이후《죄와 벌》,《카라마조프가의 형제들》,《백야》등 수많은 걸작을 남긴 대문호 도스토옙스키였습니다.

〈보험으로 연결〉

자기계발서를 읽다 보면 '끝에서부터 시작하라'는 말이 자주 등장합니다. 우리가 자동차를 타고 도착지에 무사히 도착하려면 어떻게 해야 할까요? 먼저 내비게이션에 정확하게 도착지를 입력해야 합니다. 그래야 샛길로 새지 않고 똑바로 갈 수 있습니다. 종신보험에 가입하는 것은 인생의 내비게이션에 삶의 도착지를 입력하는 것과 같습니다.

〈무덤에서 되살아난 보장〉

종신보험 가입고객이 뇌경색으로 중환자실에 입원했다. 고객이 가입한 상품은 일반사망 주계약만 3억 원으로 보험료가 30만 원이 넘는 수준이었다. 고객의 아내와 여동생은 보험료는 많이 납입하는데 보장되는 것이 전혀 없다며 불만을 토로했다. 특히 손해보험사에 근무했던 경험이 있는 여동생의 불만이 컸다.

만약 오빠가 갑자기 사망하면 오빠네 가족들을 얼마 정도 도와줄 수 있냐고 물어보았더니 왜 불길한 이야기를 하냐고 화를 냈다. 나는 아랑곳하지 않고 1억 원을 도와줄 수 있냐고, 아니면 천만 원을 도와줄 수 있냐고 재차 물었다. 동생은 자신이 도와주고 싶어도 남편이 동의해야 도와준다고 대답했다.

아무리 가족이라고 하더라도 천만 원도 선뜻 도와줄 수 있는 사람은 드물다. 보험 담당인 나는 3억 원을 도와줄 수 있다고 자신 있게 말했다. 만약 동생의 말을 듣고 이 보험을 해지했는데 오빠에게 문제가 생기면 3억 원의 보호막이 사라진다. 그렇게 되면 천만 원도 못 도와줄 텐데 오빠네 가족들은 어떻게 하냐고 물었더니 대답을 못했다.

고객은 퇴원 후 몇 년간 직장 생활을 잘하다가 심장마비로 사망했다. 만약 그때 동생의 말을 듣고 종신보험을 해약했으면 어떻게 되었을까? 막막한 세상에 남겨진 오빠의 가족들은 동생에게 무슨 원망의 말을 쏟아냈을까? 죽다 살아난 종신보험이 한 가족을 살렸다. 아마 해지를 종용했던 여동생은 가슴을 쓸어 내렸을 것이다.

〈가장 힘든 곳에서 시작하라〉

남극 여행을 갔을 때 32세의 청년을 만났다. 청년의 꿈은 세계 일주라고 했다. 그리고 그 첫 여행지가 남극이라고 했다. 보통 세계 일주라고 하면 유럽이나 미국 여행부터 갈 텐데 어째서 남극부터 왔는지 궁금했다. 청년은 웃으며 대답했다. "남극이 가장 오기 힘들 것 같아서 제일 먼저 왔어요." 종신보험은 가장 가입하기 힘든 보험이다. 종신보험에 가입하고 나면 다른 보험 가입은 쉬워진다.

47

웅덩이 속 물고기

〈딱 한 놈〉

"난 딱 한 놈만 패!" 영화 〈주유소 습격 사건〉에 나오는 깡패의 대사다. 말 그대로 그는 타깃을 정하면 그 사람만 집요하게 따라다니며 때린다. 싸움 실력이 출중한 것은 아니지만 그 단순무식함과 끈기에 상대는 질려버린다. 인생에서도 우리가 승부를 걸 '딱 한 놈'을 정해야 한다. 경쟁자를 말하는 것이 아니다. 일이든 꿈이든 인생의 승부처를 말하는 것이다. 당신이 패야 할 '딱 한 놈'은 누구인가?

〈타로카드 질문〉

의기양양해 보이는 카드를 고르셨군요. 카드에서 무엇이 보이시나

요? 네, 한 젊은이가 한 손에 큰 잔을 들고 있습니다. 그 잔 안에는 무엇이 있죠? 물고기가 빼꼼 고개를 내밀고 있습니다. 이 젊은이는 어떻게 물고기를 잡았을까요? 자신만만해 하는 이유는 무엇일까요?

〈타로카드 설명〉

두 젊은이가 웅덩이에서 술잔으로 누가 고기를 많이 잡는지 내기를 했습니다. 한 사람은 술잔으로 고기를 쫓아다니며 잡으려 했습니다. 웅덩이가 넓어서 아무리 열심히 돌아다녀도 잡을 수가 없었습니다. 다른 젊은이는 술잔으로 괴어있는 작은 웅덩이의 물을 밖으로 퍼냈습니다. 그 모습을 본 사람들은 그렇게 작은 술잔으로 물을 언제 퍼내느냐고 비웃었습니다. 그러나 시간이 지나면서 물이 줄어들고 바닥이 보이자 고기가 지천으로 널려 있습니다. 청년은 그제서야 땀 흘려 일한 결실을 거둘 수 있었습니다.

〈고객과의 접점〉

한 우물을 파야 성공한다는 말이 있습니다. 로또에 당첨된 사람들의 공통점은 무엇일까요? 같은 번호를 계속 찍거나, 같은 장소에서 계속 산다는 점입니다. 그래서 로또명당 앞에는 '꾸준함이 생명입니다'라는 문구가 걸려 있습니다.

〈스토리카드 연결〉

한 우물을 팔 때는 원칙이 있습니다. 절대 중간에 포기하면 안 된다는 것입니다. 우물을 파다가 멈추면 그동안의 노력을 보상받지 못합니다. 파다 만 우물은 기껏해야 쓰레기를 묻는 구덩이로 사용될 뿐입니다.

〈한 우물 파기〉

"일단 우물을 파기 시작했으면 더욱 열심히, 그리고 꾸준히 파라고 말하고 싶어요. 결과가 좋지 못해도 상관없어요. 한 곳만 파다 보면 물은 안 나와도 내 몸 하나 숨길 수 있는 웅덩이 하나쯤은 생기지 않겠어요? 얼마나 좋아요. 속에 들어가 있으면 바람도 피할 수 있고 따뜻할 테니." 대중음악의 대부 신중현의 말입니다. 미치지 않고 한 분야에서 일가를 이루는 일은 불가능합니다. 미친 사람은 절대로 여러 가지를 하지 않습니다. 미쳐야 미칩니다.

⟨보험으로 연결⟩

'한 줄짜리 종신보험의 달인 일사 황선찬!' 2009년 MDRT 부산 행사에서 나를 강사로 소개했던 멘트였습니다. 종신보험 세일즈 한 가지로 MDRT를 20회 이상 달성했습니다. 보험 업계에 뛰어든 이래 종신보험이라는 한 우물만 팠기에 가능한 일이었습니다. 종신보험의 가치는 유행을 타지 않습니다. 한 우물만 파면 언젠가 반드시 큰물을 만나게 됩니다.

⟨외골수 남편의 최후의 승리⟩

성향이 정반대였던 부부의 사례다. 남편은 외골수이고 아내는 팔랑귀였다. 종신보험도 부부가 가입했는데 아내는 보험을 해지한 상태였다. 반면 외골수인 남편은 15년째 종신보험을 유지하고 있었다. 두 분이 결혼은 어떻게 했냐고 물었더니 아내는 남편이 집요하게 프로포즈해서 자기가 넘어가 줬다고 말했다.

변덕이 심한 아내는 보험에 가입했다 해지하기를 반복했다. 보험에도 유행이 있고 신상보험일수록 변화된 현실을 잘 반영한다고 믿고 있었다. 전화 상담이나 TV방송을 보고도 소액으로 여러 개를 가입했다. 한동안 보험 쇼핑이 뜸했는데 최근에는 유병자보험이나 상해보험에 관심이 많았다.

아내는 50세가 넘으면서 건강에 문제가 생겨서 약을 먹고 자주 병원에 다녀서 보험 가입에 제한이 생겼다. 크게 아프지 않으니까 약 먹는 것이 치료의 전부이고 상해보험도 활동량이 적어 보험혜택을 못 받았다. 자잘하게 가입한 신상 보험들은 혜택을 못 받으면서 환급금도 없었다.

요즘은 보험의 가짓수는 많은데 제대로 된 보험이 없다고 후회했다. 남편의 종신보험을 부러워하면서 자기 종신보험도 해지하지 않았으면 좋았겠다고 아쉬워했다. 종신보험은 좀 비싸지만 보험료가 비싼 것에 비례해서 환급금이 쌓여간다. 나열식 보장과 달리 원인과 이유를 묻지 않고 종신토록 보장 받을 수 있다.

〈우물파기의 달인〉

우물을 잘 파기로 소문이 난 업자가 있었다. 하루는 어떤 사람이 그에게 물었다. "당신은 어쩌면 그렇게 우물을 잘 팝니까?" 그러자 그는 이렇게 대답했다. "나는 우물을 파는 데 실패한 경우가 없습니다. 내가 우물을 잘 파는 비결은 딱 하나입니다. 다른 사람은 물이 나올 곳을 골라서 파다가 안 나오면 포기하지만, 나는 아무 곳이라도 물이 나올 때까지 팝니다." 끈기를 이길 수 있는 것은 아무것도 없다.

48

날개 달린 사자

〈운동 잘하는 아이〉

학부모들이 한 자리에 모여서 자식 자랑을 하고 있었다. "제 아이는 착하고, 공부도 열심히 하고 부모 말도 잘 들어요. 청소도 열심히 하고 …." 장점을 끝없이 나열했다. 그때 한 엄마가 이렇게 말했다. "제 아이는 운동을 아주 잘해요. 축구며 농구며 이 아이는 운동에는 아주 소질이 있답니다. 매일 달리기를 해서 체력도 아주 좋답니다." 다음 날부터 학교에는 운동을 잘하는 한 아이의 소문이 돌고 있었다. 단 하나의 장점에 집중했기 때문이다.

〈타로카드 질문〉

화목해 보이는 카드를 고르셨군요. 카드에서 무엇이 보이시나요? 네, 한 쌍의 남녀가 건배를 하고 있습니다. 남녀 사이에는 날개를 단 사자 형상의 휘장이 보입니다. 두 사람은 어떻게 만나게 되었을까요? 사자가 날개를 달게 된 이유는 무엇일까요? 사자와 날개가 의미하는 것은 무엇일까요?

〈타로카드 설명〉

옛날에 서로 이웃한 가문이 혼인을 했습니다. 두 가문은 결혼식 전에 선물을 교환했습니다. 군사력이 강한 영주는 군대를 상징하는 사자를 선물했습니다. 자유가 장점인 영주는 자유를 상징하는 큰 날개를 가진 독수리를 선물했습니다. 두 가문은 혼인을 기념하며 독수리의 날개가 달린 사자 휘장을 만들었습니다. 이 휘장만 보면 막강한 군사력과 자유를 모두 가진 영주라는 것을 누구나 알 수 있었습니다. 두 가문은 서로의 장점으로 단점을 보완해주며 함께 오랫동안 번영했습니다.

〈고객과의 접점〉

하나를 보면 열을 알 수 있습니다. 그래서 학창시절 우리는 친구의 특징 하나를 잡아서 별명으로 불렀습니다. 안경을 쓴 친구의 별명은 안경, 머리에 흉터가 있는 친구의 별명은 땜빵, 입이 큰 친구의 별명은 메기였습니다. 모든 특징을 다 포함한 별명을 짓는 것은 불가능합니다.

〈스토리카드 연결〉

초상화도 마찬가지입니다. 증명사진처럼 너무 사실적으로 그리면 안 됩니다. 만화처럼 몇 가지 특징만 딱 잡아서 그려야 합니다. 자세히 그리면 그릴수록 닮지 않게 됩니다.

〈안 닮은 초상화〉

프랑스 여행을 갔을 때의 일입니다. 길거리 화가들이 모여 있기로 유명한 몽마르트르 언덕에서 한 화가에게 초상화를 그려 달라고 했습니다. 화가는 한참 동안 나를 꼼짝도 못 하게 앉혀 두고 자세히 그림을 그렸습니다. 그런데 막상 그림을 받고 보니 내 모습이 아니었습니다. 돈은 돈대로 썼는데 다시 그려달라고 할 수도 없어서 결국 쓰레기통에 버리고 말았습니다. 차라리 한국에 돌아와서 저렴한 가격에 대충 그린 캐리커처가 더 비슷했습니다.

〈보험으로 연결〉

보험 약관을 다 정독하고 보험에 가입하는 사람이 있을까요? 장담컨대 한 사람도 없습니다. 장황한 약관을 읽다 보면 정신이 몽롱해져서 내가 가입하는 상품이 무엇이었는지도 헷갈립니다. 종신보험을 팔 때는 캐리커처를 그리듯이 가장 중요한 1~2가지 특징 위주로 설명해야 합니다.

〈설명이 길면 계약은 줄어든다〉

쓸데없이 설명이 길어져서 계약에 실패한 30대 부부의 사례다. 세일즈를 시작한지 얼마 안 된 초창기 시절이었다. 상담이 잘 진행되어서 부부가 남편 2억 원, 아내 1억 원의 종신보험에 가입하기로 전화상으로 결정된 상태였다. 만나서 사인만 하면 만사 오케이였다.

어렵게 시간을 맞춰서 만나보니 아내는 여러 가지에 관심이 다양했고 아는 것도 많았다. 남편은 말이 없고 대부분 아내가 알아서 결정했다. 아내가 궁금해하는 것이 많아서 추가납입과 중도인출관련 한도, 수수료, 수익률 등 내가 아는 한 자세히 설명했다.

설명 시간이 길어지자 남편은 하품을 하면서 딴 생각을 했다. 아주

긴 시간 상담했으나 계약은 다음에 하기로 연기했는데 결국은 실패했다. 너무 자세히 설명하다 보니 핵심에서 멀어진 것이다. 종신보험의 핵심은 사망보장인데 다른 부수적인 기능들로 고객의 요구에 끌려 다녔다.

설명이 길어지면 어디에서 출발해서 어디로 가고 있는지 세일즈맨 자신도 모르고 고객도 모르게 된다. 종신보험 가입과 보장금액 수준이 결정된 상태에서는 딴 길로 새면 안 된다. 고객의 요구에 휘둘리지 말고 핵심적인 내용으로 대화의 주도권을 잡아야 한다.

〈한 가지 발차기〉

쿵푸 스타 브루스 리는 만 가지 발차기를 구사하는 사람을 두려워하지 않았다. 그가 두려워하는 사람은 오직 한 가지 발차기만 집중적으로 연마한 사람이었다. 종신보험도 마찬가지다. 초상화처럼 팔지 말고 캐리커처처럼 팔아야 한다. 처음부터 끝까지 종신보험의 모든 것을 설명하면 듣는 사람은 지쳐버린다.

49

길 잃은 원정대

〈잘못된 질문〉

"당신의 실수는 답을 못 찾은 게 아냐. 자꾸 틀린 질문만 하니까 맞는 대답이 나올 리 없잖아. '왜 이우진은 오대수를 가뒀을까?'가 아니라 '왜 풀어줬을까?'란 말이야." 영화 〈올드보이〉에서 유지태가 최민식에게 한 말이다. 잘못된 질문으로는 절대로 올바른 답을 찾을 수 없다. 영어 'Question'의 어원은 '찾다'라는 의미의 라틴어 'Quaestio'다. 질문은 답을 찾아 나가는 과정이다.

〈타로카드 질문〉

혼란스러워 보이는 카드를 고르셨군요. 카드에서 무엇이 보이시나

요? 네, 한 남자가 손에 창을 들고 백마를 타고 있습니다. 그 뒤로는 한 무리의 병사가 보입니다. 남자의 정체는 무엇일까요? 병사들은 왜 남자를 따르고 있을까요? 이들은 어디로 향하고 있을까요?

〈타로카드 설명〉

옛날 한 장군이 이웃 나라로 원정을 가다가 중간에 길을 잃었습니다. 먼저 태양이 뜨는 곳을 향해 한참을 걸어갔습니다. 그러나 길을 찾을 수 없었습니다. 이번에는 점쟁이에게 길을 물어봤더니 반대 방향으로 가라고 했습니다. 점쟁이의 말대로 갔지만 역시 길을 찾을 수 없었습니다. 한참을 우왕좌왕하다 보니 어느새 제자리로 돌아왔습니다. 밑져야 본전이라는 생각에 근처 농사꾼에게 길을 물었습니다. 근처 지리를 잘 알던 농사꾼은 아주 쉬운 길을 알려주었습니다. 덕분에 장군의 군대는 무사히 목적지에 도달할 수 있었습니다.

〈고객과의 접점〉

아는 길도 물어가라는 말이 있습니다. 모르는 길은 당연히 물어서 가기 때문에 실수를 하지 않습니다. 잘 모르는 길도 아는 길이라고 착각하고 자기 마음대로 가기 때문에 실수를 합니다. 잘 모를 때는 질문을 해야 합니다. 한국 부모는 자식이 답변을 잘하기를 바라지만, 유대인 부모들은 질문을 잘하기를 바랍니다.

〈스토리카드 연결〉

유대인들은 성공의 요인을 대답이 아니라 질문에서 찾습니다. 유대인 가정에서는 하브루타 교육을 통해 질문하는 힘을 기릅니다. 전체 노벨상의 30%, 노벨경제학상의 65%를 휩쓰는 유대인의 저력은 질문에서 비롯됩니다.

〈달을 따다 준 광대〉

옛날, 한 왕국의 공주가 있었습니다. 공주의 소원은 달을 가지는 것
이었습니다. 그러나 신하들은 '달은 너무 멀리 있어서 불가능하다', '너
무 커서 따올 수 없다.'라는 등의 이유를 들어 공주를 설득하려 했습니
다. 그러자 한 광대가 공주에게 물었습니다. "달은 어떤 모양인가요?"
공주는 동그랗다고 대답했습니다. 이어서 광대는 공주에게 달의 크기
와 색깔을 물었습니다. 공주는 엄지 손톱만한 크기에 황금색이라고 대
답했습니다. 그러자 광대는 공주에게 황금색의 손톱만 한 동그란 달을
가져다주었습니다.

질문을 던지는 사람은 대화를 주도할 수 있습니다. 고객과 상담을 할 때도 고객이 질문을 하고 세일즈맨이 답하는 식으로 진행하면 안 됩니다. 대화의 주도권이 고객에게 있기 때문에 세일즈맨은 항상 시험 당하는 입장에 놓이게 됩니다. 세일즈맨이 먼저 질문을 던지고 고객이 답하게 만들어야 합니다. 그래야 없던 관심도 생깁니다.

〈질문은 깨질 계약도 붙인다〉

20대 후반 고객의 사례다. 10년 전 부모가 종신보험에 가입시켜 준 이후 본인이 몇 년간 납입하고 있었다. 하지만 자기에게 맞지 않는다 며 해지하겠다고 했다. 우선 왜 맞지 않는다고 생각하는지 질문을 던 졌다. 그리고 저축 및 투자는 어떻게 하는지, 노후준비는 하고 있는지 연달아 물어봤다.

그뿐이 아니었다. 노후준비는 건강할 때와 아플 때 중 어느 때를 먼 저 준비해야 하는지, 경제활동을 하는 동안 걱정되는 것은 무엇인지, 문제가 생기면 누구에게 부담이 가는지, 부모를 위해 할 수 있는 것은 무엇인지, 종신보험은 유지하는 것이 유리한지, 아니면 지금 해지하고 나중에 다시 가입하는 것이 유리한지 등 계속 질문세례를 퍼부었다.

고객은 질문에 답변을 하는 과정을 통해 종신보험이야말로 자신에게 정말로 필요한 보험이라는 사실을 깨닫게 되었다. 결국 해지하겠다는 생각을 접고 종신보험을 유지하기로 결정했다. 만약 질문의 주도권을 고객이 쥐고 있었다면 내가 답변을 하면 할수록 고객은 해지할 생각을 굳혔을 것이다.

나도 세일즈 초창기에는 고객의 질문에 답변을 많이 했다. 고객이 어떤 것을 질문할지 몰라서 상담 일정이 잡히면 수능 공부를 하듯 열심히 공부했다. 그래도 혹시 내가 모르는 것을 물어볼까 봐 불안했다. 요즘은 질문을 많이 던진다. 답변을 미리 준비하지 않아도 되기 때문에 마음이 편하다. 신기하게도 이렇게 해야 계약이 더 잘된다.

〈답보다 질문이다〉

인간이 아무리 많은 지식을 갖고 있어도 인공지능보다 많이 알 수는 없다. 앞으로 질문에 답을 하는 사람은 인공지능과 경쟁해야 한다. 하지만 질문을 던지는 사람은 같은 사람들과 경쟁하면 된다. 제대로 질문을 던지는 사람이 드물기 때문에 이쪽이 훨씬 유리하다. 질문에 답을 하는 사람은 마음이 답답하지만 질문을 던지는 사람은 원하는 답을 얻을 수 있다.

돈키호테의 창

〈장군의 초상화〉

초상화를 그려달라는 장군의 명령을 받은 화가는 고민에 빠졌다. 장군의 한쪽 눈이 애꾸였기 때문이다. 사실대로 그렸다가는 장군의 기분이 상할 것이 분명했다. 그렇다고 사실을 왜곡해서 두 눈을 멀쩡하게 그릴 수는 없는 노릇이었다. 화가는 며칠 밤낮을 고민한 끝에 무릎을 탁 쳤다. 며칠 후 장군의 초상화가 완성되었다. 거기에는 성한 쪽 눈으로 인자하게 미소를 짓고 있는 장군의 옆얼굴이 그려져 있었다. 초상화는 정면에서만 그려야 한다는 고정관념을 깬 것이다.

〈타로카드 질문〉

용맹스러워 보이는 카드를 고르셨군요. 카드에서 무엇이 보이시나요? 네, 갑옷을 입은 한 무사가 말을 타고 어딘가로 돌진하고 있습니다. 그런데 손에는 무엇을 들고 있죠? 창 대신 나무 막대기를 들고 있습니다. 이 무사는 어쩌다가 창을 잃어버렸을까요? 어디로 달려가고 있을까요?

〈타로카드 설명〉

돈키호테가 길을 잃었습니다. 적에게 창까지 빼앗겨서 무기가 없는 상태로 말을 타고 정처 없이 가고 있었습니다. 그런데 저 멀리서 적군들이 오는 것이 보였습니다. 무기도 없는 상태에서 맞닥뜨리면 목숨을 잃을 것이 분명했습니다. 당황한 돈키호테는 주변을 살피다가 창처럼 긴 나무 막대기를 주웠습니다. 그리고 도망가는 대신 나무 막대기를 휘두르면서 적을 향해 돌진했습니다. 적군들은 그 모습을 보고 창을 휘두르면서 달려오는 것으로 착각해서 달아났습니다.

〈고객과의 접점〉

습관이란 어떤 행위를 오랫동안 반복하는 과정에서 저절로 익혀진 행동 방식을 말합니다. 습관은 우리가 편리하게 일상생활을 유지하는 데 도움을 줍니다. 하루에 우리가 하는 행동의 90%는 습관적으로 이루어집니다. 그러다 보니 생각도 습관적으로 하는 경우가 많습니다. 이런 습관적 생각을 다른 말로 '고정관념'이라고 합니다.

〈스토리카드 연결〉

창의적인 사람이란 필요에 따라 고정관념을 깨뜨리는 사람입니다. 그 대표적인 사람으로 고 정주영 현대그룹 명예회장을 들 수 있습니다. 모든 문제를 창의적으로 해결했던 그의 인생에 시련은 있어도 실

패는 없었습니다.

〈한 겨울에 잔디 구하기〉

6.25 전쟁이 끝난 직후의 겨울철 UN묘지는 풀 한 포기 없이 황량했습니다. 아이젠하워의 방한을 앞두고 한국정부는 우리나라를 위해 목숨을 바친 UN군의 명예를 지켜주고 싶었습니다. UN묘지를 잔디로 덮어줄 사업자를 찾았지만 한 겨울에 잔디를 구할 곳이 없었습니다. 그때 정주영 회장이 손을 들고 나섰습니다. 그는 잔디 대신 보리 싹을 구해서 묘지를 장식했습니다. 잔디든 보리든 푸른 잎이 돋아있으면 충분했습니다. 그 이후 미 8군 공사는 모두 현대그룹이 맡아서 했습니다.

〈보험으로 연결〉

횃불로 저글링을 할 때 횃불을 보면 저글링을 할 수 없습니다. 손잡이에 집중해야 자유자재로 가지고 놀 수 있습니다. 횃불은 문제이고 손잡이가 해결책입니다. 종신보험 세일즈에서도 문제에 집중하는 사람은 팔기 힘든 변명만 떠올립니다. 그러나 해결책에 집중하는 사람은 팔 수밖에 없는 방법을 어떻게 해서든 생각합니다. 제가 12가지 세일즈 도구상자를 만든 것도 문제가 아니라 해결책에 집중했기 때문입니다.

〈부정적인 상품, 긍정적인 솔루션〉

종신보험 5천만 원을 해지하려 했던 50대 여자 고객의 사례다. 자녀들은 성장해서 취직했고 남편은 자기가 번 돈으로 잘 놀러 다녔다. 가족 중에 자신만 궁상맞게 산다고 생각했다. 그렇기 때문에 죽어서 가족들이 받는 종신보험은 유지할 필요가 없다고 했다.

우선 죽어서만 받는 종신보험이라면 당연히 해지하는 것이 맞다고 이야기하자 의외라는 표정을 지었다. 100세 시대 의료 기술의 발달로 요즘은 죽어서 가족들이 받는 종신보험은 잘 안 팔린다. 이미 종신보험은 살아서 본인이 받는 종신보험으로 진화했음을 설명했다. 여명급부, 연금전환, 사망보장 할인 기능 등을 설명했더니 공감하기 시작했다.

다음은 수익률이 너무 낮다는 불만을 해소할 차례였다. 투자로 보면 보험만큼 수익률이 높은 투자 상품도 없다. 그러나 몸이 아프거나 사망해야 수익률이 높아지기 때문에 건강할 때는 실감하기 힘들다. 납입면제, 사망보장 등의 보장을 받으면서 납입완료 시점에 납입원금 정도가 확보된다면 결코 낮은 수익률이 아님을 설명했다. 그동안의 리스크를 커버한 것이야말로 진정한 수익률이기 때문이다.

종신보험은 수익률이 낮은 것은 오히려 장점이 된다. 중간에 해지해봐야 손해이기 때문에 끝까지 유지할 수 있기 때문이다. 중간 수익률은 아무리 높아도 다 써버리면 의미가 없다. 고객의 문제 제기는 유지할 이유를 설명해 달라는 긍정적인 신호다. 살아서 받는 혜택, 모든 보험사가 안전한 이유, 수익률이 낮아서 유리한 점 등을 모두 설명했더니 보험을 끝까지 유지하기로 생각을 바꿨다.

〈Think Different〉

문제는 문제가 아니라 기회다. 문제를 계기로 고객이 어떤 고민을 가지고 있나 살펴볼 수 있다. 또한 고객과 함께 문제를 해결할 방법도 고민하게 된다. 고객이 종신보험에 문제를 제기하면 다른 각도에서 바라보라. 그렇게 하면 장군의 초상화를 옆모습으로 그린 것처럼 상식을 뒤집는 해결책도 찾을 수 있다.

제6장

타로
스토리 카드
51~60

100

STORY RECIPE 100

구름이 내민 잔

〈삶은 씨앗〉

어떤 왕이 신하들에게 삶은 씨앗을 주고 아름다운 꽃을 만들어 오라고 했다. 그러나 삶은 씨앗에서 싹이 나올 리가 없었다. 왕명을 거역할 수 없었던 신하들은 몰래 다른 씨앗을 심어 예쁜 꽃을 피워서 가지고 왔다. 그러나 한 신하만이 빈 화분을 가지고 왔다. 왕은 아름다운 꽃을 담은 화분을 가지고 온 신하들에게 벌을 주었다. 그리고 빈 화분을 가지고 온 신하를 자기 딸과 결혼시켰다. 왕은 정직한 사람을 사윗감으로 찾고 있었던 것이다.

〈타로카드 질문〉

신비로워 보이는 카드를 고르셨군요. 카드에서 무엇이 보이시나요?
네, 한 남자가 나무 아래 앉아 있습니다. 남자의 표정은 어떤가요? 팔
짱을 낀 채 불만스러운 표정으로 골똘히 생각에 잠겨 있습니다. 그리
고 그 왼쪽으로 구름이 잔을 내밀고 있습니다. 이 남자의 정체는 무엇
일까요? 구름은 왜 남자에게 잔을 내밀고 있을까요?

〈타로카드 설명〉

실연을 당한 청년이 깊은 슬픔에 빠져서 물도 마시지 않고 죽어갔습

니다. 신이 불쌍히 여겨서 젊은이를 구하면 큰 상을 주겠다고 했습니다. 바다가 바닷물을 내밀었지만 청년은 짜다며 마시지 않았습니다. 강이 강물을 내밀었지만 청년은 비린내가 난다며 마시지 않았습니다. 그러나 구름이 빗물을 잔에 담아 내밀자 마시고 기력을 회복했습니다. 신이 구름에게 그 이유를 묻자 구름이 말했습니다. "이 물은 다른 물과 다릅니다. 습기로 뭉쳐진 내 몸을 비틀어 짠 것입니다." 청년은 구름의 희생적인 마음에 감동해서 물을 받아 마셨던 것입니다. 구름은 신에게 큰 상을 받았고, 그 이후 하늘에서 신의 가장 가까이에서 머물게 되었습니다.

〈고객과의 접점〉

진심은 언제 어디서나 통합니다. 저도 한때 여느 아버지처럼 아들에게 규칙적으로 생활하라고, 공부를 열심히 해서 좋은 대학에 가라고, 널 위해서 하는 말이라고 잔소리를 했습니다. 지금 생각해보니 그것은 진심이 아니었습니다. 남에게 자식을 자랑하고 싶은 저의 욕심에서 나온 말이었습니다.

〈스토리카드 연결〉

세일즈를 할 때도 진심을 담아서 말하면 반드시 통합니다. 말에 진

심을 담는 방법은 자신에 대해서 말하지 않고 상대방에 대해서 말하는 것입니다. 이러한 방법으로 세일즈 왕이 된 사람이 있습니다.

〈세일즈는 삶을 파는 일〉

미국의 보험 세일즈 왕 프랭크 베트거는 《실패에서 성공으로》라는 책에서 영업이란 '사람을 만나는 일'이라고 정의했습니다. 그는 또한 "밖에 나가서 하루에 네다섯 명의 사람들에게 자신의 이야기를 정직하게 할 수 있는 평범한 사람이라면 그 사람은 영업에서 성공할 수밖에 없다."라고 말했습니다. 고객은 보험에 관심이 없습니다. 오직 삶에만 관심이 있습니다. 세일즈맨이 자신의 삶을 이야기하면 고객도 자신의 삶을 이야기합니다.

〈보험으로 연결〉

실패하는 세일즈맨은 삶을 10분 이야기하고 50분 동안 상품 이야기를 합니다. 그러나 성공하는 세일즈맨은 50분 동안 삶을 이야기하고 10분 동안 상품 이야기를 합니다. 가족에 대한 사랑, 자녀들의 소중한 꿈, 그리고 삶을 통해 죽음의 가치를 전하는 세일즈맨이 고객의 마음을 움직일 수 있습니다. 종신보험은 상품을 판매하는 것이 아니라 삶을 공유하는 것입니다.

〈보험을 팔지 말고 삶을 팔아라〉

한 고객이 찾아오는 것은 좋지만 보험 이야기는 절대로 하지 말라고 부탁했다. 사람들이 세일즈맨들을 싫어하는 이유는 보험을 팔 생각만 하기 때문이다. 그래서 나는 일절 보험 이야기를 꺼내지 않고 삶에 대해서만 이야기했다.

열심히 해서 성과가 좋으면 계약했던 사례와 성공의 기쁨을 나누었다. 상을 받으면 여행가서 듣고 보았던 즐거운 이야기를 해주었다. 열심히 했는데도 실패하면 실패 사례와 절망감을 이야기했다. 한 달 동안 1건도 못 하고 유지되던 큰 계약이 실효되어 일에 대한 회의가 들었던 것까지 솔직하게 털어놓았다.

그러자 놀라운 일이 벌어졌다. 내가 고객에게 보험을 설명하는 것이 아니라 고객이 나에게 관심을 보이기 시작했다. 세일즈에 성공한 이야기를 하면 대단하다며 칭찬해주었다. 세일즈가 힘들다고 할 때는 이렇게 저렇게 해 보면 어떻겠냐고 조언까지 해주었다. 삶을 이야기하다 보면 어느새 보험과 연결될 수밖에 없다.

이렇게 몇 달을 지냈더니 보험에 관심이 없던 고객이 어느 순간 보험에 관한 질문을 먼저 꺼냈다. 결국 보험 이야기하려면 오지 말라던 고객이 본인은 물론 부부와 자녀까지 모두 종신보험을 가입했다. 삶은 계란이다. 벽에 온 몸을 부딪쳐서 자신을 깨뜨리지 않고는 어떤 가치도 남에게 줄 수 없다.

〈진심의 힘〉

철학자 임마누엘 칸트의 아버지가 숲을 지나다가 강도를 만났다. 강도는 소지품을 다 빼앗고는 "이게 전부냐?"고 물었다. 그러자 칸트의 아버지는 "그게 전부요."라고 말하고는 돌아가려는데 무언가 묵직한 것이 손에 닿았다. 옷 속을 살펴보니 비상용 금덩이가 꿰매어져 있었다. 그는 되돌아가 강도들에게 그것을 내밀며 말했다. "아까는 깜빡했소. 이제 정말로 내가 가진 것은 다 드렸소." 그의 정직함에 감동한 강도는 빼앗은 물건을 모두 돌려주었다. 진심은 강도마저 감동시킨다.

52

꽃 파는 추녀

〈더 나쁜 놈〉

교수가 필기를 하려고 뒤로 돌아서자 학생들이 마구 웃었다. 교수의 바지 엉덩이 부분이 터져서 속옷이 보였기 때문이다. 그것도 모르고 교수는 조용히 하라고 주의를 주었지만, 학생들은 계속 킥킥거리고 웃었다. 교수가 화가 나서 말했다. "계속 웃는 놈들도 나쁘지만 웃기는 놈이 더 나빠." 유머는 어려운 대학 수업도 재미있게 만든다.

〈타로카드 질문〉

따뜻해 보이는 카드를 고르셨군요. 카드에서 무엇이 보이시나요? 네, 장터에서 두 여자가 서서 대화를 나누고 있습니다. 또 무엇이 보이

죠? 앞에는 아름다운 꽃다발이 늘어서 있습니다. 두 여자는 어떤 이야기를 하는 중일까요? 꽃은 무엇을 의미할까요?

〈타로카드 설명〉

얼굴이 못생긴 아가씨가 길거리에서 꽃을 팔고 있었습니다. 성질이 못된 할머니가 꽃을 사러 와서 "못생긴 애가 꽃은 예쁜 걸 파네!"라고 놀렸습니다. 그러나 꽃 파는 아가씨는 생글생글 웃으면서 대답했습니다. "할머니도 나이가 드셨지만 싱싱한 꽃을 사시잖아요. 할머니도 꽃을 보면 젊어지는 것처럼 저도 예쁜 꽃을 계속 보니까 점점 예뻐지고 있답니다." 아가씨의 재치에 반한 할머니는 단골이 되었습니다.

〈고객과의 접점〉

웃는 얼굴에 침 못 뱉는다는 말이 있습니다. 저는 개그 프로그램을 좋아합니다. 아내와 싸우고 분위기가 썰렁하다가도 같이 TV를 보면서 웃다 보면 어느새 화기애애해집니다.

〈스토리카드 연결〉

유머는 어색한 사이도 부드럽게 만드는 힘이 있습니다. 세상에서 가장 딱딱하고 인정사정없는 분야가 무엇일까요? 정치입니다. 정치를 하면 아군과 적군을 구분하고 공격하기 바쁩니다. 그런 정치계에서도 유머로 유명해진 정치인이 있습니다. 바로 윈스턴 처칠입니다.

〈처칠의 유머〉

윈스턴 처칠은 위트 있는 언변으로 유명한 정치인입니다. 하루는 처칠이 의회에서 어느 여성 의원과 심한 논쟁을 벌였습니다. 화가 잔뜩 난 여성 의원은 차를 마시는 처칠에게 말했습니다. "당신이 내 남편이었다면 나는 틀림없이 그 찻잔에 독약을 넣었을 거예요." 그러자 처칠은 조금도 당황하지 않고 웃으며 답했습니다. "당신이 만약 내 아내였

다면 나는 주저 없이 그 차를 마셨을 거요." 유머는 아무리 심각한 상황에서도 숨 쉴 여유를 만들어 줍니다.

〈보험으로 연결〉

종신보험에 가입하는 남자에게 이웃이 물었습니다. "당신이 죽으면 당신의 아내는 재혼할 텐데 누구 좋으라고 가입하세요?" 그러자 남자가 웃으며 대답했습니다. "보험금이 있으면 좀 더 좋은 조건으로 재혼하겠죠." 종신보험을 말할 때 죽음에 관한 이야기는 피할 수 없습니다. 이때 적절한 유머를 가미한다면 좀 더 여유 있게 고객을 설득할 수 있습니다.

〈유머속에 여유가 있다〉

큰 홍수가 났습니다. 아버지와 아들이 강둑 위에서 가축, 가구, 차가 떠내려가는 것을 멍하니 바라보고 있었다. 아들이 재산을 떠내려 보내는 사람들은 정말 속상할 것 같다고 말했다. 그러자 아버지는 아버지 잘 둔 줄 알라고 대답했다. 가진 재산이 아무것도 없으니 걱정할 필요도 없었던 것이다.

고깃집에서 고마운 사람이 세 사람 있다고 한다. 3등은 고기를 구워주는 사람이다. 2등은 깻잎 밑장을 잡아주는 사람이다. 1등은 남몰래 계산하는 사람이라고 한다. 종신보험은 이 세 가지를 다 해준다. 아무 일이 없을 때도 항상 옆에서 행복한 삶을 같이하고, 자신이 케어할 수 없을 때는 대신 케어해 주고, 사망하면 많은 돈을 가져다준다.

유머는 여유다. 심각한 보험일수록 여유 있게 설명해야 세일즈에 성공할 수 있다. 내가 보험 세일즈를 처음 시작했을 때 한 고객이 말했다. "다른 분들은 다 표정이 밝고 자신감이 있는데 왜 이렇게 얼굴이 어두우세요? 집에 우환이 있으세요?" 원래 타고난 얼굴이 이런 걸 어쩌란 말인가? 그래서 눈 딱 감고 셀프디스를 했다. "그러게요. 이 얼굴로 영업하기가 얼마나 힘들겠어요? 고객님이라도 좀 도와주셔야죠." 고객이 웃음을 빵 터뜨리며 분위기가 반전되었고 계약까지 성공했다.

〈상추와 깻잎〉

오랜 친구 사이인 두 할머니가 이야기를 나누고 있었다. 서로의 안부를 묻고 나서 한 할머니가 말했다. "바깥어른은 잘 계신감?" 다른 할머니가 대답했다. "지난주에 돌아갔다오. 고기 싸 먹을 상추를 뜯으러 밭에 나갔다가 심장마비로 쓰러졌지 뭐유." 말을 건넨 할머니가 위로했다. "저런 쯧쯧. 정말 안됐소. 그래서 어떻게 하셨소?" 그러자 다른 할머니가 대답했다. "뭐 별수 있나? 그냥 깻잎에 싸 먹었지."

53

엄마의 유산

〈있을 때 잘해〉

인터넷 짤로 유명한 실화다. 한 교장 선생님이 여고 정문에 피켓을 들고 서 있다. 피켓에는 이렇게 써 있었다. "머리, 있을 때 묶어." 여학생들은 교장 선생님과 피켓을 번갈아 보더니 웃음을 터뜨렸다. 교장 선생님은 대머리였던 것이다. 사람이든 머리든 있을 때 잘해야 한다. 없어지고 나서 잘하려 한들 무슨 소용인가?

〈타로카드 질문〉

다정해 보이는 카드를 고르셨군요. 카드에서 무엇이 보이시나요? 네, 어린아이 한 명과 성숙한 여인이 보입니다. 둘은 어떤 관계일까요?

여인은 아이의 뒤에서 무엇을 하고 있을까요? 두 사람은 왜 이러고 있을까요?

〈타로카드 설명〉

    딸을 사랑하는 싱글맘이 있었습니다. 딸에게 큰 집을 물려주고 싶은 마음에 음식, 옷, 공부에 들어가는 돈을 절약해서 큰돈을 모았습니다. 죽기 전에 통장을 보여주면서 말했습니다. "내가 안 먹고, 안 입고 너를 위해서 모은 돈이다. 이 돈으로 좋은 집을 사서 행복하게 살았으면 좋겠다." 엄마는 딸이 고마워할 줄 알았습니다. 그러나 반응은 의외였습니다. "그 돈으로 공부를 제대로 시켜줬으면 좋았을 텐데 지금 주는 돈이 무슨 의미가 있어요?" 딸은 울면서 엄마를 원망했습니다.

〈고객과의 접점〉

활어가 생선보다 비싼 이유는 아직 살아있기 때문입니다. 부자들은 손자, 손녀에게는 쉽게 돈을 줍니다. 하지만 정작 자녀들에게는 함부로 쓸까 봐 인색하게 구는 경우가 많습니다. 그러다 보니 열심히 살고도 원망을 듣는 경우가 많습니다.

〈스토리카드 연결〉

있을 때 잘하라는 말은 두 가지 의미가 있습니다. 첫째, 상대방이 살아 있을 때 잘하라는 뜻입니다. 둘째, 나에게 돈이 있을 때 잘하라는 뜻입니다. 그래야 나중에 형편이 어려워지더라도 주위의 도움을 받을 수 있습니다.

〈살아서 주는 젖소〉

어느 날 돼지가 젖소에게 하소연했습니다. "너는 고작 우유만 주는

데도 사람들의 귀여움을 많이 받아. 그런데 나는 내 목숨을 바쳐 고기를 주는데도 사람들은 나를 좋아하지 않아. 뚱뚱하다고 놀리기나 하지." 젖소는 잠시 생각에 잠겼다가 말했습니다. "나는 비록 작은 것일지라도 살아 있는 동안 하거든. 밭도 갈고 우유도 주지. 하지만 너는 죽은 뒤에야 맛있는 고기를 주지 않니? 그러니 너도 살아있을 동안에 뭔가를 줄 수 있을지 생각해 보렴." 이 말은 들은 돼지는 주인에게 소처럼 젖을 짜 주었다가 도리어 얻어맞았습니다.

〈보험으로 연결〉

부자들은 자녀에게 재산을 미리 물려주면 독이 될 수 있다고 생각합니다. 그래서 살아서 줄 수 있는 것도 미루다 갑자기 사망하면 독을 물려주게 됩니다. 그러나 종신보험은 당장 줄 수 없는 재산을 만들어서 미리 주는 것과 같습니다. 지금 당장 아들에게 10억 원을 줄 수는 없습니다. 하지만 종신보험 10억 원에 가입하고 수익자를 아들로 지정하면 어떻게 될까요? 독이 되지 않는 미래 시점에 아들에게 재산을 물려준 것과 같습니다.

〈보장이라는 믿는 구석〉

100억 원 자산가가 살아서 준 15억 원 종신보험 사례다. 자수성가한 자산가는 3명의 자녀에게 자신이 절약하면서 노력하는 삶을 강요했다. 대학까지 교육시켜주는 것 외에는 스스로 독립하도록 경제적인 도움을 전혀 주지 않았다. 지속적이고 철저한 부모의 가치관 덕분인지 자녀들은 독립심이 강하고 성실했다.

50대가 되면서 아내는 주위에 사는 지인들의 자녀들이 부모 도움으로 여유롭게 사는 것을 보았다. 일찍 증여했으면 적은 금액으로 주택을 마련하고 손자·손녀가 좋은 교육을 받았을 텐데 하는 아쉬움을 이야기했다. 그래서 죽기 직전에 모은 재산을 주어서 원망을 들은 "엄마의 유산" 스토리를 들려주었다.

금융은 사람의 피와 같다. 자금이 돌지 못하면 경색이 된다. 언젠가 물려줄 자산인데 꽉 움켜쥐고 있으니까 몸에 멍이 든 것처럼 부모와 자식 모두 힘들다. 나는 상속세 재원마련으로 종신보험에 가입할 것을 권유했다. 결국 남편은 10억 원, 아내는 5억 원을 가입했다.

이제 15억 원이라는 튼튼한 밧줄이 발목에 묶여 있어서 편안하다고 했다. 큰아들에게 집도 사주고 손자·손녀의 교육비는 아낌없이 지원해주었다. 종신보험이 없었다면 자식들은 돈을 모으느라고 고생하고 부모는 모은 돈 지키느라 고생했을 것이다. 종신보험이라는 튼튼한 밧줄이 부모, 자녀, 손자와 손녀까지 삶을 여유롭게 만들어 주었다.

〈천재의 동생〉

천재 화가 빈센트 반 고흐는 살아 있을 때, 단 한 점의 그림밖에 팔지 못했다. 그 한 점도 동료 화가가 그대로 두면 고흐가 굶어죽을까 봐 불쌍해서 사 준 것이었다. 자기의 예술을 사람들에게 인정받지 못하자, 화를 못 이겨 스스로 자신의 귀를 자른 적도 있다. 정신병원에서 여러 차례 치료도 받았다. 고흐가 유명하게 된 것은 그의 동생 테오 덕분이었다. 만약 고흐의 그림이 그 가치를 살아생전에 인정받았다면 어땠을까? 멀쩡한 귀를 자르지도, 정신병원에 들어가지도 않고 행복하게 살 수 있었을 것이다.

54

아홉 개의 검

〈피할 수 없는 호랑이〉

한 나그네가 호랑이를 피해서 산길로 도망갔다. 절벽으로 굴러 떨어지기도 하고, 나무에 긁히기도 하면서 한참을 도망친 나그네는 풀밭에 주저앉아 잠시 쉬었다. '이제는 따라오지 못하겠지.' 하고 한시름 놓는 순간 뒤에서 부스럭거리는 소리가 나더니 호랑이가 뛰어 나왔다. "어디 갔다 왔어? 여기로 올 줄 알고 미리 와서 한참 동안 기다리고 있었지!" 나그네는 호랑이에게 잡혀 먹히고 말았다.

〈타로카드 질문〉

무서워 보이는 카드를 고르셨군요. 카드에서 무엇이 보이시나요?

네, 한 사람이 침대에서 일어나 양손으로 얼굴을 감싸쥐고 있습니다. 그리고 또 뭐가 보이죠? 벽에는 9개의 검이 마치 블라인드처럼 가지런히 걸려 있습니다. 이 사람의 정체는 무엇일까요? 그는 왜 울고 있을까요? 벽에는 왜 9개의 검이 걸려 있을까요?

〈타로카드 설명〉

옛날에 칼을 좋아하는 왕이 있었습니다. 그는 모험가에게 세상에서 유명한 10개의 명검을 가져오면 공주와 결혼시키고 왕국의 절반을 주겠다고 했습니다. 모험가는 온갖 시련과 고난을 이겨내고 결국 10개의 명검을 모아왔습니다. 하지만 그는 공주와 결혼도 못 하고 상도 받지 못했습니다. 왜 그랬을까요? 왕은 이렇게 말했습니다. "10개 중에 1개는 세금이기 때문에 너는 9개를 가져온 것이다." 모험가는 세금을 포함해 11개의 명검을 가져왔어야 했습니다.

〈고객과의 접점〉

죽음과 세금은 피할 수 없습니다. 주위에 세금 때문에 잠이 오지 않는다는 사람들이 많습니다. 그런데 세금을 전혀 안 내는 사람들도 있습니다. 밤에 서울역에 가면 많이 볼 수 있습니다. 노숙자들은 전혀 세금 걱정을 하지 않습니다. 오히려 "세금 좀 내봤으면 좋겠다."고 말합니다. 수입이 있는 곳에 세금도 있고 수입이 없으면 세금도 없습니다.

〈스토리카드 연결〉

사업하는 사람들에게 가장 골치 아픈 것은 무엇일까요? 세금입니다. 부가세를 내야 하는 4월과 10월이 되면 미리부터 머리가 지끈지끈 아파옵니다. 수입의 10%는 내 돈이 아닙니다. 부가세입니다. 숙명처럼 안고 가야 할 딸린 자식입니다.

<숨겨둔 아들>

어느 날 100억 원 자산을 가진 사업가가 갑자기 사망했습니다. 엄마, 아들, 딸은 대화를 통해 어렵게 재산 배분에 합의했습니다. 40억 원 상당의 땅과 상가, 주택은 엄마에게, 나머지 재산은 아들과 딸에게 각각 30억 원씩 상속되었습니다. 며칠 후 한 젊은이가 숨겨진 자식이라며 나타나서 자신의 몫을 요구했습니다. 유전자 검사를 했는데 친자로 확인되었습니다. 결국, 그동안 얼굴도 보지 못했던 젊은이는 20억 원을 자기 몫으로 받아 갔고 가족은 풍비박산이 났습니다. 숨겨진 아들의 이름은 바로 국세청이었습니다.

〈보험으로 연결〉

한 사람이 사망하면 국세청은 자녀 한 사람 몫의 돈을 세금으로 요구합니다. 문제는 이를 법적으로 피할 방법이 없다는 것입니다. 돈은 버는 것뿐만 아니라 지키는 것도 중요합니다.

〈상속세 시름을 덜어준 보장〉

150억 재산을 보유한 사업가의 사례다. 부모의 유산을 기반으로 사업을 일궈서 재산을 많이 불렸다. 자녀는 3명이고 막내는 재혼해서 얻은 아들이었다. 나이가 들수록 재산상속과 세금에 대한 고민이 많아졌다. 자녀들 3명은 사이가 좋지 않았다.

재산을 공평하게 분배하지 못하면 안 그래도 안 좋은 형제 사이가 원수지간이 될 것은 뻔했다. 그렇다고 회사를 나눠주면 사업에 미숙한 자녀들이 경영권을 지킬 수 없을 것 같았다. 땅이나 상가를 사도 지분을 똑같이 셋으로 나누기가 힘들었다.

최근 친한 친구의 회사가 세금 때문에 다른 사람에게 넘어갔다. 회사를 장남에게 물려줬는데 차남이 자기 지분을 요구하는 소송을 제기했다. 차남은 소송으로 받은 회사 지분을 경쟁 관계에 있는 회사에 매각했다. 만약 아빠가 종신보험에 가입해서 차남에게 회사 지분 대신 종신보험금을 주었으면 회사는 지킬 수 있었을 것이다.

종신보험은 나누기 힘든 자산을 공평하게 분배할 때 유용하다. 재산의 30% 정도를 종신보험금으로 준비한 경우는 국세청에서 상속세 징수가 쉽다. 부부에게 각각 30억 원의 종신보험을 제시했는데 우선 10억 원씩 가입했다. 그것만으로도 상속세에 대한 걱정을 한시름 놓을 수 있었다.

〈호랑이를 막는 법〉

'가정맹어호(苛政猛於虎)'라는 말이 있다. 가혹하게 세금을 걷는 정치는 호랑이보다 무섭다는 뜻이다. 사업가들에게 세금은 어떻게든 피하고 싶은 호랑이와 같다. 죽음과 세금은 절대로 피할 수 없다. 종신보험은 피하고 싶은 호랑이를 막아준다. 종신보험은 국세청에서도 추천하는 합법적인 세금 재원 마련 방법이다.

55

열 개의 검

<세 가지 소원>

낚시꾼이 금빛 물고기를 잡았다. 물고기가 낚시꾼에게 자기를 살려 주면 세 가지 소원을 들어주겠다고 했다. 그러나 낚시꾼은 소원을 다 섯 가지만 들어주면 살려주겠다고 했다. 물고기가 소원은 세 가지 밖 에 못 들어준다고 대답하자 낚시꾼은 그럼 네 가지만 들어 달라고 졸 랐다. 물고기는 거친 숨을 몰아쉬다가 그만 숨이 넘어갔다. 지나친 욕 심 탓에 낚시꾼은 한 가지 소원도 이룰 수 없었다.

<타로카드 질문>

잔인해 보이는 카드를 고르셨군요. 카드에서 무엇이 보이시나요?

네, 한 남자가 바닥에 쓰러져 피를 흘리고 있습니다. 그 위에 보이는 것은 무엇인가요? 무려 10개의 검이 그의 몸에 꽂혀있습니다. 남자는 도대체 어떤 잘못을 했길래 이렇게 끔찍한 일을 당했을까요? 이 남자를 죽인 사람은 누구일까요?

〈타로카드 설명〉

옛날에 칼을 정말 사랑하는 사람이 있었습니다. 그는 평생 목숨을 걸고 내로라하는 명검을 수집했습니다. 정당한 방법으로 구하기가 어렵다 보니 때로는 속이고, 때로는 죽이는 등 수단과 방법을 가리지 않았습니다. 검을 모으면 모을수록 그에게 원한을 가진 사람들의 숫자도 늘어났습니다. 그중에는 그에게 사기를 당한 사람, 그에게 죽임을 당한 사람의 자식들도 있었습니다. 마침내 남자가 열 개의 검을 모았을 때 피해자들의 무리가 한 밤중에 남자의 집을 습격했습니다. 결국, 그는 자기가 보관하고 있던 열 자루의 검에 찔려서 죽었습니다.

〈고객과의 접점〉

지나친 욕심은 화를 부릅니다. 오랜만에 만난 동창들과 술 마시느라 시간 가는 줄 몰랐습니다. 자리에서 일어날 때가 됐는데도 10분만 더, 10분만 더 하다가 대중교통이 모두 끊겼습니다. 택시를 잡으려고 해도 이미 막차를 놓친 사람들이 많아서 쉽지 않았습니다. 그제서야 '조금만 일찍 나올 걸' 하고 후회했습니다.

〈스토리카드 연결〉

그리스 신화에 나오는 이카로스는 밀랍으로 만든 날개로 날아오릅니다. 그러나 높이 날고 싶은 욕심이 지나쳐서 태양 가까이까지 올라갔다가 밀랍이 녹아서 추락했습니다. 높은 수익에는 높은 위험이 따릅니다. 위험한 투자는 조심해야 합니다.

〈튤립파동〉

　17세기 네덜란드에서 벌어진 튤립 파동(Tulip mania)은 역사상 최초의 거품 경제 현상입니다. 당시 황금기를 맞이한 네덜란드에서 튤립의 구근은 엄청난 가격에 팔렸습니다. 튤립 구근 하나가 숙련된 장인이 버는 연간 소득의 10배보다 더 비쌌습니다. 그러던 어느 날 갑자기 튤립이 팔리지 않으면서 가격이 폭락했습니다. 결국, 호황을 누리던 튤립 농가는 줄줄이 도산했습니다. 펀드매니저는 대표적인 고소득 직종입니다. 그러나 한때 고소득을 올린다고 해서 계속 지속되리라는 보장은 없습니다. 언젠가 닥쳐올 위기를 미리 준비해야 합니다.

〈보험으로 연결〉

공무원은 회전목마를 타는 것과 같고, 고소득 전문직은 번지점프를 뛰는 것과 같습니다. 안전장치 없이 인생을 설계하는 것은 줄도 없이 번지점프를 하는 것과 같습니다. 절벽으로 떨어질 때 나를 지켜주는 밧줄 같은 역할을 하는 것이 종신보험입니다.

〈한옥처럼 안정적인 보험〉

한옥을 유난히 좋아했던 펀드 매니저의 사례다. 본인이 취급하는 것이 대부분 변동 상품이기 때문에 안정적인 투자를 선호했다. 안정적으로 투자하려면 부동산 중에서도 한옥이 좋다. 한옥은 편리성이 부족한 대신 가격 변동이 적고, 오래될수록 가치가 안정적으로 증가한다.

종신보험은 장해, 사망, 장수의 3가지 리스크가 커버되는 한옥 같은 상품이다. 내 말을 들은 고객은 최초 3억 원에 가입하고 계속 증액해서 10억 원의 보장을 유지하고 있다. 보험을 아주 싫어하는 아내는 1억 원의 보장만 간신히 유지했다.

아내는 친한 친구가 보험 세일즈를 하면서 강권하는 상품에 가입했다 해지하기를 반복한 경험이 있었다. 나중에 아내가 폐암에 걸려 시골 황토집으로 요양하러 갔다. 얼마 후 남편도 퇴직하고 아내를 따라 시골로 내려갔다.

삶은 번지점프하는 것처럼 불안정하다. 다행히 투자는 한옥과 같이 안정적인 종신보험을 선택했다. 덕분에 은퇴 후 일을 하지 않아도 삶이 편안하고 행복했다. 10억 원 보장이라는 큰 둑은 경제적 부담이 자녀에게 넘어가는 것을 막아주었다. 아무 일이 없으면 5억 원씩 자녀들에게 물려주면 된다.

〈다리를 무너뜨린 새 한 마리〉

10톤 정도 되는 트럭이 다리를 향해 달려왔다. 다리에는 10톤 이상은 통과할 수 없음이라고 써 있었다. 운전사는 트럭이 짐을 포함해서 정확히 10톤이기 때문에 자신 있게 통과할 거라 생각했다. 그러나 다리를 절반쯤 건넜을 때 갑자기 다리가 무너지기 시작했다. 운전사가 깜짝 놀라서 밖을 내다봤더니 트럭에 새 한 마리가 앉아 있었다. 인생에는 언제 예상을 초과한 위험이 닥칠지 모른다. 욕심을 버리고 여유를 가져야 한다.

56

예상치 못한 죽음

〈장례식장에서 본 것〉

제자들과 세도가의 장례식장에 갔다가 돌아온 스승은 제자들에게
물었다. "너희는 그곳에서 무엇을 보았느냐?" 첫 번째 제자가 대답했
다. "저는 권력을 보았습니다. 수많은 사람들이 모인 모습이 놀라웠습
니다." 스승의 표정이 어두워졌다. 두 번째 제자가 대답했다. "저는 재
력을 보았습니다. 어찌나 장례식이 으리으리하던지요!" 스승의 표정은
더욱 일그러졌다. 세 번째 제자가 대답했다. "저는 죽음을 보았습니다.
우리는 모두 죽을 수밖에 없다는 사실을 깨달았습니다." 그 말에 비로
소 스승의 표정이 밝아졌다.

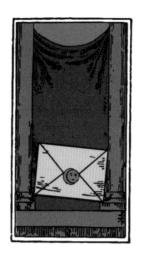

〈타로카드 질문〉

죽음이 연상되는 카드를 고르셨군요. 카드에서 무엇이 보이시나요? 네, 두 개의 커다란 기둥과 그 사이에 있는 편지가 보입니다. 두 개의 기둥은 무엇을 의미할까요? 편지에는 어떤 내용이 적혀 있을까요? 이 기둥을 만든 사람은 누구일까요? 그는 지금 어디에 있을까요?

〈타로카드 설명〉

한 발명가가 단두대를 만들었습니다. 단두대는 원래 사형집행인의 스트레스를 줄이기 위해 만들어졌습니다. 그런데 너무나 편리했기 때문에 적은 시간에 더 많은 사람들을 죽일 수 있었습니다. 너무나 많은 사람이 단두대의 이슬로 사라지자 사람들의 원성이 커졌습니다. 민란의 조짐이 보이자 왕은 단두대를 발명한 사람을 단두대에서 처형해서 민심을 달랬습니다. 그렇게 자신이 발명한 단두대에서 죽임을 당한 사람이 길로틴 박사입니다. 그래서 지금까지 단두대는 '길로틴'이라고 불립니다.

〈고객과의 접점〉

'믿는 도끼에 발등 찍힌다'는 말이 있습니다. 예전에 친한 친구에게 돈을 빌려준 적이 있습니다. 이자가 없어서인지, 다른 돈은 갚는데 제 돈은 안 갚더군요. 결국 돈도 잃고 친구도 잃었습니다. 믿었던 친구였기에 저로서는 예상치 못한 일이었습니다.

〈스토리카드 연결〉

밤에 수영장에 들어가기가 무서운 이유는 어두워서 바닥이 보이지 않기 때문입니다. 위험은 예측할 수 있으면 두렵지 않습니다. 예측할 수 없는 위험과 맞서 싸우는 사람이 소방관입니다.

〈불나방〉
....

"그 남자를 사랑하지 마세요. 그는 소방관입니다. 당신의 작은 어려움에도 달려가 도울 수 없어 혼자 마음 아파할 소방관입니다. 그에게 당신의 모든 것을 주지 마세요. 불 속을 뛰어드는 불나방처럼 언제든지 불 속으로 뛰어들 준비가 되어 있는 세상에서 유일한 바보니까요."

윗글은 9·11테러 당시 숨진 343명의 소방관의 추도사 중 일부입니다. 소방관은 언제든 자신의 목숨을 내걸고 사람들을 구해야 하는 숭고하고 위험한 직업입니다.

〈보험으로 연결〉

소방관은 재해로 죽을 확률이 높을까요? 아니면 질병으로 죽을 확률이 높을까요? 놀랍게도 질병으로 죽을 확률이 훨씬 높습니다. 소방관들에게 진정으로 필요한 것은 재해보험이 아닙니다. 자신의 삶에서 일어날 화재로부터 가족의 행복을 지켜 줄 종신보험입니다.

〈소방관을 지켜주는 방화복〉

남편이 소방관이고 자녀가 하나인 30대 부부의 사례다. 부부 모두 장수 집안이고 질병 관련 가족력이 없어서 보험은 더 이상 필요 없다고 했다. 그래서 나는 다양한 사례를 들어 소방관이야말로 질병으로 죽을 확률이 높음을 입증했다.

1천 회가 넘는 구조업무로 시민의 영웅으로 불렸던 31세 소방관은 혈관육종암으로 진단 받고 7개월 만에 사망했다. 그런데도 공무상재해로 인정받는데 5년이 걸렸다. 그는 질병이 아닌 소방관 일을 하다 사망한 아빠로 기억되고 싶다는 유언을 남겼다.

소방관들은 화염과 싸우는 것이 아니라 유해물질, 긴장감, 스트레스와 더 힘든 싸움을 한다. WHO 산하 국제암연구기관에서 소방관을 암

발병 위험이 높은 직군으로 분류했다. 소방관의 유족들이 공무상 재해로 인정받기 위해 노력하는 것은 명예에 대한 것도 있지만 경제적인 어려움도 무시할 수 없다.

이야기를 모두 들은 아내는 남편을 설득해서 종신보험에 가입했다. 재해보험이나 암보험만 있는 것은 구멍 난 방화복을 입고 불 속으로 뛰어드는 것과 같다. 종신보험은 언제 닥칠지 모르는 화염으로부터 가족과 본인을 지켜주는 2중, 3중의 방화복과 같다.

〈세 줄의 묘비글〉

한 사람이 묘지를 돌며 묘비들을 읽고 다니다 어떤 묘 앞에서 발길을 멈추었다. 묘비의 글은 단 세 줄이었다. "나도 전에는 당신처럼 그 자리에 서 있었소." 첫 번째 문장을 읽는 순간 웃음이 터져 나왔다. 두 번째 문장이 이어졌다. "나도 전에는 당신처럼 그렇게 웃고 있었소." 그는 웃음을 멈추고 세 번째 문장을 읽었다. "이제 당신도 나처럼 죽을 준비를 하시오." 죽음은 누구에게나 반드시 닥쳐온다.

57

사랑의 저주

〈과유불급〉

어느 날 자공(子貢)이 스승 공자에게 물었다. "선생님, 선생님의 제자 중에서 자장과 자하 누가 더 낫습니까?" 스승이 대답했다. "자장은 좀 지나치고 자하는 조금 기준에 미치지 못하는구나." 자공이 다시 물었다. "그렇다면 자장이 조금 낫다는 말씀이신가요?" 공자가 말했다. "지나친 것보다는 차라리 모자란 것이 낫느니라."

〈타로카드 질문〉

사랑이 가득 차 보이는 카드를 고르셨군요. 카드에서 무엇이 보이시나요? 네, 태양처럼 커다란 하트가 하늘에 떠 있습니다. 시간대는 밤

일까요, 아니면 낮일까요? 왜 커다란 하트가 하늘에 떠 있을까요? 태양과 달은 어디로 사라진 것일까요?

〈타로카드 설명〉

옛날에는 태양이 지구를 너무 사랑해서 밤낮으로 계속 비추었습니다. 쉬지 않고 비추는 강력한 태양빛 때문에 식물은 말라 죽고, 동물은 갈증에 허덕였습니다. 수시로 산불이 나고 우물이 마르는 등 지상은 점점 사람들이 살기 힘든 사막으로 변해갔습니다. 할 수 없이 신은 태양을 낮에만 비추도록 했습니다. 그러자 이번에는 사람들이 밤에 너무 어둡고 춥다고 불평을 했습니다. 그래서 신은 태양 빛을 반사하는 거울을 만들어 밤에 비추도록 했습니다. 그것이 바로 달입니다.

〈고객과의 접점〉

지나침은 모자람만 못합니다. 예전에 선인장이 전자파를 막아준다고 해서 컴퓨터 옆에서 키운 적이 있습니다. 잘 키워보겠다고 물을 매일 주었더니 얼마 못 가서 죽고 말았습니다. 알고 보니 선인장은 한 달에 한 번만 물을 주어야 했습니다.

〈스토리카드 연결〉

병자를 돌보는 것은 선인장을 돌보는 것과 같습니다. 까칠한 성격을 다 받아주어야 합니다. 너무 방치해도 안 되고 과보호를 해서도 안 됩니다. 적당한 거리가 필요합니다.

〈너무 친절한 간호사〉

한 할아버지가 서비스가 좋기로 유명한 병원에 입원했습니다. 하루는 할아버지가 몸을 왼쪽으로 기울인 채로 불편하게 의자에 앉아 있

었습니다. 그 모습을 본 간호사는 왼쪽 옆구리 쪽에 베개를 받쳐 주었습니다. 다음 날, 할아버지가 이번에는 오른쪽으로 몸을 기울이고 앉아 있었습니다. 그래서 이번에는 오른쪽 옆구리에 베개를 받쳐 주었습니다. 비슷한 일이 반복되자 간호사는 할아버지를 의자에 바른 자세로 묶었습니다. 가족들이 면회를 와서 병원은 마음에 드시느냐고 묻자 할아버지가 대답했습니다. "참 좋은데 딱 한 가지 불편한 게 있어. 간호사가 방귀를 못 뀌게 해."

〈보험으로 연결〉

간호사는 환자를 돌보는 일에는 최선을 다하지만 정작 자기 자신은 돌보지 못하는 경우가 많습니다. 간호사가 정성스런 간호로 죽어가는 사람들을 살리듯 종신보험은 간호사 가족의 꺼져가는 삶의 불씨를 살립니다.

〈죽음 속에서 발견한 미래〉

호스피스 병동에서 근무하는 40대 간호사의 사례다. 전쟁터와 병원은 3가지 공통점이 있다. 첫째, 죽음이 상존한다. 둘째, 되도록 피하고 싶다. 셋째, 자신의 의지로 피할 수 없다. 그녀는 전쟁터와도 같은 병원에서 숱한 죽음을 목격했다.

죽음을 경험할수록 삶의 무게가 가벼워진다. 어떤 법의학자는 다양한 죽음을 보다 보니 삶이 성숙해졌다고 한다. 죽음을 당당하게 받아들이려면 충분히 준비를 해야 한다. 어디까지 연명치료를 할지도 생각해야 하고 유서도 미리 작성해 두어야 한다. 종신보험증서도 죽음을 준비하는 한 방법이다.

노인들이 잘 죽으려면 현실적으로 돈이 필요하다. 그래야 남은 생애 동안 제대로 케어받고 가족에게 피해를 주지 않는다. 죽을 때 확실하게 돈을 가져다주는 것이 종신보험이다. 종신보험이 있으면 병원이나 요양원에 있어도 가족들이 문병을 자주 온다. 왜냐하면 경제적인 부담이 없기 때문이다.

간호사 고객은 다른 회사에 유지하고 있는 종신보험 1억 원을 가지고 있었다. 많은 죽음을 보다 보니 긍정적으로 죽음을 맞이할 준비를 미리 해야겠다면서 종신보험 1억 원을 증액했다. 지나치지도, 부족하지도 않는 딱 적정한 수준의 보장이었다.

〈계영배〉

계영배(戒盈杯)는 '가득 차는 것(盈)을 경계(戒)하는 술잔(杯)'이라는 뜻이다. 윗부분은 받침에 술잔을 얹어 놓은 것처럼 생겼지만 아래쪽은 주전자처럼 생겼다. 다른 술잔과 다르게 술의 높이가 7부 지점을 넘어서게 되면 술이 흘러내리기 시작한다. 그림을 그릴 때도 많이 그린 것보다 좀 덜 그리는 것이 낫고, 밥을 먹을 때도 조금 부족한 듯 먹는 것이 과식(過食)하는 것보다 좋다. 가득 참을 경계하면 여유 있게 살 수 있다.

58

불안한 왕좌

〈10년의 경험〉

안정적인 직장에서 10년을 근무한 사람이 있었다. 그는 딱 월급만큼만 일하며 적당히 시간을 보냈다. 매해 승진에서 계속 탈락하자 그는 간부를 찾아가 하소연했다. "저는 이 회사에서 10년 동안 변함없이 열심히 일했습니다." 그러자 간부가 답했다. "바로 그게 문제요. 당신은 10년 동안 그대로 있는데 세상은 계속 변하고 있지 않소?"

〈타로카드 질문〉

불길해 보이는 카드를 고르셨군요. 카드에서 무엇이 보이시나요? 네, 한 남자가 허물어져가는 의자에 앉아 있습니다. 손에는 짧은 지팡

이와 별이 든 구슬을 들고 있습니다. 뒤로는 무엇이 보이시나요? 허물어진 성벽이 보입니다. 이 남자의 정체는 무엇일까요? 왜 부유해 보이는 사람이 폐허 속에 앉아있을까요?

〈타로카드 설명〉

국경을 마주 댄 두 나라가 있었습니다. 호전적인 나라는 막강한 군대를 가지고 있었습니다. 그 옆의 평화를 사랑하는 나라는 막대한 부를 가지고 있었습니다. 부유한 나라의 왕은 부가 쌓일수록 불안했습니다. 이웃 나라를 자극했기 때문입니다. 정기적으로 이웃나라에 선물을 갖다 바치며 평화를 호소했지만 그때뿐이었습니다. 결국 이웃나라는 강대한 군사력으로 평화로운 나라를 침략했습니다. 결국, 평화를 사랑했던 왕은 쌓은 부 때문에 나라를 넘겨줘야 했습니다.

〈고객과의 접점〉

옛날 시골에서는 대부분 집에서 개를 키웠습니다. 개는 하는 일도 없으면서 가끔 낯선 사람이 오면 짖기만 하면 됩니다. 그래서 개 팔자가 상팔자라고 합니다. 그런데 이런 개는 복날을 넘기기는 힘듭니다. 먹이를 주던 주인의 손에 언제 몽둥이가 들려있을지 모릅니다.

〈스토리카드 연결〉

세상에서 가장 안정적인 직업은 무엇일까요? 공무원입니다. 특히 4시 반에 칼퇴근을 할 수 있고, 방학이 있는 교사는 누구나 선망하는 직업입니다. 하지만 꼭 그런 것만은 아닙니다.

〈저도 학교 가기 싫어요〉

"아들, 학교 가야지?" 이른 아침 엄마가 아들을 흔들어 깨웠습니다.

"싫어요. 아이들이 저를 얼마나 싫어하는데요." 아들은 침대에 누워서 이불을 머리끝까지 뒤집어 쓴 채 볼 멘 소리를 했습니다. "아이들뿐만 아니라 선생님들까지도 다 저를 싫어한다구요!" 그러자 엄마가 한숨을 내쉬며 말했습니다. "그래도 넌 교장이잖니." 어쩌면 교사야말로 학생보다 더 학교에 가기 싫어할지 모릅니다.

〈보험으로 연결〉

교사들은 정년이 보장되고 은퇴 후에도 연금이 있어서 걱정할 것이 없습니다. 사망에만 잘 대비하면 완벽합니다. 완벽한 삶을 위해 교사들에게 필요한 것이 종신보험입니다.

〈세상에서 가장 좋은 선물〉

엄마가 교사인 40대 여교사의 사례다. 엄마는 은퇴해서 연금으로 걱정 없이 생활하면서 손자 손녀들에게 무엇을 해줄까 행복한 고민을 하고 있었다. 만약 엄마가 돌아가셨는데 유품을 정리하다가 자식을 위해 준비한 종신보험 1억 원의 증서가 나오면 어떨 것 같냐고 물어보았다. 그러자 엄마가 무슨 이유로 종신보험에 가입하겠냐고 되물었다.

엄마의 마지막 걱정거리는 치료비가 많이 들어서 자식들에게 부담이 넘어가는 것이다. 실제로 비슷한 사유로 보험금으로 받은 사례가 있는데 자녀들이 진심으로 고마워했다. 받은 만큼 자기 자녀들에게도 물려줄 생각으로 종신보험을 준비한 것이다. 다시 생각해 보더니 엄마의 고마움을 절실하게 느낄 것 같다고 했다.

그리고 자신도 자녀들을 위해서 종신보험을 준비해야겠다고 말했다. 가장 안전한 것이 가장 위험하다. 교사들의 평온한 삶을 위협하는 것은 많은 치료비를 남기고 떠나는 것이다. 안전한 삶을 더 안전하게 보장해주기 위한 안전장치가 종신보험이다. 종신보험은 사망할 때까지 여러 가지 리스크를 커버하다가 아무 일이 없으면 물려줄 수 있다.

세상에서 가장 비싼 침대가 병석이고, 가장 먼 여행이 저승으로의 여행이다. 부모는 자식이 잘 사용하기를 바라면서 재산을 물려준다.

한편으로는 그중 일부가 다음 세대로 이어지기를 바라기도 한다. 그럴 때 의미 있는 선물이 종신보험이다. 여교사는 곰곰이 생각해보더니 엄마에게는 못 받더라도 자신의 자녀들을 위해 종신보험을 준비하겠다고 했다.

〈개구리의 죽음〉

개구리는 변온동물이다. 주변의 온도에 자기 몸의 온도를 맞춘다. 미지근한 물에 개구리를 넣어 놓고 서서히 물을 끓이면, 개구리는 물이 자신을 죽일 만큼 끓어오르는지도 모르다가 마침내 익어서 죽고 만다. 어쩌면 변화를 받아들이지 못하는 끓는 물속의 개구리는 우리 자신의 모습이 아닐까?

59

별을 만든 사람들

〈흔하면서 귀한 것〉

한 양반이 부하의 지혜를 시험했다. "세상에서 가장 흔한 것은 무엇인가?" 그러자 부하가 대답했다. "네, 그것은 사람입니다." 생각해보니 세상에 흔한 것이 사람임에 틀림없었다. 양반이 다시 물었다. "그러면 세상에서 가장 희귀한 것은 무엇인가?" 다시 부하가 대답했다. "네, 그것도 사람입니다." 곰곰이 생각해 보니 과연 사람다운 사람은 드물었다. 가장 흔하면서 가장 귀한 것, 그것은 바로 사람이다.

〈타로카드 질문〉

부지런해 보이는 카드를 고르셨군요. 카드에서 무엇이 보이시나요?

네, 한 남자가 돌을 조각해서 별을 만들고 있습니다. 벌써 8번째 별입니다. 남자는 왜 별을 만들고 있을까요? 누가 이 남자에게 별을 만들라고 시켰을까요? 만들어진 별은 어디로 가게 될까요?

〈타로카드 설명〉

태초에 신이 해, 달, 지구를 만들었습니다. 밤하늘에 달만 있으니까 너무 어두워서 온갖 마물들이 사람들을 괴롭혔습니다. 그래서 신은 밤하늘을 비출 수 있게 사람들에게 돌을 조각해서 별을 만들라고 명령했습니다. 신의 말에 순종한 사람들이 밤낮으로 만들다 보니 별이 너무 많아졌습니다. 당황한 신이 이제 그만 만들라고 명령했지만 이미 밤하늘에는 무수한 별이 떠 있었습니다. 그때부터 사람들은 밤하늘을 올려다보지 않게 되었습니다.

〈고객과의 접점〉

우리는 흔한 것을 밤하늘의 별처럼 흔하다고 합니다. 너무 흔하면 가치가 떨어집니다. 허니버터칩이 희소했던 초기에는 웃돈까지 붙어서 거래될 정도였습니다. 그런데 요즘은 충분한 물량이 풀리자 인기가 시들해졌습니다.

〈스토리카드 연결〉

동네에서 가장 흔하게 볼 수 있는 것은 치킨집입니다. 진입장벽이 낮은 대신 보호장벽도 낮습니다. 아무나 시작할 수 있기 때문에 경쟁이 치열합니다. 가장 흔하지만 가장 경쟁이 치열한 업종이 되었습니다.

〈자영업자의 비애〉

자영업자들이 포장마차에서 술을 마시며 장사가 안 된다고 투덜거

렸습니다. 스포츠용품 점포 주인이 말했습니다. "난 88올림픽 이후 최대 불황이야." 그러자 주유소 주인이 대답했습니다. "말도 마. 난 1970년대 석유파동 이후 최대 불황인걸." 이에 질세라 전자대리점 주인도 나섰습니다. "뭘 그 정도로 그래? 난 일제강점기 이후 최대 불경기라고." 그러나 서점 주인의 한마디에 모두 입을 다물 수밖에 없었습니다. "서점은 한글 창제 이래 최대 불황이라고."

〈보험으로 연결〉

대기업이든 작은 자영업이든 제대로 된 안전장치가 중요합니다. 안전장치가 없어서 흑자부도로 문을 닫는 회사도 종종 있습니다. 가정도 기업과 같습니다. 종신보험은 자영업자의 사업을 안전하게 보호하고 가족을 지켜줍니다.

〈여유를 쫓으면 여유를 잃는다〉

나중에 부자가 되면 종신보험에 가입하겠다고 약속한 친구의 사례다. 카드회사에서 근무하던 친구가 직장을 그만두고 조개구이집을 열었다. 왜 하필 조개구이집이냐고 물었더니 당시 조개구이집이 유행이라 한 달 매출이 자기 연봉과 비슷하다고 했다.

처음에는 장사가 잘됐지만 곧 주변에 조개구이집이 우후죽순으로 생기기 시작했다. 매출이 급감하고 적자에 시달리다가 얼마 안 가서 문을 닫았다. 다음에는 흑염소를 키우는 사람과 만나더니 흑염소 엑기스 판매를 시작했다. 팜플렛을 만들고 차를 구입해서 여기저기 팔러 다녔다.

흑염소 엑기스 사업도 1년이 채 안 되서 접고 큰 트럭을 구입해서 운송업을 시작했다. 몇 년을 열심히 일했지만 장거리 운전으로 잠을 제대로 못 자서 건강만 축났다. 운송대금도 제때 받지 못해 어려워 하다가 큰 사고가 나서 그만두었다. 지금은 편의점을 운영하고 있다. 수입은 적어도 마음고생할 일이 없어서 행복하다고 했다.

샐러리맨은 큰돈을 벌 수 있는 자영업자를 부러워한다. 반면 자영업자는 적게 벌어도 안정적인 샐러리맨을 부러워한다. 내 친구는 남의 떡만 찾아다니다가 결국 이도 저도 못하고 세월만 보냈다. 뒤늦게 종신보험에 신청했지만 건강 문제로 거절되었다. 아내와 자녀들만 고객이 되었다.

〈다이아몬드와 숯〉

다이아몬드와 숯을 구성하는 원소는 같다. 그러나 어떻게 구성하느냐에 따라 하나는 다이아몬드가 되고 다른 하나는 흔해 빠진 숯이 된다. 만일 당신의 삶이 숯이라면 종신보험을 추가해보는 것은 어떨까? 가족에게 둘도 없는 다이아몬드와 같이 빛나는 가장이 될 수 있을 것이다.

60

산들의 내기

<〈비틀즈의 성공비결〉>

　평범한 고등학교 록 밴드에 불과했던 비틀즈는 함부르크의 록큰롤 클럽에서 하루에 여덟 시간씩 연주하였다. 리버풀에서 고작 한 시간 연주한 것에 비하면 엄청난 시간이었다. 비틀즈는 여러 가지 곡을 다양한 방법으로 연주할 수밖에 없었다. 더욱이 그들은 하루도 쉬지 않고 일주일에 7일을 꼬박 연주하였다. 그 후 그들이 성공하기 시작한 1964년까지 모두 1,200시간을 공연하였다고 한다. 이런 끈질긴 노력의 결과 풋내기 밴드였던 비틀즈는 세계 최고의 밴드가 되었다.

〈타로카드 질문〉

웅장해 보이는 카드를 고르셨군요. 카드에서 무엇이 보이시나요? 네, 거대한 산봉우리 사이로 강물이 흘러내리고 있습니다. 강물은 산과 들판을 지나 모래밭에까지 흘러내립니다. 이 강물은 어디서부터 시작되었을까요? 그리고 어디로 가는 중일까요? 강물은 왜 흐르는 것일까요?

〈타로카드 설명〉

산들이 서로 누가 더 큰 강물을 만들 수 있는지 내기를 했습니다. 잡목이 우거진 산이 물을 내려 보냈습니다. 그랬더니 작은 시냇물이 졸졸 흘렀습니다. 거목으로 우거진 큰 산이 그것을 보고 비웃으면서 나무뿌리에 모아두었던 물을 한 번에 내보냈습니다. 그랬더니 개천물이 콸콸 흘러내렸습니다. 그것을 보고 있던 빙산이 수만 년 얼어있던 얼음을 녹여서 흘려보냈습니다. 빙하가 녹은 물은 거대한 강물이 되어 바다까지 도달했습니다.

〈고객과의 접점〉

큰 그릇은 늦게 만들어집니다. 저는 보험세일즈를 하면서 20년 동안 3천 명 이상의 사람들을 만났습니다. 이제는 어떤 질문을 받아도 바로 답할 수 있을 정도가 되었습니다. 책도 쓰고 강의도 합니다. 20년 동안의 경험이 있기 때문입니다.

〈스토리카드 연결〉

빙산은 겉으로 드러낸 부피의 90%가 바닷물 속에 잠겨있습니다. 눈에 보이는 엄청난 성장에는 보이지 않는 엄청난 노력이 숨어있습니다. 대나무도 그렇습니다.

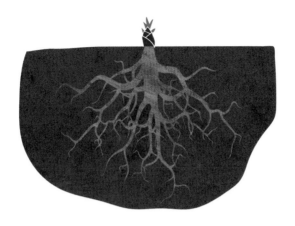

〈대나무의 성장〉

　중국의 '모죽'이라는 대나무는 다 자라는 데 5년이 걸립니다. 그런데 모죽은 5년이 될 때까지 3cm 정도밖에 크지 않다가, 5년이 되는 해가 되면 갑자기 하루에 30cm 가량씩 폭발적인 성장을 합니다. 그렇게 5주가 지나면 25m 이상 자라나서 울창한 대나무 숲으로 변합니다. 학자들이 이를 연구하기 위해 땅을 파 보았습니다. 땅 속에는 모죽의 뿌리가 사방으로 뻗어 내려 아주 깊은 곳까지 자리를 잡고 있었습니다. 튼튼한 뿌리가 있었기에 25m의 줄기를 지탱할 수 있었던 것입니다.

〈보험으로 연결〉

유대인들은 자녀들을 일찍 종신보험에 가입시킵니다. 저렴한 비용으로 큰 보장을 받을 수 있기 때문입니다. 종신보험은 한 세대를 넘어서 다음 세대까지 생각해서 장기간 투자하는 상품입니다. 따라서 자녀의 생각보다는 부모의 경제관이 크게 작용합니다. 미리 가입한 종신보험의 깊은 뿌리가 가문을 안전하게 지켜줍니다.

〈보험 가입은 유대인처럼〉

10세 자녀를 둔 학부모의 사례다. 자녀가 보험 가입 가능한 나이인 15세가 되는 해에 종신보험 보장을 전달했다. 유대인들은 조부모의 상속자산으로 어릴 때 종신보험에 큰 금액으로 가입한다. 부자가 망하면 3대를 가기 힘들다는데 유대인은 여간해선 망하지 않고, 망해도 금방 일어선다. 그 이유는 종신보험이라는 안전장치가 있기 때문이다.

부모가 종신보험의 내용을 제대로 알고 가입한 상태에서 15세의 종신보험 플랜을 보여주었다. 저렴하고 환급률도 좋아서 관심을 가졌다. 15세에 가입한 자녀가 대학생이 되면 자녀에게 종신보험 이야기를 자연스럽게 할 수 있다.

보험료는 부모가 납입하지만 자기의 보험이기 때문에 관심을 가지게 된다. 부모도 자녀의 경제교육을 전문가가 일찍부터 시켜주기 때문에 좋아한다. 자녀에게 종신보험의 의미를 설명하면서 좋은 상품을 가입시켜 준 부모에게 감사하라고 말했다. 나중에 혹시 아파서 부모님에게 큰 부담을 주게 되면 종신보험이 본인과 부모님을 보호할 수 있다.

나중에 자녀가 경제활동을 시작하면 보험료를 자기들이 납부하겠다고 하니까 부모들은 고마워한다. 유대인들이 부자가 되는 이유는 남들이 안 하는 힘든 것을 일찍 시작하기 때문이다. 탈무드를 읽고 유대인을 부러워할 것이 아니라 유대인들이 하고 있는 것을 실행에 옮겨야 한다. 그래야 나중에 모죽처럼 급성장을 할 수 있다.

〈손자병법의 탄생〉

정치투쟁에서 밀려난 손무는 산간벽지에 숨어서 《손자병법》을 집필했다. 그렇게 20년의 세월이 지나고 나서야 오나라 장군이 된 그는 초나라를 격파하고 중대한 공을 세워 《손자병법》을 세상에 알리게 되었다. 그 결과 《손자병법》은 2,500여 년이 지난 지금도 동서양 고금을 망라하는 최고의 병법서로 인정받게 되었다. 20년을 견딘 결과 2,500년을 살아남은 것이다.

제7장

타로
스토리 카드
61~70

100

둥지를 떠난 새

〈숨겨둔 황금〉

고대 그리스에 게으름만 피우는 두 아들을 둔 아버지가 있었다. 아버지는 죽으면서 "황금을 주위 땅에 묻어 놓았으니 잘살고 싶으면 땅을 파 그것을 캐거라."라는 유언을 했다. 아버지가 죽은 후 두 아들은 황금을 캐기 위해 땅을 팠다. 그러나 어디에도 황금은 없었다. 파 놓은 땅이 아까워 두 아들은 거기에 곡식을 심었다. 추수기가 되었을 때, 곡식이 익어 황금물결을 이루었다. 그제서야 두 아들은 누런 곡식이 곧 황금임을 깨달았다.

〈타로카드 질문〉

자유로워 보이는 카드를 고르셨군요. 카드에서 무엇이 보이시나요? 네, 한 쌍의 새가 하늘을 거침없이 날고 있습니다. 이 새는 어떤 새일까요? 두 새는 왜 나란히 하늘을 날고 있을까요? 두 새는 서로 어떤 관계일까요?

〈타로카드 설명〉

갓 날기 시작한 새끼 새와 어미 새가 날아갔습니다. 저 멀리 지평선이 보였습니다. 새끼 새는 지평선까지 날아가겠다고 했습니다. 어미 새는 둥지와 너무 멀어지면 안 된다고 말렸습니다. 그러나 새끼 새는 고집을 꺾지 않고 계속 날아갔습니다. 어미 새는 새끼 새의 고집을 더 이상 꺾을 수 없었습니다. 가깝게 보였던 지평선은 점점 멀어지고 새끼 새의 날개에 힘이 빠지기 시작했습니다. 어미 새의 말을 듣지 않고 무리하게 날던 새끼 새는 결국 땅에 떨어져 죽었습니다.

〈고객과의 접점〉

많은 사람들이 젊은이들에게 야망을 가지라고 말합니다. 요즘 젊은이들이 가장 선호하는 직업은 무엇일까요? 유튜버입니다. 영상 기획, 촬영, 편집 뒤에 숨은 피 나는 노력은 보지 않고 연예인처럼 화려한 겉모습만 보기 때문입니다.

〈스토리카드 연결〉

호수 위를 고고하게 떠 있는 백조도 잠수해서 보면 빠져 죽지 않으려고 부지런히 물장구를 치고 있습니다. 화려한 겉모습만 보고 따라하면 불행해질 수 있습니다. 개미와 베짱이 우화를 보면 알 수 있습니다.

〈개미와 베짱이〉

1년 내내 열심히 일한 개미는 겨울이 되자 곡식을 쌓아 놓고 편하게 지낼 수 있었습니다. 하지만 여름 내내 노래를 부르며 놀기만 했던 베짱이는 겨울이 되자 추위와 배고픔에 시달렸습니다. 결국 우습게 봤던 개미의 집을 찾아가 비참한 몰골로 구걸을 합니다. 흔히 요즘 20대를 욜로족이라고 합니다. 욜로(YOLO)란 '한 번뿐인 인생(You Only Live Once)'이라는 뜻입니다. 이는 불확실한 미래보다 현재의 행복을 최우선적으로 여기고 소비하는 라이프 스타일을 말합니다. 욜로족은 돈의 맛을 알지만 그것을 위해 오랫동안 참고 견디지 못합니다. 욜로의 삶을 누릴 수 있는 사람은 젊었을 때 부지런히 일해서 자본을 축적한 사람입니다. 욜로를 추구할수록 욜로에서 멀어지고, 욜로에서 멀어질수록 욜로에 가까워집니다.

〈보험으로 연결〉

요즘 젊은이들은 결혼, 연애, 취업 등 수많은 것을 포기하고 살아갑니다. 그래서 'N포 세대'라고 불립니다. 한편 희망, 소망, 열망 등을 현실로 만들어줄 수 있는 'N망 세대'로 사는 젊은이들도 있습니다. 현명한 욜로족은 '개짱이'로 삽니다. 개짱이란 '개미 + 베짱이'라는 뜻으로 현재를 즐기면서 부지런히 미래까지 대비합니다. 미래를 대비하는 가장 효과적인 장치가 종신보험입니다.

〈20대, 트럭의 핸들을 잡다〉

사회초년생일 때 만난 여자 고객의 사례다. 소개를 통해 20대 초반에 만나긴 했지만 처음에는 머릿속에 여행, 성형, 맛집 생각으로 가득 차 있었다. 보험 이야기를 꺼내도 들으려고 하지 않아서 당분간 접어두었다.

그 후 가끔 안부만 주고받다가 20대 후반에 다시 만났다. 아버지는 고등학교 때 암으로 사망해서 엄마와 힘든 생활을 하고 있었다. 보험은 가입되어 있었지만 아버지의 영향 때문인지 암보험에 과도하게 집중되어 있었다. 실손이 유지되기 힘든 80세 이후에는 보장의 공백이 발생할 위험이 있었다.

다음으로 제도권을 벗어난 치료비와 소득을 대체할 수 있는 플랜으로 종신 보험을 설명했다. 아버지의 갑작스런 사망을 경험해서인지 쉽게 공감했다. 종신보험이 80세까지는 소득대체플랜 역할을 하고 그 이후부터는 의료비 공백을 커버할 수 있다는 사실에 큰 흥미를 보였다. 결국 60세 납으로 1억 원 종신보험에 가입했다.

20대는 짐이 많이 실린 트럭의 핸들과 같다. 핸들의 미세한 움직임으로도 인생의 방향이 결정된다. 대신 새 차라서 고장 날 염려가 없어서 수리비가 적게 든다. 자기 몸의 몇 십 배나 되는 트럭을 혼자 몰고 간다는 것은 누구에게나 두려운 일이다. 이럴 때 만약의 사태에 자신과 가족을 보호해 줄 수 있는 에어백을 준비해야 한다. 사고가 나면 100% 확률로 펼쳐지는 에어백이 바로 종신보험이다.

〈잠자는 머슴〉
∙∙∙∙∙∙∙∙∙∙∙∙∙∙∙∙∙∙∙∙∙∙

어느 부잣집에 머슴이 필요하다는 소문을 듣고 한 사람이 찾아왔다. 주인이 무엇을 잘하냐고 묻자 '잠자는 것'을 잘한다고 했다. 주인은 미덥지 않았지만 마땅한 사람을 구할 수가 없어서 일단 쓰기로 했다. 며칠 뒤 천둥번개가 치고 비가 쏟아졌다. 주인은 혹시 비가 새지 않을까 집안 곳곳을 살폈다. 그런데 비가 샐만한 부분이 이미 다 수리되어 있는 것 아닌가? 주인이 머슴을 찾아갔더니 그는 자기 방에서 코를 골며 정신없이 자고 있었다. 낮에 온 힘을 다해 모든 일을 해 놓았기 때문에 천둥번개가 쳐도 곤히 잠들 수 있었던 것이다. 주인은 부지런한 머슴을 얻었다며 미소를 지었다.

STORY RECIPE 100

62

고양이의 덫

〈최고의 지혜〉

어느 날 왕이 신하들에게 이 세상에 있는 지혜의 글을 모두 모아오라고 명령했다. 현자들이 세상의 모든 지혜를 모아보니 12권의 책이 되었다. 왕은 너무 많다며 줄여오라고 했다. 현자들은 12권의 책을 1권으로 줄였다. 왕은 이것도 많다며 한 문장으로 줄이라고 했다. 현자들은 몇 날 며칠을 고민해서 결국 임무를 완수했다. 그 문장은 '세상에 공짜는 없다'였다.

〈타로카드 질문〉

비위생적으로 보이는 카드를 고르셨군요. 카드에서 무엇이 보이시

나요? 네, 쥐 세 마리가 식탁에 올라가서 난장판을 만들고 있습니다. 식탁 밑에는 고양이 한 마리가 호시탐탐 기회를 엿보고 있습니다. 쥐는 어떻게 식탁 위에 올라갈 수 있었을까요? 고양이는 어떤 꿍꿍이일까요? 쥐들의 운명은 어떻게 될까요?

〈타로카드 설명〉

쥐 한 마리가 창고에 잘 차려진 곡식을 먹고 배가 부르자 다른 쥐를 불렀습니다. 그 쥐도 배가 부르자 또 다른 쥐를 불러 어느덧 창고에 쥐가 세 마리가 되었습니다. 세 마리의 쥐는 다른 곳에 가지 않고 창고에서 배를 불리며 살을 찌웠습니다. 그때 어디선가 고양이가 나타나 통통하게 살이 오른 쥐 세 마리를 잡아먹었습니다. 사실 쥐들이 먹은 곡식은 고양이가 놓은 미끼였습니다. 쥐를 맛있게 먹은 고양이는 입맛을 다시며 다시 창고에 곡식을 물어다 놓았습니다.

〈고객과의 접점〉

얻는 것이 있으면 언젠가 반드시 그 값을 치러야 합니다. 하루는 아들이 점심을 대접한다며 사무실로 찾아왔습니다. 자식 키운 보람이 느껴지면서 참 대견하다는 생각이 들었습니다. 아니나 다를까 아들은 식사를 끝내자마자 돈을 좀 달라고 했습니다. 부모 자식 간에도 공짜 점심은 없었습니다.

〈스토리카드 연결〉

캥거루족이란 학교를 졸업해 자립할 나이가 되었는데도 부모에게 경제적으로 기대어 사는 젊은이를 말합니다. 캥거루족은 취업도 안하고 집에 머물면서 매일 공짜 점심을 먹습니다. 미국에도 비슷한 사례가 있습니다.

〈캥거루족〉

　미국 뉴욕 주의 한 부부가 아들을 집에서 쫓아내기 위해 소송을 걸었습니다. 아들은 8년 넘게 무직 상태로 부모 집에 얹혀살고 있었습니다. 이들 부부는 아들에게 다섯 차례 편지로 '2주 안에 집에서 나갈 것'을 요구했습니다. 또한, 퇴거 조건으로 '독립자금 1,100달러를 지원하겠다'고 제안했습니다. 하지만 아들이 나갈 기미를 보이지 않자 결국 부모가 아들을 고소했습니다. 법원은 누구 편을 들었을까요? 당연히 부모입니다. 20대의 생기발랄한 시기를 거쳐 30대에 의존적인 삶을 사는 사람들이 많습니다.

〈보험으로 연결〉

30대 남자는 현재를 즐기는 것과 미래를 준비하는 것 사이의 경계선에 있습니다. 경제적 독립을 생각하다 보니 돈의 가성비를 중요하게 생각합니다. 30대는 보호를 받는 입장에서 보호를 해야 하는 입장으로 바뀌는 시기입니다. 진정한 캥거루 주머니는 부모가 아니라 종신보험입니다.

〈엄마와 자신의 노후준비를 한번에〉

엄마와 자신의 노후준비를 동시에 하는 35세 노총각의 사례. 엄마는 60세로 아들의 취업 전까지 경제적 부담을 감당하고 있었다. 아들은 군대 가기 전 휴학, 군대 제대 후 휴학, 어학연수 간다고 휴학, 졸업 전 취업을 위해서 휴학 등으로 대학을 10년 가까이 다녔다.

아들이 철이 들면서 엄마를 위해서 무언가를 준비하고 싶어 했다. 종신보험에 10년납으로 가입하면 납입 완료시점인 45세에 연금으로 전환할 수 있었다. 그 연금은 70세가 된 엄마가 용돈으로 받으면 된다. 엄마가 90세에 사망한다고 가정하면 그때 본인은 65세가 되니까 그때부터는 본인의 연금이 된다.

10년 후 연금전환 시 금액이 적으면 연금전환 시기를 늦추면 된다. 그렇게 하면 연금액이 늘어난다. 10년 안에 본인이 사망해도, 크게 아프거나 다쳐도 계획대로 이루어지는 플랜이 종신보험이다. 사망보장은 물론 크게 아프면 납입면제를 받을 수도 있다.

10년 후 연금전환 예시표를 보여주니까 금액이 너무 적다고 했다. 납입기간은 10년인데 연금 수령기간은 50년 이상이 예상되기 때문에 금액이 적을 수밖에 없었다. 그래서 처음에 생각했던 금액의 2배로 계약을 했다. 이제야 자신과 엄마의 노후가 안심된다며 밝은 표정을 지었다. 돈을 벌어봐야 돈의 가치를 제대로 알게 된다.

〈공짜 심리〉

사나운 산돼지로 인해 사람들이 많은 피해를 보았다. 어느 날 한 노인이 산에 들어가더니 두 달 후 산돼지를 잡아서 돌아왔다. 사람들이 놀라서 어떻게 잡았느냐고 묻자 노인이 대답했다. "산돼지가 가는 길에 곡식을 계속 뿌렸더니 이놈들이 공짜에 맛이 들려서 날마다 그곳으로 모였지요. 그래서 그 옆에 함정을 파 놓아 잡았습니다." 쓸모없는 사람을 만드는 가장 쉬운 방법은 공짜 심리를 심어주는 것이다.

63

배 부른 곰

〈수리된 구멍〉

한 남자가 배를 가지고 있었다. 여름 내내 잘 타고 놀다가 보관하려고 끌어올렸더니 밑에 작은 구멍이 뚫려있었다. 남자는 일단 보관했다가 돌아오는 봄에 수리하리라 생각하고 일단 페인트칠만 해두기로 했다. 이듬해 봄, 그의 두 아들이 배를 타고 호수에 나갔다. 겨우내 구멍을 까맣게 잊고 있던 그는 퍼뜩 생각이 나서 다급하게 호숫가로 달려갔다. 다행히 아이들은 무사했다. 배 밑을 살펴본 그는 깜짝 놀랐다. 누군가 구멍을 막아둔 것이다. 구멍을 발견한 페인트공이 내친 김에 수리를 했던 것이다.

〈타로카드 질문〉

한가로워 보이는 카드를 고르셨군요. 카드에서 무엇이 보이시나요?
네, 곰 한마리가 산기슭을 어슬렁거리고 있습니다. 계절은 일 년 중 언
제쯤일까요? 곰의 덩치는 큰 편인가요? 작은 편인가요? 곰은 무엇을
하려고 하는 중일까요?

〈타로카드 설명〉

날씨가 추워지자 곰들이 겨울잠을 잘 채비를 했습니다. 아직 겨울을
지낸 적이 없는 어린 곰은 적당히 배가 부르자 겨울잠에 들어가려고

했습니다. 경험이 많은 곰들이 겨울은 아주 기니까 배가 부르더라도 더 먹으라고 권합니다. 그러나 어린 곰은 배부른데 어떻게 억지로 더 먹냐며 기어이 겨울잠에 들어갔습니다. 얼마 후 배가 고파서 눈을 떠보니 아직 한겨울이었습니다. 날씨는 점점 추워지고 배는 고파옵니다. 나가서 먹잇감을 구하려고 동굴을 나섰지만 하얀 눈밖에 없었습니다. 결국 어린 곰은 추위 속에서 굶어 죽고 말았습니다.

〈고객과의 접점〉

준비를 철저히 하면 걱정이 없습니다. 사하라 사막 250㎞ 마라톤은 생각보다 낙오자가 적습니다. 그만큼 준비를 철저하게 합니다. 저는 사막에 가기 전 배낭 싸는 연습을 한 달 동안 했습니다. 가장 가벼우면서 부피가 작고, 열량이 높은 것 위주로 배낭을 꾸려야 낙오하지 않습니다.

〈스토리카드 연결〉

인생은 사막을 건너는 것보다 더 힘들 수 있습니다. 여러분은 사막 같은 인생을 위해 어떤 준비를 하고 있나요? 야생 동물들도 철저한 준비를 해야 살아남을 수 있습니다.

〈폭포 위의 오리〉

캐나다에 서식하는 수십 만 마리의 야생오리들은 겨울철이 되면 추위를 피해 남쪽으로 이동합니다. 오리들이 쉬어 가는 곳은 나이아가라 강입니다. 오리들은 호수처럼 평온한 강에서 재잘거리기도 하고, 먹이를 찾기도 하고, 잠을 자기도 합니다. 그러나 그 평온함 속에는 무서운 함정이 있습니다. 강 하류에 나이아가라 폭포가 있는데, 그곳의 급류는 걷잡을 수 없을 정도로 거셉니다. 폭포는 거대한 입을 벌린 채 오리들을 노리고 있습니다. 오리들이 그것을 간파하고 날아오르려 할 때는 이미 늦습니다. 방심한 오리들은 거센 폭포의 제물이 됩니다.

〈보험으로 연결〉

오리가 잔잔한 호수에만 있을 수 없는 것처럼 인생을 살다 보면 어떤 폭포를 만날지 모릅니다. 편안하다고 느낄 때 미리 위험에 대비해야 합니다. 30대 여성들에게 종신보험은 홀로 남을 자신을 위한 최선의 안전장치입니다. 보험에 투자하는 것은 보험료 전체가 아니라 이자 정도에 불과합니다. 종신보험은 인생이 물살에 떠내려가는 것을 막아주는 그물입니다.

〈조기은퇴를 위한 자금확보〉

파이어족을 꿈꾸는 30대 여자의 사례다. 남편은 부모가 가입해 준 저렴한 종신보험이 있었다. 아내는 극단적으로 저축을 해서 빨리 은퇴해야 되기 때문에 보험료까지 아껴서 저축하려고 했다. 그래서 조기은퇴 후 안전하고 행복한 삶을 살려면 종신보험이 필요하다는 것을 상기시켰다.

종신보험은 가장 확실하게 은퇴자금을 확보할 수 있는 방법이다. 종신보험은 납입면제 기능이 있고 30대는 사망보장 코스트가 낮기 때문에 환급률이 높다. 중간의 환급률보다 은퇴시점의 확실한 자금이 중요하다면 저해지 환급형을 선택하면 더욱 큰 목돈을 마련할 수 있다.

목돈을 마련해서 조기 은퇴를 실현하더라도 끝이 아니다. 만약의 사태에 대비해서 의료비에 대한 대비는 해야 한다. 의료비는 늦게 준비할수록 부담이 점점 늘어난다. 의료비 리스크를 커버하는 데 가장 효율적인 것이 종신보험이다. 무작정 조기은퇴를 꿈꾸고 일만 하면 건강을 해칠 수 있고 결국 가족들에게 큰 부담을 줄 수도 있다.

기본적인 안전장치만 해도 마음의 여유를 찾을 수 있고 최악의 경우에도 가족을 보호할 수 있다. 아내는 필요성은 공감했지만 보험료는 최소로 요구하길래 정기보험과 종신보험을 설명했다. 정기보험은 저렴한데 소멸되어서 싫고, 종신보험은 좋은데 보험료가 비싸서 싫다고 했다. 둘을 절충해서 주계약 5천만 원에 정기특약 5천만 원으로 종신보험 1억 원에 가입했다.

〈23전 23승〉

이순신 장군이 압도적인 전력차를 극복하고 왜군을 물리친 비결은 철저한 준비성이었다. 이순신은 전라좌수사로 임명되자마자 왜적의 침략에 치밀하게 대비했다. 무기력한 군령을 엄하게 정비하고 무기, 군량미, 병력 등을 최대한 확보했다. 거북선을 건조하고 함포 개발과 전술 훈련부터 지형, 지세, 물길 특성까지 세밀하게 파악했다. 23전 23승의 기적은 거저 얻은 것이 아니다. 철저한 준비로 쟁취한 것이다.

64

버림받은 늑대개

〈고래상어〉

할머니와 손자가 TV에서 동물 다큐멘터리를 보는데 커다란 바다생물이 나왔다. 덩치는 고래만한데 생김새는 상어였다. "저게 고래여? 상어여?" 그 말에 대꾸라도 하듯 내레이터가 말했다. "저것은 고래상어다." 어중간하게 살면 사람들의 오해를 받기 십상이다. 입장을 분명하게 정하는 것이 좋다.

〈타로카드 질문〉

왠지 쓸쓸해 보이는 카드를 고르셨군요. 카드에서 무엇이 보이시나요? 네, 동물 한 마리가 허허벌판을 배회하고 있습니다. 이 동물의 정

체는 늑대일까요, 개일까요? 아니면 여우일까요? 이 동물은 왜 들판을 외롭게 떠돌고 있을까요?

〈타로카드 설명〉

늑대개 한 마리에게 정체성의 혼란이 왔습니다. 자신이 늑대인지 개인지 부모에게 물어보았지만 답을 얻지 못했습니다. 몰래 무리를 빠져나온 늑대개는 마을로 내려가서 개를 만나려고 했습니다. 그러나 개들은 사납게 짖어서 늑대개를 쫓았습니다. 다음으로 늑대무리를 찾아갔지만 늑대들은 개인 줄 알고 공격했습니다. 겨우 도망쳐서 결국 원래의 늑대개 무리로 돌아왔지만 이번에는 배신자라며 쫓겨났습니다. 처음부터 한 곳에 가만히 있었으면 좋았을 텐데 괜히 여기저기 기웃거리다가 혼자가 되었습니다.

〈고객과의 접점〉

흔히 40대를 '낀 세대'라고 말합니다. 가끔은 끼어있기 때문에 살아갈 힘을 얻기도 합니다. 북한산에서 산악 마라톤을 했을 때의 일입니다. 너무 힘들어서 중간에 포기하고 싶었는데 내가 포기하면 뒤에 오는 사람들이 길을 잃을 것 같았습니다. 앞사람만 보면서 꾸역꾸역 뛰었더니 결국 뒤에 오는 사람과 함께 완주할 수 있었습니다.

〈스토리카드 연결〉

한 부모는 열 자식을 키워도 열 자식은 한 부모를 못 모신다는 말이 있습니다. 자식 세대와 부모 세대에 낀 40대가 꼭 그렇습니다. 그래서일까요? 드라마에 등장하는 40대의 비애에 많은 사람들이 공감합니다.

〈불혹의 남자〉

　어떤 일에도 미혹되지 않는 나이가 40세인 '불혹(不惑)'이라고 합니다. 하지만 '불면 훅 날아가는 나이'라서 '불훅'이라는 우스갯소리도 있습니다. 직장에서는 한창 나이에 은퇴를 두려워해야 하는 예비 실업군입니다. 커 가는 아이들 교육비에 통장 잔액 들여다보기가 무섭고, 뭐든 인생의 마지막 배팅을 해야 한다는 강박감에 시달리는 나이가 바로 40대입니다. "20대 때 진보가 아니면 심장이 없는 것이고, 40대 때 보수가 아니면 뇌가 없는 것"이라는 처칠의 말이 있습니다. 40대는 새로운 삶에 도전하기보다는 현실에 안주하려는 경향이 많습니다.

<보험으로 연결>

40대는 중년(middle age)의 나이입니다. 직장에서는 상사와 부하 직원의 가운데(middle)에 끼어 있고 집 안에서는 아내와 자녀 가운데(middle)에 끼어 있습니다. 가장의 무거운 짐을 덜어줄 수 있는 것이 종신보험입니다. 40대는 종신보험을 준비할 수 있는 마지막 시기입니다.

<독신자를 위해 준비된 상품>

40대 남자의 사례다. 시골에 홀어머니가 농사를 짓고 있고, 위로는 결혼한 형이 있었다. 평소 홀어머니를 모시는 문제로 형과 갈등이 많았다. 결국 형이 모시고 생활비를 부담하는 조건으로 합의를 했다. 결혼할 생각도 없고 결혼하더라도 자녀는 낳지 않겠다고 결심했다. 결혼할 생각이 없기 때문에 종신보험이 필요 없다고 생각했다.

옛날 종신보험은 사망한 후에 받으니까 독신자에게 인기가 없었다. 요즘은 살아서 받는 종신보험이 배우자, 자녀의 역할을 하기 때문에 독신자에게 더욱 필요하다. 한참을 고민한 끝에 결국 어머니를 모시는 형을 수익자로 종신보험에 가입했다.

이 고객은 쭉 홀로 지내다 50대 초반에 결혼했다. 어머니는 돌아가시고 종신보험 수익자는 형에서 배우자로 바뀌었다. 중간에 끼어서 괴로운 40대에게 종신보험은 양쪽을 부드럽게 연결하는 도가니 역할을 한다. 종신보험이 있기에 화려하지는 않지만 행복한 삶을 살 수 있다.

〈건방진 새우젓 장수〉

옛날 시골에 어느 가난한 양반이 있었다. 집에 먹을 것이 떨어지자 돈을 빌려서 새우젓 장사를 시작했다. 양반 체면에 막상 새우젓을 팔려니까 "새우젓 사세요."라는 말이 차마 입에서 나오지 않았다. 한참을 고민 끝에 존댓말도 아니고, 반말도 아니고 어중간하게 "새우젓 사게, 새우젓 사게." 하고 외치고 다녔다. 동네 어른들이 그 소리를 듣고 "저런 버릇없는 새우젓 장수를 봤나." 하고 화를 내며 그를 쫓아냈다. 어중간하게 살면 누구에게도 인정받지 못한다.

65

기다리는 여자

〈인연은 돌고 돈다〉

"우연을 만든 게 내 첫 번째 실수. 우연을 인연으로 만든 게 내 두 번째 실수. 같잖은 충고로 인연을 운명으로 만든 게 내 세 번째 실수. 결정적으로 널 떠나보낸 게 내 마지막 실수." 영화 〈뷰티 인사이드〉에 나온 여자 주인공의 말이다. 여자 주인공 이수는 남자 주인공 우진과 지지고 볶고 헤어지는 과정을 반복한다. 그러다가 결국 돌고 돌아 다시 만난다.

〈타로카드 질문〉

고귀해 보이는 카드를 고르셨군요. 카드에서 무엇이 보이시나요?

네, 화려하게 차려입은 한 여인이 다소곳이 두 손을 모으고 서 있습니다. 또 무엇이 보이시나요? 여인의 뒤로는 긴 성벽이 끝없이 이어져 있습니다. 이 여인의 정체는 무엇일까요? 성 밖에서 무엇을 하고 있을까요?

〈타로카드 설명〉

혼기가 꽉 찬 여인이 신에게 배우자를 보내 달라고 기도했습니다. 꿈속에서 신이 마을 분수대 앞에서 기다리면 반드시 마음에 드는 남자가 지나갈 거라고 했습니다. 아가씨는 설레는 마음으로 분수대 앞에서 배우자를 기다렸습니다. 그러나 지나가는 남자 중에 마음에 드는 사람이 없었습니다. 재산이 많으면 키가 작고, 인물이 좋으면 가난하고, 재산도 많고 인물도 좋으면 성격이 나빴습니다. 그렇게 10년의 세월이 흘렀습니다. 여인은 그날 아침 분수대 앞에서 제일 먼저 만나는 사람과 결혼하겠다고 결심했습니다. 마침 한 남자를 만났습니다. 여인은 깜짝 놀랐습니다. 그는 10년 전 처음 만났던 바로 그 사람이었습니다.

〈고객과의 접점〉

매년 고등학교 동창들이 모여 송년회를 합니다. 그런데 해가 거듭될수록 참가자 수가 줄어들었습니다. 학창시절 이야기가 처음에는 향수도 불러일으키고 재미있었지만 반복되면 싫증이 납니다. 미래를 꿈꾸는 사람은 과거 이야기만 하는 친구와 보내는 시간이 아깝게 느껴집니다.

〈스토리카드 연결〉

타잔이 정글에서 나무넝쿨을 타고 앞으로 나아갈 수 있는 이유는 무엇일까요? 새로운 넝쿨을 잡기 위해 잡았던 넝쿨을 놓기 때문입니다. 양희은 씨 노래 중에도 비슷한 가사가 있습니다.

〈내 나이 마흔살에는〉

'붙잡고 싶었지/ 내 나이 마흔 살에는 다시 서른이 된다면/ 정말 날개 달고 날고 싶어/ 그 빛나는 젊음은 다시 올 수 없다는 것을 이제서야 알겠네/ 우린 언제나 모든 걸 떠난 뒤에야 아는 걸까/ 세월의 강 위로/ 띄워 보낸 내 슬픈 사랑의/ 내 작은 종이배 하나' - 양희은 〈내 나이 마흔 살에는〉 중에서

〈보험으로 연결〉

"20대에 예술가 아닌 사람 없고 40대에 현실주의자가 아닌 사람이 없다." 톨스토이의 말입니다. 40대 여자는 본인의 가치를 찾고 본인이 할 수 있는 무언가를 하려는 시기입니다. 본인의 가치를 보전할 수 있

는 좋은 방법이 종신보험입니다. 종신보험은 가장 확실하게 현실적 문제를 해결해 줍니다.

〈적은 보장은 큰 후회로 돌아온다〉

백마를 타고 오는 왕자를 기다리던 40대 여자의 사례다. 상조보험에 가입해 있었고 종신보험은 결혼하면 제대로 들겠다고 했다. 상조보험은 아파도 내야 하고 갑자기 사망해도 차액을 부담해야 가입 금액을 보장받을 수 있다. 종신보험의 가치는 상조보험과 비교할 수 없다고 설득한 끝에 종신보험 1천만 원에 가입했다.

종신보험은 아프면 납입면제가 된다. 한 번을 내고 사망해도 보장금액 전부를 지급받을 수 있다. 이 고객은 40대 후반에 평범한 남자와 결혼했지만 곧 위암에 걸려 위 전체를 절제해야 했다. 다행히 50% 장해를 인정받아 1천만 원 종신보험의 납입이 면제됐다. 하지만 직장을 그만두면서 경제적 어려움에 직면했다.

그제서야 처음부터 종신보험에 제대로 가입할 걸 하고 후회를 했다. 만약 그랬다면 납입면제로 보험료를 내지 않아도 되니까 무료로 평생을 지켜주는 든든한 보호막이 되었을 것이다. 건강할 때는 몰랐는데 아픈 상태에서 종신보험 설명을 들으니까 귀에 쏙쏙 들어온다고 했다.

죽을 고비를 넘긴 후에 느끼는 종신보험의 가치는 정말 크게 느껴진다. 결혼 전에는 특별히 돈을 쓸 곳이 없어서 3억 원 보장에 가입할 수도 있었다. 그때 1천만 원만 가입한 것이 너무 아쉽다고 했다. 지금은 남편에게 짐만 되는 것 같아서 미안해했다. 후회해도 시간을 돌릴 수는 없었다.

〈숨겨진 보석〉

사막을 걸어가는 사람이 있었다. 그때 갑자기 어디선가 한 목소리가 들려왔다. "돌멩이를 주워라. 그러면 당신은 내일 기뻐하면서도 후회할 것이다." 그 말을 듣고 길에 떨어진 돌멩이를 몇 개 주워 주머니에 넣었다. 다음 날 주머니를 확인해보니 돌멩이가 모두 다이아몬드로 바뀌어 있었다. 그는 뛸 듯이 기뻤다. 그러나 이내 좀 더 많은 돌멩이를 줍지 않은 것을 땅을 치며 후회했다. 처음에는 돌멩이처럼 보이던 보석. 그것이 바로 종신보험이다.

66

아홉 개의 금화

<돌아온 메아리>

인생이 고달팠던 사람이 산에 올라가서 소리를 질렀다. "나는 너를 싫어한다." 그랬더니 메아리가 돌아왔다. "나는 너를 싫어한다." 그는 놀라서 옆에 있던 사람에게 왜 산이 자신을 싫어하냐고 물었다. 옆 사람이 웃으며 말했다. "그럼 사랑한다고 말해보세요." 시킨 대로 했더니 메아리가 몇 번이나 되풀이하며 대답했다. "나는 너를 사랑한다.", "나는 너를 사랑한다.", "나는 너를 사랑한다."

<타로카드 질문>

화려해 보이는 카드를 고르셨군요. 카드에서 무엇이 보이시나요?

네, 보라색 옷을 차려입은 한 여인이 9개의 별과 함께 정원에 서 있습니다. 여인의 한쪽 손에는 새가 한 마리 앉아있습니다. 여인의 정체는 무엇일까요? 9개의 별은 무엇을 의미할까요? 여인은 왜 이러고 있을까요?

〈타로카드 설명〉

남편에게 많은 재산을 물려받은 여인이 주위의 어려운 사람들을 도와주었습니다. 자신은 다 떨어진 옷을 입으면서도 헐벗은 이웃에게는 옷을 사주었습니다. 오랜 기간 그렇게 베풀며 살다 보니 어느새 재산이 달랑 금화 10개만 남았습니다. 돈이 떨어지자 주변의 사람들이 하나

둘 떠났습니다. 그동안 고마웠다는 말조차 없었습니다. 여인은 문득 자신에게도 보상을 해줘야겠다는 생각이 들었습니다. 10개의 금화 중 1개를 팔아서 멋진 옷을 사서 입었습니다. 그리고 평소 좋아하던 새를 사서 데리고 다녔습니다. 그때부터 사람들의 시선이 달라졌습니다. 작은 것을 주어도 고마워했습니다.

〈고객과의 접점〉

자신을 사랑할 수 있어야 남도 진정으로 사랑할 수 있습니다. 자신을 사랑하는 가장 쉬운 방법은 맛있는 밥을 먹는 것입니다. 저도 예전에는 저렴한 것으로 대충 사 먹었습니다. 요즘은 고생한 저 자신을 대접한다는 생각으로 한 끼를 먹어도 제대로 먹습니다. 그럴 만한 자격은 있으니까요.

〈스토리카드 연결〉

수입의 10%는 자신을 위해 써야 합니다. 그래야 자신의 가치를 남들로부터 제대로 인정받습니다. 내가 내 편이 아닌데 누가 내 편이 되어 줄까요?

〈그 꽃〉

"내려갈 때 보았네 / 올라갈 때 못 본 / 그 꽃" 고은 시인의 〈그 꽃〉이라는 시입니다. 40대까지는 인생의 오르막길이라고 볼 수 있습니다. 목표를 향해 정신없이 달리다 보면 주변을 돌아볼 경황이 없습니다. 그러나 인생의 전반전을 넘어 내려가는 50대가 되면 올라갈 때 보지 못했던 다양한 꽃들을 볼 수 있습니다. 그것은 우리 주변에 피어있던 가족, 사랑, 일상이라는 이름의 꽃입니다.

〈보험으로 연결〉

주변의 꽃을 감상하다 보면 자신도 꽃이라는 사실을 잊기 쉽습니다.

특히 50대 여자는 가족의 행복에만 신경을 쓰다가 정작 자신의 행복은 등한시합니다. 50대에 자신을 어떻게 대하느냐에 따라 이후의 삶이 결정됩니다. 50대 여자들의 안정적인 삶을 보장해 주는 것은 가족이 아니라 종신보험입니다. 그렇게 준비한 종신보험이 결국 가족까지 보호합니다.

〈보장은 두 배로 부담은 반으로〉

50대 엄마를 종신보험에 가입시킨 30대 딸의 사례다. 종신보험을 유지 중인 딸에게 엄마도 종신보험 가입이 가능하다고 했다. 나이 많은 부모는 자식들에게 부담을 주기 싫어서 걱정하고, 자식들은 부모님이 아프시면 어쩌나 걱정한다. 양쪽의 걱정을 동시에 해결하는 방법이 종신보험이다.

그러나 엄마는 딸에게 부담을 주어서 싫다고 했다. 그래서 이렇게 말했다. "오히려 어머니께서 종신보험에 가입하지 않는 것이 딸에게 부담을 주는 것입니다. 따님의 마음이 얼마나 불안하겠어요? 어머니께서 건강하게 장수 하신 후 사망하셔도 딸은 납입액 이상을 보험금으로 받으니 절대로 손해를 보지 않습니다."

어머니는 중간에 딸에게 무슨 일이 생기면 치료비와 보험료를 어떻게 부담하냐고 걱정했다. 그때는 종신보험이 커버를 해준다고 대답했다. 50% 이상 장해상태가 되면 보험료 납입면제로 보험료 문제가 해결된다. 회복할 수 없는 병에 걸리면 여명급부로 보장금액을 미리 받아서 병원비를 해결할 수 있다.

처음에는 부담되지 않게 작게 해달라고 해서 일단 3천만 원을 설계했다. 그러나 아무리 생각해도 3천만 원은 보장이 너무 작다고 5천만 원으로 가입하고 2천만 원에 해당하는 보험료는 엄마가 부담하겠다고 했다. 종신보험 5천만 원에 가입하니까 자녀들에게도 떳떳하고 본인의 가치가 올라간 것 같아서 든든하다고 했다.

〈세상에서 가장 어려운 일〉

누군가 그리스 철학의 대가 탈레스에게 물었다. "이 세상에서 가장 어려운 일이 무엇입니까?" 탈레스가 대답했다. "자신을 아는 일입니다." 그러자 그가 다시 물었다. "그럼 가장 쉬운 일은 무엇입니까?" 탈레스가 대답했다. "남 이야기를 하는 것입니다." 어쩌면 남을 사랑하는 것보다 더 어려운 일이 자기 자신을 사랑하는 것인지도 모른다.

67

비가 된 바닷물

〈인생 이모작〉

인생 이모작이란 표현 들어보았는가? 원래 이모작이란 같은 땅에서 1년에 종류가 다른 농작물을 두 번 심어 거두는 것을 뜻한다. 생물학자 최재천 교수는 100세 시대에도 이모작이 필요하다고 주장한다. 젊은 시절부터 장년까지의 사회생활이 인생의 첫 수확이라면, 아직 힘이 있는 건강한 노년기에도 두 번째 수확을 해야 한다. 은퇴는 END가 아니라 AND다.

〈타로카드 질문〉

시원해 보이는 카드를 고르셨군요. 카드에서 무엇이 보이시나요?

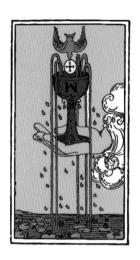

네, 잔에서 물이 분수처럼 흘러넘치는 것이 보입니다. 그 잔을 구름에서 나온 손이 받치고 있습니다. 아래로는 연못이나 바다가 보입니다. 물은 어디서 와서 어디로 가는 것일까요? 저 손은 누구의 손일까요?

〈타로카드 설명〉

나뭇잎에 떨어진 빗방울이 긴 여행을 시작했습니다. 계곡을 지나 시냇물이 되고 강을 거쳐 마침내 바다에 도착했습니다. 목적지에 도달하면 끝인 줄 알았는데 그것은 착각이었습니다. 신의 손이 바닷물을 퍼서 계속 하늘로 날랐습니다. 바닷물은 수증기가 되어 다시 하늘로 올라갔습니다. 하늘로 올라가 구름이 된 바닷물은 다시 빗방울이 되어

나뭇잎에 떨어졌습니다.

〈고객과의 접점〉

'환갑'이란 60갑자를 다 지내고 다시 낳은 해의 간지(干支)가 돌아왔다는 뜻으로 만 60세를 가리키는 말입니다. 빗방울이 돌고 돌듯이 우리의 인생도 돌고 돕니다. 불교에서는 이를 윤회라고 합니다.

〈스토리카드 연결〉

인생이 연극이라면 우리의 인생은 3막으로 구성되어 있습니다. 우리가 태어나서 학교를 졸업할 때까지가 1막입니다. 사회에 나가 은퇴를 할 때까지가 2막입니다. 은퇴를 하고 눈을 감을 때까지가 3막입니다. 3막이 끝나면 정말로 끝일까요? 아닙니다. 곧바로 다음 연극을 준비해야 합니다. 다음 연극의 주인공은 우리의 자녀입니다.

〈환골탈태〉

솔개는 70년을 삽니다. 그러나 40살이 되면 먹이를 찢는 부리가 약

해져서 더는 사냥을 할 수 없습니다. 그럴 때 솔개는 산의 정상에 올라가서 절벽에 머리를 부딪쳐 조각난 부리를 떨쳐버리고 다시 자라나는 튼튼한 새 부리를 얻습니다. 이렇게 '환골탈태'한 솔개는 30년을 더 살 수 있습니다. 사람도 마찬가지입니다. 60대에 은퇴하여 아무것도 하지 않으면 무기력하게 도태될 뿐입니다. 그러나 솔개와 같은 굳은 마음으로 환골탈태하면 새로운 힘을 얻고 다시 한 번 날아오를 수 있습니다.

〈보험으로 연결〉

60대는 보험을 정리할 때가 아니라 다시 시작해야 할 때입니다. 80세납을 목표로 종신보험에 가입하면 보험료 부담이 적습니다. 보험료를 납입하려고 계속 일을 하게 됩니다. 인생이라는 밭에서 또 한 번의 수확을 거둘 수 있습니다.

〈인생에는 은퇴가 없다〉

은행에서 퇴직한 61세 아내와 학원강사를 퇴직한 65세 남편의 사례다. 아내는 종신보험 1억 원을, 남편은 7천만 원을 유지하고 있었다. 아내는 몇 년 후 매월 150만 원 이상의 국민연금을 받게 되고 남편은 이미 매달 60만 원을 받고 있었다.

남편은 국민연금 보험료를 간헐적으로 적게 냈기 때문에 연금 수령액이 적었다. 막내가 대학교 2학년이라 아직 돈 들어갈 일이 많았다. 노후준비가 부족한 남편은 다시 일거리를 찾고 있었다. 100세 시대에 아무 일을 하지 않고 남은 30년 이상을 버틸 수는 없다. 그러나 한번 은퇴한 남편이 일을 찾기는 쉽지 않았다. 종신보험 1억 원을 채우기 위해서 3천만 원 증액했으면 하는데 보험료가 부담스러웠다. 자녀의 결혼과 교육비 지출이 우선순위였다.

나는 종신보험에 가입하면 취업이 쉬워질 것이라고 말해주었다. 실제로 실직자가 종신보험 가입 후 일을 구한 경우가 많다. 보험료를 납입해야 하면 일을 찾는 자세가 달라진다. 어렵거나 보수가 적더라도 일단 일을 시작한다. 그리고 후에 좀 더 좋은 조건으로 옮겨가는 식으로 새로운 경력을 쌓는다.

내 말에 충분히 공감한 아내가 일단 종신보험부터 가입하고 일을 찾으라고 했다. 일을 찾을 때까지는 자신의 연금으로 보험료를 납입해주겠다고 했다. 결국 종신보험 3천만 원을 증액하면서 일자리도 찾고 덤으로 삶의 활력과 건강도 되찾을 수 있었다.

〈제2의 전성기〉

요즘 개그맨 허경환이 닭가슴살 브랜드 '허닭'으로 제2의 전성기를 누리고 있다. 그는 한때 동업자에게 사기를 당해서 결혼 적령기에 30억 빚에 허덕이기도 했다. 지금은 연매출 600억 원의 탄탄한 기업 대표로 승승장구하고 있다. 만약 그가 개그맨으로 은퇴했다면 지금과 같은 성공은 기대하기 힘들었을 것이다. 인생에 전성기는 한 번만 오는 것이 아니다. 노력에 따라 제 2, 제3의 전성기도 얼마든지 올 수 있다.

68

할아버지의 꿈

〈101세의 전시회〉

'미국의 샤갈'이라 불리는 해리 리버만은 76세 때 미술을 처음 시작했다. 어느 날 요양원에서 평소 체스를 같이 두던 상대가 오지 않았다. 시간을 때우려고 그림을 끼적거리다 뜻밖의 소질을 발견했다. 81세부터 본격적으로 그림을 배운 그는 독특한 기독교적인 색채와 몽환적인 분위기로 호평을 받았다. 그 후 101세까지 22번의 개인 전시회를 열었다. 꿈을 이루기에 너무 늦은 나이는 없다.

〈타로카드 질문〉

웅장해 보이는 카드를 고르셨군요. 카드에서 무엇이 보이시나요?

네, 히말라야를 연상케 하는 거대한 산이 솟아있습니다. 주변에 있는 산들이 언덕처럼 보일 징도입니다. 이 산은 어떤 산일까요? 이 산에 올라가는 사람은 어떤 사람일까요? 그는 왜 목숨을 걸고 산에 오르는 것일까요?

〈타로카드 설명〉

　70세가 넘은 할아버지가 젊은 사람들도 힘들어하는 가파른 설산을 오르겠다고 했습니다. 사람들은 왜 위험하게 산을 오르려고 하느냐고 물었습니다. 할아버지는 소중한 보물을 정상에 묻어 놓았기 때문에 그것을 찾으러 가야 한다고 대답했습니다. 할 수 없이 힘 좋은 젊은이들이 할아버지를 도와서 정상에 올랐습니다. 그러나 정상에는 어떤 보물도 없었습니다. 사람들이 화를 내자 할아버지가 말했습니다. "이 산에 오르고 싶었던 젊은 날의 꿈이 바로 보물일세."

〈고객과의 접점〉

진정한 보물은 자기 안에 숨어 있습니다. 제가 가슴속에 간직한 보물은 우주입니다. 지구에서는 히말라야, 사하라, 남극, 북극을 다 다녀왔습니다. 이제는 우주밖에 남지 않았습니다. 미래에 우주선에서 지구를 바라보는 것이 제 꿈이고 보물입니다.

〈스토리카드 연결〉

시바타 도요가 150만 부의 판매를 기록한 시집 《약해지지 마》를 출간했을 때 그의 나이는 99세였습니다. 누구나 가슴 속에는 이루고 싶은 꿈의 리스트가 있습니다.

〈버킷 리스트〉

영화 〈버킷 리스트〉에는 6개월 시한부 삶을 선고받은 두 남자가 등장합니다. 두 남자는 죽기 전에 하고 싶은 일들을 하나씩 실행해 나갑니다. 평생을 자동차 밑에서 수리공으로 살아온 카터 챔버스(모건 프리먼)와 재벌 사업가인 에드워드 콜(잭 니컬슨)은 어느 날 중환자실에서 만납니다. 죽이 잘 맞은 두 사람은 의기투합해서 버킷 리스트를 들고 병원을 뛰쳐나갑니다. 그러고는 3개월 동안 스카이 다이빙하기, 문신하기, 아프리카 초원에서 사냥하기, 세상에서 가장 아름다운 사람과 키스하기, 모르는 사람 도와주기, 눈물이 날 때까지 웃어 보기 등을 하면서 후회 없는 나날을 보냅니다.

〈보험으로 연결〉

70대는 쉬어야 할 시기가 아니라 잘 죽기 위해 새로운 삶을 시작해야 하는 시기입니다. 삶이 이어지는 한 종신보험도 이어져야 합니다. 종신보험의 밧줄이 나를 지켜주기 때문에 죽는 날 까지 마음껏 절벽 아래로 뛰어내릴 수 있습니다. 종신보험은 잘 죽는 것을 도와줍니다. 잘 죽어야 잘 산 것입니다.

〈상조보험보다 나은 종신보험〉

보험에 관심이 많은 70세 할머니의 사례다. 70세까지 보장되는 3천만 원 암보험은 본인이 가입했고, 80세까지 보장되는 1억 원 암보험은 자녀들이 돈을 모아서 가입해 주었다. 70세로 끝난 암보장은 속은 것 같은 허전함이 느껴진다고 했다. 남은 1억 원 암보장도 80세납이 끝나면 비슷한 느낌일 것 같다고 했다.

80세 보장은 고액암 1억 원, 일반암 5천만 원 보장이다. 아버지가 대장암으로 고생하다 돌아가신 가족력이 있었다. 방송에서는 암이 가장 위험하다고 떠들었다. 가족들도 암에 걸릴 확률이 높다고 걱정했다. 그런데 반복해서 들을수록 암 말고 다른 것이 걸릴 것 같아서 불안해했다. 적은 금액이라도 확실한 보장을 받고 싶어 했다.

종신보험은 원인과 이유를 묻지 않고 평생을 보장 받는 보험이다. 설혹 암을 비껴가더라도 확실하게 보장받을 수 있다. 결국 할머니는 기존 암보험과 별도로 종신보험 2천만 원에 가입했다. 보험료는 상조보험보다 비쌌지만 여러 가지 유리한 점이 많다고 좋아하셨다.

〈꿈을 이루는 나이다〉

저와 사하라 사막 마라톤에 같이 참가했던 형님은 당시 71세였다. 35년 동안 철도기관사로 근무한 후 은퇴했는데 퇴직금은 모두 아내에게 주었다. 본인은 막노동으로 돈을 벌어 해외봉사와 하고 싶은 일을 하며 살고 있다. 꿈을 이루는데 시간제한은 있어도 나이 제한은 없다. 꿈을 이루는 것은 '나이'가 아니라 '나'이다.

69

두 명의 나무꾼

〈천생연분〉

한 노인 부부가 텔레비전에 출연해서 숨겨진 말 찾기 게임에 참가했다. 숨겨진 말은 '천생연분'이었다. 할아버지가 할머니에게 물었다. "임자하고 나와 같은 사이를 뭐라고 하지?" 할머니가 바로 대답했다. "웬수!" 당황한 할아버지가 말을 더듬었다. "아, 아니, 그런 거 말고, 4 글자로 말해봐." 그러자 할머니가 또박또박 발음에 힘을 주어 말했다. "평!생!웬!수!"

〈타로카드 질문〉

토속적으로 보이는 카드를 고르셨군요. 카드에서 무엇이 보이시나

요? 네, 묶어놓은 나뭇단 하나와 기다란 낫이 보입니다. 이 나뭇단은 누가 해 온 것일까요? 낫의 주인은 누구일까요? 나뭇짐을 어떤 용도로 쓰려고 하는 것일까요?

〈타로카드 설명〉

두 명의 총각 나무꾼이 살고 있었습니다. 둘 다 외롭다 보니 빨리 장가를 가고 싶어 했습니다. 나무를 하러 가면 한 나무꾼은 딱 혼자 살기에 필요한 만큼의 나무만 지고 왔습니다. 그런데 다른 나무꾼은 자기에게 필요한 나무의 두 배를 지고 왔습니다. 두 배의 나무를 지고 온 총각은 주변 사람들에게 아낌없이 나무를 나누어 주었습니다. 그런 총각을 좋게 본 사람들이 앞다퉈 색시를 소개해줘서 곧 장가를 갔습니다. 그러나 딱 자기에게 필요한 나무만 해 온 총각은 평생 혼자 살다가 늙어 죽었습니다.

〈고객과의 접점〉

짚신도 짝이 있다는 말이 있습니다. 외출할 때 신발이 한 짝만 있으면 어떻게 하시나요? 다른 한 짝을 어떻게든 찾으려 합니다. 짝을 찾지 못하면 원래 있던 한 짝도 쓸모가 없습니다.

〈스토리카드 연결〉

다 자란 성인이 결혼하지 않는 것은 사회적으로 큰 손실입니다. 뿐만 아니라 어서 자식을 독립시키고 싶은 부모에게 짐을 미루는 것이기도 합니다. 늙은 부모에게는 그 짐이 무겁습니다. 그래서 옛날에는 마을에 노총각, 노처녀가 있으면 나라가 발 벗고 나섰습니다.

〈노총각의 비애〉

　　남녀 초혼의 평균연령이 30세를 넘어선 지 오래됐습니다. 그러나 조
선 시대의 초혼 연령은 남자 15세, 여자 14세에 불과했습니다. 조선 시
대에는 노총각 노처녀가 시집을 못 가면 그 가장을 중죄로 다스릴 정
도로 결혼 문제에 민감했습니다. 나아가 고을의 관리에게 책임을 묻기
도 했습니다. 남녀가 때가 차면 가정을 이루는 것이 자연의 순리인데
그렇지 못하면 음양의 기운이 상하게 되어 나라에 온갖 문제를 초래한
다는 것이었습니다. 집안 형편이 넉넉지 못할 때는 관아에서 결혼자금
을 지원해 주기도 했습니다.

〈보험으로 연결〉

혼자 산다고 해도 부모님이 돌아가시면 보호자가 없으니 스스로 안전장치를 마련해야 합니다. 배우자처럼 노총각을 지켜주는 시스템이 종신보험입니다. 때로는 가족에게 넘어가는 부담을 막아주는 방파제가 되기도 합니다.

〈혼수대신 종신보험〉

30대 후반 노총각의 사례다. 자녀가 있는 고객인 친구의 소개로 만났는데 경기도 소재 공단에서 기술직으로 일하고 있었다. 농담 삼아 결혼만 시켜준다면 종신보험에 가입하겠다고 했는데 순서를 바꿔서 종신보험에 먼저 가입해야 결혼을 빨리 할 수 있다고 말해 주었다. 실제로도 결혼식장을 먼저 예약해 놓으면 배우자를 만날 확률이 높아진다.

요즘 종신보험증서는 중요한 혼수 목록이다. 결혼을 언젠가 할 거라면 혼수목록부터 준비해야 한다. 결혼에 어울리는 준비를 갖추어야 결혼 가능성이 높아진다. 나중에 자녀들이 생기면 가장으로서의 책임 때문에라도 종신보험에 가입해야 한다. 결혼을 해서 가장이 되는 것이 아니라, 가장이 되어야 결혼을 할 수 있다.

그 후로도 몇 번 만나서 결혼과 종신보험을 연관 지어서 설명했다. 결혼이 늦어지면 종신보험의 가입조건이 불리해진다. 미리 종신보험에 가입하는 것이 유리했다. 아니나 다를까 종신보험에 가입한 후 얼마 지나지 않아서 결혼에 성공했다. 배우자도 종신보험에 가입했다.

종신보험에 가입하니까 여자를 만날 때 자신감도 생긴다고 했다. 그런 자신감이 상대에게도 믿음을 준 것 같았다. 다행히 결혼에 성공했지만 꼭 그게 아니더라도 종신보험에 가입한 것이 후회되지 않는다고 했다. 살아서 자신이 받을 수 있고 환급금을 활용할 수도 있어서 또 하나의 가족과 마찬가지였다.

〈한 쌍의 비익조〉

중국의 전설적인 지리서 〈산해경〉을 보면 비익조라는 새가 등장한다. 비익조는 태어날 때부터 한쪽 날개밖에 없었다. 그래서 하늘을 날지 못하고 땅에 떨어진 부스러기만 주워 먹어야 했다. 그런데 어느 날, 비익조는 자기와 똑같이 한쪽 날개만 가진 새를 발견했다. 서로를 운명이라고 알아본 두 마리의 비익조는 힘을 합쳐 온전한 날개로 힘껏 하늘을 날아올랐다.

70

한겨울에 핀 꽃

〈불 타버린 집〉

한 어부가 바다에 고기를 잡으러 갔다. 그런데 갑자기 폭풍우가 몰아쳐서 방향을 잃었다. 그때 저쪽에서 작은 불빛 하나가 보이더니 점점 밝아졌다. 어부는 불빛을 향해 사력을 다해 노를 저어 가까스로 살아서 돌아왔다. 집으로 돌아와 보니 집이 홀랑 불타버렸다고 아내가 울먹였다. 그러자 어부는 기뻐서 춤을 추며 말했다. "집이 불타는 바람에 그 빛을 보고 내가 살아서 돌아올 수 있었지 뭐요! 집이야 다시 지으면 되지 않소?"

〈타로카드 질문〉

〈타로카드 질문〉

어두워 보이는 카드를 고르셨군요. 카드에서 무엇이 보이시나요?
네, 한 여인이 서서 편지를 읽고 있습니다. 여기는 어디일까요? 여인의
정체는 무엇일까요? 편지에는 어떤 내용이 적혀있을까요?

〈타로카드 설명〉

천사처럼 착한 왕비가 있었습니다. 백성들이 추워하면 같이 추워하
고 배고프면 자기 음식을 나눠주었습니다. 그러던 어느 날 왕비가 몹
쓸 병에 걸려서 사경을 헤맸습니다. 백성들은 용한 무당에게 어떻게

하면 왕비의 병이 나을지 물어보았습니다. 무당은 궁궐 정원에 1천 송이의 꽃이 피면 병이 나을 수 있다고 말했습니다. 한겨울에 1천 송이의 꽃이 필 리가 없었습니다. 그런데 기적이 일어났습니다. 얼마 지나지 않아 궁궐 정원에 수천 송이의 장미꽃이 피어 있었습니다. 그런데 생화가 아니라 헝겊으로 된 조화였습니다. 왕비의 은혜를 입은 백성들이 자기가 입고 있던 옷으로 꽃을 만들어 던졌던 것입니다. 백성들의 사랑에 감동한 왕비는 점차 건강을 되찾았습니다.

〈고객과의 접점〉

뿌린 대로 거둡니다. 제가 어렸을 때 아버지는 보따리장수가 마을에 오면 따뜻한 밥을 먹여주고 재워 주었습니다. 가난한 살림이었지만 아버지 덕에 사람을 진심으로 대하는 법을 배웠습니다. 그 덕에 지금의 제가 먹고살고 있습니다.

〈스토리카드 연결〉

인간은 누구나 부모에게 갚을 수 없는 빚을 지고 살아갑니다. 고아도 마찬가지입니다. 그가 무사히 성장할 수 있었던 이유는 누군가 부모의 역할을 대신해서 그를 돌보아주었기 때문입니다. 그것은 친척일

수도, 이웃일수도, 나아가 국가일수도 있습니다.

<성공한 고아들>

　스위스의 심리학자 폴 트루니에가 세계사에 큰 영향을 미친 300명을 조사한 결과 그들 대부분이 고아 출신이라는 사실을 발견했습니다. 알렉산더, 줄리어스 시저, 로베스피에르, 조지 워싱턴, 나폴레옹, 빅토리아 여왕, 골다 메이어 수상은 모두 고아 출신이었습니다. 실제로 어릴 때 부모를 잃은 진짜 고아들이거나, 아니면 심리적 박탈감을 느꼈던 정서적 고아들이었습니다. 고통이 있다고 반드시 성숙하거나 창조성을 얻는 것은 아닙니다. 하지만 창조적인 삶을 살기 위해서는 반드시 고통이 필요합니다.

〈보험으로 연결〉

아리스토텔레스가 말했듯이 인간은 사회적 동물입니다. 세상에 진짜 고아는 없습니다. 고아 역시 누군가의 도움으로 지금까지 살아왔습니다. 앞으로 그 도움에 보답은 못 하더라도 최소한 피해는 주지 말아야 합니다. 그러기 위해서는 종신보험이 필요합니다.

〈세상에 혼자는 없다〉

부모님이 일찍 돌아가셔서 실질적으로 고아가 된 30대 남자의 사례다. 명절에 매스컴에서 가족을 방문하는 장면을 보면 자신은 어디에도 갈 곳이 없는 고아임을 실감한다고 했다. 그래서 부모 대신 기댈 수 있는 경제적 울타리로 종신보험에 가입했다.

가족이 없으면 외롭지만 반대로 자유롭다는 장점도 있다. 가족 간에 분쟁이 생기면 남보다 더 험한 일을 당하기도 한다. 주위를 둘러보면 가족을 울타리로 생각하는 사람도 있지만 짐으로 생각하는 경우도 있어서 위안을 삼는다고 했다.

누구나 언젠가 혼자 떠나야 하는 것이 인생이다. 없는 가족을 부러워할 것이 아니라 가족처럼 지낼 사람이나 시스템을 만들면 된다. 종신보험은 간섭은 하지 않으면서 경제적인 도움은 주는 편리한 가족과 같다. 시한부 판정을 받거나 장기이식수술을 받으면 정상적인 경제활동을 할 때까지 여명급부를 통해 사망 보험금을 미리 선지급 받을 수 있다.

가족이라 하더라도 경제적인 도움을 주는 데는 한계가 있다. 종신보험은 정상적으로 경제활동을 하면서 납입 보험료를 모아 놓았다가 나중에 연금이나 의료비 통장으로 활용할 수 있다. 가족을 맞이하려면 가족을 맞을 준비를 해야 한다. 어떤 일이 있어도 가족을 책임질 수 있는 시스템이 바로 종신보험이다.

〈코끼리 들어온 집〉

지난 2005년 4월 20일 어린이대공원에서 탈출한 코끼리 3마리가 한 식당에 난입했다. 식당은 코끼리 떼에게 짓밟혀 문과 집기가 부서지는 등 큰 피해를 입었다. 그러나 이 식당은 이 기회를 그냥 내버려 두지 않았다. 피해 보상금으로 리모델링 작업을 하고, 간판을 '코끼리가 들어온 집'이라고 바꾸었다. 그러자 뉴스를 보고 찾아 온 손님들이 줄을 이었다. 부모가 없거나 가정 형편이 안 좋은 것은 팔자다. 그러나 화를 복으로 바꾸는 것은 본인의 의지다.

제8장

타로
스토리 카드
71~80

100

STORY RECIPE 100

일곱 개의 금화

〈경험을 쌓는 법〉

정년이 된 은행장이 명예롭게 퇴임을 하게 되었다. 후임이 물었다. "선배님의 놀라운 업무수행의 비결은 어디에 있습니까?" 그러자 은행장이 말했다. "올바른 결정이 제일 중요하다네" 후배가 다시 물었다. "올바른 결정은 어떻게 내립니까?" 은행장이 대답했다. "경험을 쌓아야지." 후배가 또 다시 질문했다. "어떻게 경험을 쌓을 수 있습니까?" 은행장은 웃으며 말했다. "그야 실패를 해 보면 알지!"

〈타로카드 질문〉

난감해 보이는 카드를 고르셨군요. 카드에서 무엇이 보이시나요?

네, 한 남자가 흙더미 앞에서 삽을 짚고 서 있습니다. 얼굴에는 불만이 가득합니다. 옆에는 7개의 별이 굴러다닙니다. 이 남자의 정체는 무엇일까요? 흙에서 무엇을 찾는 중일까요? 7개의 별은 무엇을 의미할까요?

〈타로카드 설명〉

한 젊은이가 야산을 금광이라고 믿고 열심히 금을 캤습니다. 오랜 기간 쉬지 않고 일을 했지만, 금은 나오지 않았습니다. 주위 사람들이 제발 그만하라고 말렸지만 소용이 없었습니다. 산을 이룰 정도로 많은 흙이 쌓이고 나서야 젊은이는 삽질을 멈췄습니다. 화가 난 젊은이는 파낸 흙을 개울로 던졌습니다. 그때 흙 속에서 무언가 반짝이며 빛났습니다. 자세히 살펴보니 사금 알갱이가 무수히 흙 속에 섞여 있었습니다. 젊은이는 산처럼 쌓여 있는 흙에서 금을 채취하여 부자가 되었습니다. 그리고 금을 녹여서 기념으로 7개의 금화를 만들었습니다.

〈고객과의 접점〉

실패는 성공의 어머니라는 말이 있습니다. 세일즈 시작 초기에 만난 40대 중반의 여자분이 "왜 보험을 그렇게 무섭게 설명하세요?"라고 말하며 밖으로 나간 적이 있었습니다. 그분 덕분에 지금은 보험을 재미있게 설명하게 되었습니다.

〈스토리카드 연결〉

여러분들은 지금까지 얼마나 많은 실패를 하셨나요? 그런 실패를 모아서 전시한다면 어떤 느낌이 들까요? 외국에는 실패만 따로 모아 놓은 박물관이 있다고 합니다.

〈실패 박물관〉

　미국의 미시간 주 앤아버에는 '실패 박물관'(Museum of Product Failures)
이 있습니다. 정식 명칭은 '신제품 작업소'(New Product Works)인데, 그
곳에는 소비자들이 외면한 실패작이 무려 12만 점 넘게 전시되어 있습
니다. 입장료도 아주 비쌉니다. 그런데도 많은 사람, 특히 기업의 간부
들이 줄을 이어 찾습니다. 거기에는 그럴 만한 이유가 있습니다. 실패
의 경험을 통해 오히려 많은 것을 배울 수 있기 때문입니다. 실패 자체
는 쓴 경험이지만, 오히려 그것을 거울로 삼아 큰 성공을 거둘 수 있습
니다.

〈보험으로 연결〉

에디슨은 전구를 발명하기 전까지 1,200번이나 실패했습니다. 누군가 위로하면 이렇게 대답했습니다. "무슨 소리요? 나는 실패한 것이 아니라, 이렇게 하면 안 된다는 천 가지 방법을 배운 거예요." 신입사원은 아직 사회에 적응하는 단계입니다. 일찍 종신보험을 선택하면 유리한 조건으로 보장 기간이 길어집니다.

〈끝에 할 것을 미리 한 신입사원〉

20대 후반인 신입사원의 사례다. 실수가 많고 회사 생활이 힘들다고 했다. 원래 신입시절은 지뢰찾기 게임처럼 실수하면서 정답을 찾아가는 과정이다. 아직 젊어서 그런지 죽어서 가족이 받는 종신보험에는 관심이 없었다. 살아서 본인이 받는 보험이라고 설명했더니 나중에 생각해 보겠다고 했다.

그래서 25세 가입 시와 35세 가입 시를 같은 조건으로 비교해주었더니 금액 차이가 많이 났다. 언젠가 할 것이라면 지금 해야 한다고 설득했다. 10년 후에 가입하면 보험료는 높고 환급금은 적을뿐더러 건강 때문에 가입을 못할 수도 있었다. 대부분의 보험은 과거 것이 최근 것보다 유리하다.

종신보험은 보물처럼 시간이 지나면서 확실하게 가치가 증가한다. 일찍 가입한 종신보험의 주계약은 납입완료 시점에 납입액 수준의 환급금이 확보된다. 초반만 버티면 3년 후부터는 납입하는 금액만큼 쌓여간다. 다행히 고객이 예전에 보험의 혜택을 몇 번 받은 적이 있어서 보험에 호의적이었다.

자세한 설명을 듣더니 혜택 대비 저렴한 보험료, 살아서 받는 기능, 쌓이는 환급금을 확인하고 만족스러워 했다. 10년 후에 하는 것보다 하려면 지금 하는 것이 좋겠다고 판단해서 60세납 종신보험에 가입했다.

⟨Fail & End⟩

한 사람이 뉴욕의 거리에 나와 '실패(Fail)'에 대한 피켓을 들고 있었다. "F.A.I.L. is First Attempt In Learning." 실패란 배움을 위한 첫 번째 시도이다. 다음 날은 '마지막(End)'이라는 단어에 대한 피켓을 들고 나왔다. "E.N.D. is Effort Never Dies." 끝이란 결코 포기하지 않는 노력이다. 흔들리지 않고 피는 꽃은 없다. 실패를 경험해야 성공을 맛볼 수 있다.

72

싹이 난 지팡이

〈거장의 노력〉

세계적인 첼리스트 파블로 카잘스가 95세였을 때 기자가 물었다. "선생님께서는 역사상 가장 위대한 첼리스트로 손꼽히십니다. 그런 분께서 아직도 하루에 6시간씩 연습을 하시는 이유가 무엇입니까?" 카잘스는 활을 내려놓고 대답했다. "왜냐하면 저는 제가 지금도 조금씩 발전하고 있다고 믿기 때문입니다."

〈타로카드 질문〉

신비로워 보이는 카드를 고르셨군요. 카드에서 무엇이 보이시나요? 네, 구름에서 나타난 손이 나무 지팡이를 들고 있습니다. 그런데 신기

한 점이 보이시나요? 나무 지팡이에서 싹이 자라고 있습니다. 이 손은 누구의 손일까요? 나무 지팡이에서 싹이 자라는 이유는 무엇일까요? 나무 지팡이는 장차 어떻게 될까요?

〈타로카드 설명〉

평생 남을 도우면서 살아가는 노인이 있었습니다. 신은 그런 노인을 기특하게 여겨 한 가지 소원을 들어주기로 했습니다. 노인은 후손들이 잘살 수 있는 것을 선물로 달라고 했습니다. 신은 노인에게 나무 지팡이 하나를 선물로 주었습니다. 노인은 나무 지팡이를 뒤뜰에 정성껏 심었습니다. 시간이 지나 노인이 죽을 때가 되자 지팡이에서 싹이 나기 시작했습니다. 나무 지팡이는 나중에 큰 나무가 되고 맛있는 열매를 많이 맺었습니다. 후손들은 이를 팔아 큰 부자가 되었습니다.

〈고객과의 접점〉

철학자 스피노자는 내일 지구가 멸망하더라도 한 그루의 사과나무를 심겠다고 말했습니다. 저는 세일즈 초기에 고객에게 평생 서비스를 하겠다고 풍수지리사 자격증을 땄습니다. 묏자리까지 잡아줄 정도의 각오로 세일즈를 하니까 고객의 신뢰를 얻을 수 있었습니다.

〈스토리카드 연결〉

여러분은 내일 지구가 망한다면 무엇을 하고 싶으신가요? 만약 여러분에게 사과 하나가 주어진다면 당장 허기진 배를 채우겠습니까? 아니면 미래를 위해 땅에 심으시겠습니까?

〈한 그루의 과일나무〉

한 노인이 뜰에 과수 묘목을 심고 있었습니다. 그곳을 지나가던 한

나그네가 물었습니다. "도대체 언제 그 나무에서 열매를 따 먹겠다고 나무를 심는 겁니까?" 그러자 노인이 대답했습니다. "한 70년 지나면 열매가 열리겠지요." 그러자 나그네가 물었습니다. "노인장께서 그토록 오래 사시겠습니까?" 그제야 노인이 잠시 일손을 놓고, 나그네를 바라보면서 말했습니다. "그렇지는 않지요. 하지만 내가 태어났을 때 과수원에는 열매가 풍성했었소. 그 나무를 누가 심어 놓았겠소? 바로 우리 아버지였단 말이오. 나도 아버지처럼 하는 것이오."

〈보험으로 연결〉

은퇴자의 대부분은 어쩔 수 없이 밀려난 사람들입니다. 하지만 마음속에는 여전히 현역으로 일하고 싶은 욕구가 남아 있습니다. 직장에서 은퇴했다고 보험도 은퇴할 수는 없습니다. 돈 쓸 곳이 생기면 일할 곳도 생깁니다. 일은 하고 싶지만 건강이 따라주지 않을 때를 대비해서 종신보험에 투자해야 합니다.

〈의료비가 생활비다〉

금융기관에서 은퇴한 50대 후반 가장의 사례다. 자녀들도 모두 독립을 했고 노후준비도 잘된 편이었다. 자격증 공부도 하고 있었다. 30년 이상 머리를 쓰면서 살았으니 이제는 몸을 쓰는 단순한 일을 하고 싶다고 했다.

기존 종신보험을 살아있을 때 활용하는 방법을 설명하고 5천만 원 증액을 권했다. 은퇴는 타이어를 갈아 끼우고 다시 여행을 떠나는 것과 같다. 납입이 완료된 보험도 있고 새로 개시되는 연금이 있어서 건강하다면 납입 부담은 줄게 된다.

보험료 납입을 위해서 일을 하는 것은 아니지만 납입할 보험료가 있으면 일할 명분이 된다. 일을 못할 정도로 아프면 의료 생활비가 필요하다. 건강하면 일을 하게 되니까 종신보험은 어느 경우에도 도움이 된다고 설득했다. 납입이 끝난 1억 원이 있었지만 재산 수준 대비 적은 금액이었다.

은퇴 후에는 생각보다 생활비가 많이 필요하지 않다. 남는 생활비 중 일부를 종신보험료로 납부하면 된다. 아파서 큰돈이 필요할 때 부족한 돈은 종신보험이 해결해 줄 수 있다. 상담 끝에 납입기간을 길게 늘이고 월 부담액은 적게 해서 5천만 원을 증액했다.

〈뒷일을 생각하라〉

지혜로운 사람은 뒷일을 생각한다. 양말을 벗을 때는 신을 때를 생각해서 뒤집힌 것을 원래대로 손질한다. 주차를 할 때도 나가기 쉬운 방향으로 차를 댄다. 설거지도 나중에 하면 벌레가 꼬이고 귀찮으니 식사를 하자마자 끝낸다. 이 모든 행위의 수혜자는 결국 미래의 자기 자신이다. 미래의 나를 위해 지금 할 수 있는 가장 지혜로운 일은 종신보험 가입이다.

73

일곱 개의 성배

〈나폴레옹의 선물〉

　한 미국인이 파리에 관광을 갔다가 골동품 가게에서 진주 목걸이를 하나 구입했습니다. 디자인은 아름다웠지만 너무 낡아서 5만 원이라는 헐값에 살 수 있었습니다. 십수 년이 지나 형편이 어려워진 남자는 목걸이를 다시 팔기로 했습니다. 집 근처 금은방에 목걸이를 가지고 갔더니 목걸이를 자세히 살핀 주인은 값은 원하는 대로 줄 테니 꼭 자기에게 팔라고 사정을 했습니다. 알고 보니 그 목걸이는 나폴레옹이 아내 조세핀에게 주었던 결혼 선물이었다는군요.

〈타로카드 질문〉

다채로워 보이는 카드를 고르셨군요. 카드에서 무엇이 보이나요?
네, 한 남자의 뒷모습이 보입니다. 그 남자의 앞에는 7개의 술잔이 있
습니다. 그 안에는 각각 얼굴, 성, 보석, 월계관, 용, 뱀, 베일이 놓여있습
니다. 각각의 물건이 상징하는 것은 무엇일까요? 남자는 무엇을 하는
중일까요?

〈타로카드 설명〉

어떤 사람이 착한 일을 많이 해서 신으로부터 선물을 받았습니다.

신은 7개의 성배에 담긴 선물 중에서 1개를 선택하라고 합니다. 성배에는 사람 얼굴인 용모, 권력의 상징인 성, 부를 상징하는 보석, 건강을 상징하는 월계관, 성장을 상징하는 용, 언변을 상징하는 뱀, 그리고 마지막 한 개는 베일로 덮여 있었습니다. 고민 끝에 남자는 베일에 싸여 있는 성배를 선택했습니다. 베일을 젖히자 6개를 모두 가질 수 있는 지혜가 들어있었습니다. 확실한 6개 중에서 하나를 선택했다면 다른 것에 대한 아쉬움이 남았을 것입니다. 그러나 불확실한 것을 선택했기 때문에 나머지를 모두 가질 수 있었습니다.

〈고객과의 접점〉

풍부한 발전 잠재력을 가진 사람을 '긁지 않은 복권'이라고 합니다. 저는 긁은 복권인 은행을 버리고 긁지 않은 복권인 종신보험 세일즈를 선택했습니다. 다행히 꽝은 아니었습니다.

〈스토리카드 연결〉

주식투자를 하면 가격이 낮을 때 샀는데 나중에 폭등하기도 하고, 비쌀 때 샀는데 폭락해서 손해를 보는 경우가 비일비재합니다. 알래스카의 가치를 미리 알아보지 못한 구소련은 큰 손해를 봤습니다.

〈알래스카의 매매〉

1867년 미국은 러시아의 알래스카를 미화 720만 달러(현재 시세 한화 약 2조 원가량)에 매입하기로 했습니다. 당시 미국 내에서는 아무 쓸모도 없는 얼음덩어리 황무지를 비싼 가격에 구매했다는 비판 여론이 들 끓었습니다. 그러나 알래스카에는 엄청난 지하자원들이 매장되어 있었습니다. 석유, 철, 금, 구리, 침엽수림의 목재, 석탄, 천연가스 등등. 특히 석탄은 전 세계 매장량의 10분의 1이 알래스카에 있습니다. 알래스카에 존재하는 자원을 모두 더하면 현재 미화 수조 달러 이상의 가치를 지니고 있습니다. 누구나 관심을 가지는 것은 미래의 가치가 없습니다. 알래스카처럼 가치가 없다고 여겨지는 것에 엄청난 가치가 숨어 있습니다.

〈보험으로 연결〉

　종신보험에서 유병자는 아무도 거들떠보지 않는 황무지와 같습니다. 그러나 유병자에는 아무도 보지 못하는 가치가 숨겨져 있습니다. 유병자는 자신의 병을 알고 잘 관리하기 때문에 무병자보다 오히려 오래 삽니다. 유병자는 건강을 잃어 보았기 때문에 보험에 대한 니즈가 강합니다. 종신보험은 유병자도 가입이 가능합니다.

〈건강은 유병자의 선택〉

　당뇨병 진단을 받아 치료 중인 고객의 사례다. 학원차를 운전하는데 자녀와 배우자는 이미 종신보험 고객이었다. 처음에 거절당했을 때는 보험도 못 들 만큼 자신이 불량품이냐고 화를 냈다. 하지만 꾸준한 식이요법과 운동으로 나중에는 건강이 아주 좋아졌다.

　유병자들은 약을 복용하고 정기적으로 병원에 다니면서 건강을 체크하기 때문에 유병자들이 더 오래 사는 경우가 많다. 보험금 지급 사례의 대부분은 건강했는데 갑자기 사망하는 경우다. 유병자 상품의 가입 조건이 충족되자 종신보험 가입을 권했다.

　고객은 지금까지도 보험 없이 잘 살아오지 않았냐고 반문했다. 나는 여러 통계 자료를 보여주면서 보험사들이 유병자들을 위한 종신보험을 개발했기 때문에 크게 불리한 조건이 아니라고 설명했다. 건강관리를 잘하지만 나이가 많아지면 어떻게 될지 아무도 모른다.

종신보험으로 안전장치를 준비하면 심리적으로도 안정감을 느끼게 된다. 예전에 유병자는 종신보험 가입이 대부분 거절 당했다. 요즘은 유병자들만 가입하는 전용 상품이 새로 생겼다. 결국 배우자가 적극적으로 가입을 권유해서 10년을 기다린 끝에 유병자 종신보험에 가입했다. 이제 다른 병이 생겨도 안심할 수 있겠다며 행복해 했다.

〈숨겨진 가치〉

흙과 물과 모래와 공기가 누가 더 가치가 있는지 내기를 했다. 흙이 말했다. "내 안에는 인삼 씨가 들어있지." 이번에는 물이 나섰다. "내 안에는 잉어 알이 들어있어." 모래도 질 수 없었다. "내 안에는 사금이 들어있단다." 마지막으로 공기가 말했다. "나는 보여줄 것이 없어." 흙과 물과 모래가 비웃었다. 그러자 공기가 말했다. "그래도 나 없이 숨 쉴 수 있는 사람 있으면 나와보라고 해." 종신보험의 숨겨진 가치는 눈에 보이지 않는다.

74

승리의 여신

〈노새의 휴식〉

전기가 없던 시절에는 탄광에서 석탄을 캐는 일에 노새를 사용했다. 노새는 체력이 좋아서 많은 일을 할 수 있었다. 하지만 이런 노새도 일주일에 하루만큼은 탄광 밖인 수풀에 묶어두고 완전한 휴식을 취하게 했다. 아무리 돈에 눈이 먼 사람이라 하더라도 이것만은 절대로 어기지 않았다. 노새에게 쉴 새 없이 일을 시키면 한 달 만에 눈이 멀어서 일을 시킬 수 없게 되었기 때문이다.

〈타로카드 질문〉

시원해 보이는 카드를 고르셨군요. 카드에서 무엇이 보이시나요?

네, 눈을 가린 여자가 바닷가에 앉아서 칼로 커다란 V자를 그리고 있습니다. 하늘에는 초승달이 떠 있습니다. 이 여자의 정체는 무엇일까요? 칼이 의미하는 것은 무엇일까요? 이 여자는 왜 이러고 있을까요?

〈타로카드 설명〉

승리의 여신이 밤낮을 가리지 않고 열심히 일했습니다. 승리의 여신이 응원하는 나라는 전쟁에서 백전백승이었습니다. 사람들의 기대치는 점점 높아졌습니다. 결국 무리를 한 승리의 여신이 과로로 쓰러졌습니다. 그러자 무패를 자랑하던 최강의 군대가 동네북 신세가 되었습니다. 사람들은 욕심이 과했던 것을 반성했습니다. 승리의 여신은 회복된 후 밤에는 일을 하지 않았습니다. 대신 눈을 가리고 바닷가에 나가서 쉬었습니다. 그때부터 승패가 조화를 이루었고, 쉬지 않고 밤낮으로 일하는 사람은 오히려 패배하게 되었습니다.

〈고객과의 접점〉

영국 속담에 쉬지 않고 일만 하면 바보가 된다는 말이 있습니다. 뇌는 잠을 자야만 학습한 정보를 정리합니다. 저도 시험 전날 밤새 공부했다가 다음 날 아침 머리가 멍해져서 시험을 망친 적이 있습니다.

〈스토리카드 연결〉

운동도 매일 하면 독이 됩니다. 1주일에 3~5회 정도가 적합합니다. 최소한 1주일에 하루는 쉬어야 관절이나 인대에 무리가 가지 않고 운동 효율이 높아집니다. 도끼로 나무를 팰 때도 마찬가지입니다.

〈도끼날을 갈아라〉

한 남자가 숲 속에서 도끼질을 하고 있었습니다. 어찌나 열심히 했

던지 도끼날이 다 무뎌져서 아무리 휘둘러도 힘만 들고 나무가 잘 베이지 않았습니다. 지나가던 나그네가 보다 못해 말했습니다. "일하는 것이 너무 힘들어 보이는데 쉬면서 도끼날 좀 가시죠?" 그러자 남자가 대답했습니다. "그럴 시간이 어디 있나요? 오늘 베야 할 나무의 절반도 못 베었는데요." 나그네는 말문이 막혀서 혀를 차며 길을 떠났습니다.

〈보험으로 연결〉
....

링컨은 자신에게 나무를 벨 시간이 6시간만 주어진다면 4시간은 도끼날을 갈겠다고 말했습니다. 쉬지 않고 일하다가 몸이 고장 나면 경제적 부담은 가족들에게 넘어갑니다. 인생이라는 도로에는 파란불만 켜지는 것이 아닙니다. 빨간불이 켜질 때도 대비해야 합니다. 그것이 바로 종신보험입니다.

〈바쁠 때 미루면 쉴 때 바빠진다〉

시장에서 장사를 하는 40대 남자의 사례다. 일이 바쁘다 보니 항상 정신이 없고 마음이 급했다. 처음 종신보험을 권했더니 당장은 여유가 없고 나중에 일이 자리가 잡히면 그때 생각해 보겠다고 했다. 당시에는 경쟁자가 많고 경기가 안 좋아져서 더 열심히 하지 않으면 살아남지 못한다고 했다.

그로부터 몇 년이 지났다. 휴일도 없이 새벽부터 밤늦게까지 식사도 거르면서 일만 하더니 결국 몸에 이상이 생겼다. 뒤늦게 종신보험에 가입하려 했으나 이미 건강에 문제가 있어서 거절당했다. 심장에 문제가 생겨서 구급차를 타고 병원에 실려간 후 심장 박동기를 달고 생활했다. 얼마 동안은 조심했는데 호전되니까 또다시 무리를 해서 다른 병이 생겼다.

나중에는 폐암에 걸려서 1년간 투병 생활을 하다가 사망했다. 잘 살아보겠다고 쉬지 않고 일했는데 그 끝에는 영원한 휴식이 기다리고 있었다. 가장이 사망하자 남은 가족들의 생활이 어려워졌다. 열심히 일만 하다가 죽었는데 남은 가족들은 고마워하기는커녕 무책임하게 떠났다고 비난을 했다.

만약 처음부터 종신보험에 가입했다면 어땠을까? 사망보험금으로 남은 가족이 안심하고 생활할 수 있었을 것이며 본인도 가족에게 미안해하지 않고 편안히 세상을 떠날 수 있었을 것이다. 열심히 일만 한다고 다가 아니다. 브레이크가 없는 자동차는 반드시 사고가 난다.

〈오아시스를 만나면 쉬어라〉

사하라 사막에서 꼭 오아시스에 멈추어 쉬어야 할 이유는 세 가지다. 첫째, 쉬면서 기력을 회복해야 한다. 둘째, 여정을 되돌아보고 수정해야 할 것은 계획을 수정한다. 셋째, 같은 여행길에 오른 다른 사람들을 만나 정보를 얻을 수 있다. 스티브 도나휴의 《사막을 건너는 여섯 가지 방법》에 나오는 말이다. 인생은 사막을 건너는 것과 같다. 적당히 쉬면서 가는 사람이 더 오래, 더 멀리 갈 수 있다.

75

천국의 열쇠

〈마법의 냉장고〉

예전에 '냉장고를 부탁해'라는 예능이 인기를 끌었다. 출연자 집에 있는 냉장고를 열어보면 상상도 못할 것들이 나온다. 셰프는 냉장고에 있는 재료만으로 요리를 해야 한다. 놀랍게도 한정된 재료로 한식·중식·일식 등 고급 요리를 순식간에 뚝딱 만들어낸다. 그 광경을 본 출연자와 시청자는 마술이라도 본 듯 입을 쩍 벌린다. 맛있는 음식을 만들려면 일단 냉장고 문을 열고 재료를 꺼내야 한다.

〈타로카드 질문〉

균형이 잡힌 카드를 고르셨군요. 카드에서 무엇이 보이시나요? 네,

한 가운데 커다란 열쇠가 보입니다. 바닥에는 나침반이 있습니다. 열쇠 양쪽으로 초승달이 등을 마주 보고 있습니다. 하늘에서는 태양빛이 내려오고 있습니다. 이 열쇠는 어떤 문을 여는 열쇠일까요?

〈타로카드 설명〉

한 남자가 죽어서 어둡고 긴 터널을 지나 천국의 문 앞에 이르렀습니다. 남자는 문을 열어 달라고 신에게 간절히 기도했습니다. 어디선가 문지기가 나타나 열쇠를 가지고 왔느냐고 물었습니다. 남자는 무슨 열쇠냐고 되물었습니다. 그러자 문지기는 이 문은 3가지 열쇠가 있어야 열린다고 설명했습니다. 첫째 신을 섬기며 산 사람이 받을 수 있는 믿음의 열쇠, 둘째 주위에 베풀면서 산 사람이 받을 수 있는 나눔의 열쇠, 세 번째 정직하게 산 사람이 받을 수 있는 정직의 열쇠가 그것이었습니다. 남자가 가슴에 손을 얹고 생각해 보니 자기 자신이 그 3가지 열쇠를 받을 수 있을 경우에 해당됨을 깨달았습니다. 마침내 천국의 문이 열리고 남자는 밝은 빛 속으로 빨려 들어갔습니다.

〈고객과의 접점〉

천국은 마음속에 있습니다. 길거리에서 확성기로 전도를 당하면 기분이 어떠신가요? 일단 거부감부터 듭니다. 왜 그럴까요? 아직 마음의 문이 열리지 않았는데 억지로 비집고 들어오기 때문입니다.

〈스토리카드 연결〉

세일즈맨에게 천국이란 상품을 판매하는 것입니다. 천국으로 가려면 먼저 고객의 마음 문을 열어야 합니다. 마음의 문은 냉장고처럼 고객이 스스로 열어야 합니다. 그래야 셰프가 요리를 할 수 있습니다.

〈항아리 뚜껑을 열어라〉

아무리 소나기가 세차게 내려도 항아리의 뚜껑이 닫혀 있으면 물이 한 방울도 들어갈 수 없습니다. 반면, 이슬비만 추적추적 내려도 항아리 뚜껑이 열려 있으면 항아리 안에는 물이 굅니다. 사람의 마음도 마찬가지입니다. 아무리 좋은 말을 많이 해주어도 마음이 닫혀 있으면 한마디도 들어가지 않습니다. 그러나 마음의 문이 활짝 열려 있으면 어떤 말을 해도 쏙쏙 들어갑니다.

〈보험으로 연결〉

처음부터 여유가 있어서 종신보험을 가입하는 사람은 없습니다. 마음의 문이 열린 고객은 없던 여유도 만들어 냅니다. 종신보험을 가입하기 위해 반드시 부자일 필요는 없습니다. 종신보험은 가난한 사람들이 더 곤란해지지 않기 위해서도 필요합니다. 물론 당장 급한 지출도 있습니다. 그러나 마음의 문이 열리면 지출의 우선순위를 바꿉니다.

〈여유는 생기는 것이 아니라 만드는 것이다〉

입버릇처럼 여유가 없다고 말하는 자영업 대표의 사례다. 종신보험은 주로 여유가 없는 사람들이 여유를 만들어 가입한다. 사업하는 사람이 돈이 여유가 있다는 것은 돈을 놀리고 있다는 의미다. 열심히 일하는 사업가일수록 여유가 없는 것이 당연하다. 그러나 꼭 필요한 물건을 반값에 준다고 하면 없는 여유도 만들어낸다. 반드시 이익이 되기 때문이다.

갑자기 몸이 아파서 한밤중에 급하게 택시를 불러서 병원으로 간다면 택시 안에서 아내는 무슨 생각을 할까? 먼저 무사했으면 좋겠다는 생각이 들 것이고 다음으로 큰 병이면 앞으로 어떻게 살아갈까를 걱정할 것이다. 건강하게 일을 해도 여유가 없는데 아파서 일을 못하면 그때는 정말로 여유가 없어진다. 그럴 때 여유를 만들어 주는 것이 종신보험이다. 이렇게 말하니까 표정에 변화가 생기기 시작했다.

종신보험은 평소에 작게 투자한 돈을 어려울 때 큰돈으로 돌려준다. 한마디로 가성비가 좋다. 보험은 수익률이 높을 때가 가장 불행하다. 건강에 이상이 생겼다는 증거이기 때문이다. 반면 수익률이 낮다는 것은 아직 건강하다는 증거니까 기뻐할 일이다.

고객도 예전에 몸이 말을 안 들어서 응급실에 실려 간 적이 있다고 했다. 보험 가입 후 여유가 없다고 했는데 어떻게 돈을 마련했냐고 물었더니 불필요한 돈을 절약했다고 대답했다. 불행을 막기 위해 불편을 감수하기로 한 것이다. 불편함을 스스로 감수하는 사람은 별로 없는데 그럴 수 있도록 설득해줘서 고맙다고 했다.

〈문을 여시오〉

홀맨 헌터라는 화가는 〈세상의 빛〉이라는 그림을 그렸다. 너무나 유명한 그림이라 웬만한 교회에는 하나씩 걸려있다. 그림에는 예수님이 굳게 닫힌 문 밖에서 한 손에는 등불을 들고 다른 손으로는 문을 두드리는 모습이 담겨있다. 이 그림을 자세히 보면 문의 바깥에는 손잡이가 없다. 이는 마음의 문은 남이 아닌 스스로 열어야 한다는 것을 의미한다. 아무리 특급 셰프라고 할지라도 집주인이 냉장고 문을 열어줘야 요리를 할 수 있다.

76

다섯 개의 금화

〈쓰라고 있는 돈〉

옷장을 열어보면 사 놓은 옷은 많은데 막상 입을 옷은 없다. 휴대폰 연락처에 아는 사람은 많은데 막상 쓸쓸할 때 만날 사람은 없다. 세상에서 가장 부유한 나라는 미국이지만 극빈층이 북한 인구보다 많은 나라도 미국이다. 부잣집에 시집갔지만 시아버지가 구두쇠라서 돈 1천 원에도 벌벌 떨어서 장도 제대로 못 보는 여자도 있다. 돈은 쓰라고 있는 것이다. 돈이 돌아야 경제도 돈다.

〈타로카드 질문〉

비참해 보이는 카드를 고르셨군요. 카드에서 무엇이 보이시나요?

네, 한 여자가 망토를 머리까지 덮은 채 눈길을 걸어가고 있습니다. 그 뒤를 목발을 짚은 남자가 부지런히 따라가고 있습니다. 뒤쪽 벽에는 5개의 별이 보입니다. 이들은 왜 차가운 눈길을 저렇게 가고 있는 것일까요? 5개의 별은 무엇을 의미할까요?

〈타로카드 설명〉

부부가 평생 열심히 일해서 많은 재산을 모았습니다. 그 재산을 금화로 바꿔서 벽에 걸어 놓고 행복해 했습니다. 그러던 어느 날 엄청난 흉년이 들어서 많은 사람이 굶어 죽었습니다. 부부는 금화를 믿고 걱정하지 않았습니다. 엎친 데 덮친 격으로 혹한까지 닥쳤습니다. 그제서야 금화로 식량과 땔감을 바꾸려 돌아다녔는데 아무도 바꾸어주지 않았습니다. 금화는 보기에는 좋았지만 깨물어 먹을 수도, 땔감으로 쓸 수도 없었습니다. 부부는 찬란하게 빛나는 5개의 금화를 하염없이 바라보면서 추위와 배고픔 속에서 생을 마감했습니다.

〈고객과의 접점〉

그림의 떡이라는 말이 있습니다. 월급 통장에 찍히는 돈은 누구의 돈일까요? 저는 제가 일해서 번 제 돈인 줄 알았습니다. 그러나 통장을 스치자마자 카드값으로 빠져나가는 것을 보고 카드사의 돈임을 깨달았습니다.

〈스토리카드 연결〉

홍수가 나면 생수가 귀해집니다. 흙탕물은 아무리 많아도 마실 수 없습니다. 돈도 마찬가지 입니다. 아무리 부동산과 주식이 많아도 현금으로 바꿀 수 없으면 그림의 떡과 같습니다. 보기는 좋지만 배고픔을 달래 줄 수는 없습니다.

〈풍요속의 빈곤〉

영화 〈라이프 오브 파이〉를 보면 풍요 속의 빈곤이 무엇인가를 알
수 있습니다. 인도에서 동물원을 운영하던 파이 가족은 동물원에 대
한 정부 지원이 끊기자 캐나다 이민을 준비합니다. 수많은 동물과 함
께 화물선을 타고 태평양을 건너는 도중 상상치 못한 폭풍우를 만납니
다. 화물선은 침몰하고 가까스로 구명보트에 올라탄 파이만 목숨을 건
졌습니다. 보트 주변에는 바닷물이 끝도 없이 넘실거리지만 정작 파이
가 먹을 물은 없습니다. 파이는 식수를 구하기 위해 보트에 그릇을 놓
고 빗물을 받아 마시며 생존합니다.

〈보험으로 연결〉

쓸모없는 보험은 아무리 많아도 마시지 못하는 바닷물과 같습니다. 보험도 여러 개, 많은 보험료를 납입해도 정작 필요한 보장은 부족할 수 있습니다. 보험의 개수가 중요하지 않습니다. 내가 꼭 필요할 때 도움이 돼야 합니다. 종신보험은 보장기간이 길고 보장내용이 확실한 생수와 같은 보험입니다.

〈풍족한 보험 부족한 보장〉

남편의 심장에 문제가 발생해서 보험에 관심이 높아진 부부의 사례다. 아내는 종신보험에 가입했으나 남편은 심장병 때문에 가입하지 못하고 있었다. 남편은 큰 문제가 아닌 것으로 결과가 나왔지만 나중을 대비해서 보험 혜택을 자세히 물어보았다.

남편은 평범한 회사원으로 위험한 일을 하지 않고 잘 돌아다니지도 않았다. 상해 위주의 수술, 장해 보장이 많고 재해 사망보장은 3억 원 정도였다. 아버지가 암으로 사망해서 암보장은 여러 건이고 고액암은 진단비가 1억 원이 넘었다. 심장질환, 뇌질환의 진단비는 5천만 원, 질병에 의한 사망은 2천만 원 보장이었다.

사망보험금 평균은 나라마다 다르다. 우리나라는 약 3천만 원, 미국은 약 2억 원, 일본은 2억 5천만 원이다. 우리나라는 턱없이 부족한 사망보험금을 늘리기는커녕 줄이고 해지하고 있다. 4가족 보험이 20개가 넘고 암과 상해는 과도하다. 꼭 필요한 남편의 일반 사망 보험에 공백이 발생하고 있다.

이는 상품을 보고 가입하는 것이 아니라 사람을 보고 가입하기 때문이다. 귀가 얇아서 보험영업을 하는 지인이 권해주는 대로 보험에 가입한다. 가짓수가 많다 보니 보험료 부담이 커서 적은 금액으로 가입할 수 있는 보험만 선택한다. 이런 보험은 정작 문제가 발생하면 큰 도움이 되지 않는다. 불필요한 보험은 정리하고 꼭 필요한 보험에 집중해야 한다. 풍요 속 빈곤보다는 차라리 빈곤 속 풍요가 낫다.

〈포미 보험〉

풍요 속의 빈곤과 상대되는 개념으로 '포미족'이 떠오르고 있다. 나를 위해 아낌없이 지갑을 여는 사람을 '포미(For Me)족'이라고 한다. 건강(For Health), 싱글족(One), 여가(Recreation), 편의(More Convenient), 고가(Expensive)의 머리글자를 조합한 신조어이기도 하다. 나를 위하는 최선의 방법은 어떤 어려움이 닥쳐도 나와 가족을 보호해 줄 든든한 안전망을 설치하는 것이다. 나를 위한 포미 보험, 그것이 바로 종신보험이다.

77

친구의 약속

〈돼지잡기〉

증자의 아내가 장에 가려고 하자 아이가 따라가겠다고 떼를 썼다. 아내는 장에 다녀와서 돼지를 잡아 줄 테니 얌전히 있으라고 달랬다. 어렵사리 아이를 떼어놓고 장을 보고 왔더니 증자가 돼지를 잡고 있었다. 아내가 깜짝 놀라 말했다. "아이를 달래려고 한 말인데 돼지를 진짜로 잡으시면 어떻게 하나요?" 그러자 증자가 말했다. "아이들은 아무것도 모르고 부모한테 배우는 법이오. 벌써부터 거짓말을 가르치면 나중에 아이가 커서 어떻게 되겠소?" 증자는 마침내 돼지를 잡아서 아이들에게 주었다.

〈타로카드 질문〉

쓸쓸해 보이는 카드를 고르셨군요. 카드에서 무엇이 보이시나요?
네, 한 남자가 바닷가에서 주머니에 손을 넣은 채 누군가를 기다리고
있습니다. 남자의 뒤로는 끊임없이 파도가 치고 있습니다. 남자는 누
구를 기다리는 중일까요? 어떤 사연이 있는 것일까요?

〈타로카드 설명〉

한 젊은이가 친한 친구에게 돈을 빌려주었습니다. 그리고 정해진 기
한이 되면 어릴 적 둘이 자주 놀던 바닷가에서 만나 돈을 받기로 했습

니다. 고마워하며 돈을 빌려간 친구는 그 돈으로 장사해서 많은 돈을 모았습니다. 재산이 많아지자 욕심도 늘었습니다. 친구 몰래 배를 타고 해외로 도망갔습니다. 돈을 빌려준 젊은이는 약속한 바닷가에서 하염없이 친구를 기다렸지만 친구는 나타나지 않았습니다. 도망가던 친구는 중간에 해적을 만나 돈보다 더 귀한 목숨을 잃었습니다.

〈고객과의 접점〉

지킬 것만 지키고 살면 큰 문제가 발생하지 않습니다. 예전에 동창모임의 총무를 맡은 적이 있습니다. 한 친구가 딱 2주일만 쓰고 갚겠다고 해서 선뜻 회비를 빌려줬습니다. 그런데 10년이 넘었는데도 돈을 못 받고 모임은 해체되었습니다. 친구도 잃고 돈도 잃었습니다.

〈스토리카드 연결〉

"약속을 하기는 쉽다. 그러나 그것을 지키기는 어렵다." 미국의 사상가 에머슨의 말입니다. 살면서 반드시 지켜야 할 3가지가 있습니다. 시간, 돈, 약속입니다. 그중에서도 돈은 목숨을 걸고 지켜야 합니다. 그 사람의 돈을 대하는 태도가 곧 그 사람을 대하는 태도입니다.

〈약속을 어긴 대가〉

옛날 한 남자가 아름다운 요정에게 프로포즈를 했습니다. 요정은 한 가지 조건을 내걸었습니다. "화가 나더라도 절대로 저를 때리지 마세요." 남자는 그렇게 하겠다고 단단히 약속했습니다. 둘은 결혼해서 아이를 낳고 행복하게 살았습니다. 그러던 어느 날 집에서 키우던 말이 말을 듣지 않았습니다. 화가 난 남편이 고삐를 집어 던졌는데 잘못해서 옆에 있던 아내가 맞았습니다. 그 순간 아내는 연기처럼 사라지고 말았습니다. 남자는 약속을 지키지 못했던 탓에 아내를 잃었고, 아이들은 어머니를 잃었습니다.

〈보험으로 연결〉

고객들이 약속을 지키지 않으면 보험사도 약속을 지키지 않습니다. 계약서에 사인을 하는 순간 보험사는 보험금을 지급하기로 약속하고 고객은 보험료를 납입하기로 약속합니다. 고객이 납입의 약속을 어기면 보험사도 지급의 약속을 지키지 못합니다. 약속이 깨지면 가장 큰 피해자는 나와 나의 가족이 됩니다.

〈해약은 인생의 해악이다〉

주식투자로 돈을 많이 번 미용실 대표의 사례다. 자신과 가족들을 위해서 종신보험은 필요하다며 종신보험을 가장 안전한 투자라고 생각하고 있었다. 종신보험은 일찍 사망하면 투자이고 오래 유지하면 장기저축이 되는 꽝이 없는 상품이다.

물론 해약을 하는 사람은 손해를 볼 수도 있다. 그 수익은 일찍 사망한 사람이나 납입면제된 사람들을 도와주는 용도로 사용된다. 일종의 품앗이인 셈이다. 끝까지 유지하겠다는 약속이 지켜지면 투자와 저축이 가능하다. 불행하긴 해도 일찍 사망하면 적은 돈으로 큰 보장을 받는 투자가 된다. 건강하게 오래 살면 수익은 없지만 그동안의 원금 정도는 환급금으로 받을 수 있다.

좋은 자리에 미용실을 차리려면 3년 정도의 수익금을 권리금과 인테리어 비용으로 투자해야 한다. 매달 흑자가 나도 실제로는 3년이 지나는 시점부터 손익분기점이다. 종신보험도 첫 3년간은 환급금이 거의 없다가 3년째부터 납입액이 환급금으로 쌓여간다. 미용실 대표는 이런 사실을 충분히 납득한 상태에서 종신보험에 가입했다.

그런데 문제가 발생했다. 주식투자로 돈을 많이 벌어서였는지 아니면 종신보험이 우습게 보여서였는지 자꾸 환급금을 물어보고 불만스러워 했다. 결국 2년 반 만에 종신보험을 해약했다. 처음에 설명한 내용으로 설득했으나 손해 본 금액은 주식투자로 복구하면 된다고 했다. 그 후로 미용실 손님들에게 주식 이야기만 하다 보니 손님이 점점 줄어들었다. 지금은 미용실 문을 닫았고 주식투자에도 실패하여 대출금 상환 때문에 힘든 나날을 보내고 있다.

〈목숨을 건 약속〉

1940년 4월 29일 도산 안창호가 상해에서 체포되었다. 이 날은 안창호의 친척 자녀의 생일날이었다. 바로 며칠 전 안창호는 생일에 좋은 선물을 사 가지고 오겠다고 약속했다. 일본군은 안창호를 체포하려고 혈안이 되어 있었다. 주변에서도 일단 몸을 피하라고 말렸다. 그러나 안창호는 어린아이와 약속한 날이니 지켜야 한다며 선물을 사 가지고 가다가 체포되었다. 약속을 지키는 최선의 방법은 약속을 하지 않는 것이다. 그러나 일단 약속을 했다면 아이에게 한 것일지라도 목숨을 걸고 지켜야 한다.

STORY RECIPE 100

친구의 배신

〈배신의 백신〉

유대인 자녀가 조금 자라면 아빠는 어느 날 갑자기 냉정하게 돌아선다. 자녀는 처음에는 엄청난 충격을 받는다. 유대인은 이런 배신의 경험을 통해 인간은 변화무쌍한 존재라는 사실을 몸으로 깨닫는다. 감당하기 어려운 배신감을 딛고 돌아오면 아빠는 다시 한번 밀쳐낸다. 그리고 이렇게 말한다. "절대로 사람을 믿지 말거라. 심지어 아빠도 너를 배신할 수 있단다." 어릴 때부터 배신에 대한 백신을 맞는 셈이다.

〈타로카드 질문〉

불안해 보이는 카드를 고르셨군요. 카드에서 무엇이 보이시나요?

네, 한 남자가 별을 가슴에 끌어안고 앉아있습니다. 남자의 머리와 양 발에도 별이 있습니다. 남자의 정체는 무엇일까요? 4개의 별은 무엇을 의미할까요? 남자가 있는 곳은 어디일까요? 남자는 왜 이러고 있을까요?

〈타로카드 설명〉

한 부자가 먼 길을 떠나면서 친구에게 금화 4개를 맡겼습니다. 몇 년 후 오랜 여행에서 돌아온 부자는 친구에게 금화를 돌려달라고 했습니다. 그런데 친구는 욕심에 눈이 멀어서 자기의 발밑과 가슴, 머리에 있는 금화는 지금 자기에게 있으니 모두 자기 것이라고 우겼습니다. "그러니까 지금 네가 가지고 있는 것은 그게 어디서 왔든 모두 네 것이라는 말이지?" 친구가 대답했습니다. "물론이지!" 그러자 부자가 말했습니다. "네 말대로라면 네가 앉아있는 그 땅도 내 땅이니까 너도 내 소유야." 친구는 금화도 빼앗기고 노예가 되었습니다.

〈고객과의 접점〉

가까운 사이일수록 돈 거래는 엄격해야 합니다. 예전에 아들에게 500만 원을 빌리면서 대출 약정서를 썼습니다. 이자, 상환기간, 연체이자까지 자세히 적었습니다. 아들이 물었습니다. "아빠, 우리 사이에 이런 것까지 써야 돼요?" 그래서 제가 대답했습니다. "가까우니까 쓰는 거야. 가까울수록 자꾸 상환을 미루게 되거든."

〈스토리카드 연결〉

적은 가까이에 있습니다. 영화 〈친구〉를 보면 상대 조직이 아닌 가장 가까운 친구가 배신을 합니다. 가까운 사이일수록 신경을 쓰지 않으면 안 됩니다. 특히 이익이 걸려 있으면 가까운 사이일수록 이용당하는 경우가 많습니다.

〈믿는 도끼에 발등 찍힌다〉

  나무를 찍을 때는 도끼를 하늘 높이 쳐들었다가 무게를 이용해서 내려칩니다. 그런데 들어 올렸을 때 도끼자루가 빠진다면 도끼날은 십중팔구 작업하는 사람의 머리 위로 떨어집니다. 떨어지는 도끼날을 용케 피한다고 해도 결국에는 발등에 떨어집니다. 그래서 나온 속담이 "믿는 도끼에 발등을 찍힌다."입니다. 자신이 가장 잘 안다고 생각하는 도끼도 조심하지 않으면 그것에 의해 상처를 입을 수 있습니다.

〈보험으로 연결〉

  보험도 마찬가지입니다. 모르는 사람은 까다롭게 보험을 따지기 때문에 제대로 된 상품을 제대로 설계해 줍니다. 그러나 아는 사람은 보험료만 맞춰 주면 되기 때문에 본인이나 회사에 도움이 되는 상품을 권해줍니다. 위기 때는 담당자가 아니라 보험 증서에 의해서만 보호받을 수 있습니다. 지인 위주의 영업은 오래 가지 못합니다.

〈지인 때문에 지겨워진 보험〉

주변에 보험하는 지인이 많다는 주부의 사례다. 오랜 시간을 들여서 보험의 체계, 보험 가입의 중요한 순서, 보험의 필요성을 이야기했다. 그러나 그동안 가입과 해약을 반복하면서 손해를 봐서인지 보험에 별로 관심이 없었다. 심지어 종신보험에 가입하면서 제대로 설명을 들은 것도 이번이 처음이라고 했다.

예전에 한 세일즈맨이 명품 가방과 좋은 차를 소유하고 해외여행에서 찍은 사진을 자주 SNS에 올렸다. 자신과 회사에 유리한 상품 위주로 판매하니까 실적이 좋아서 포상을 받은 것이다. 그러나 지금은 민원에 시달리다가 퇴직해서 연락도 안 된다. 그를 통해 가입한 보험도 대부분 해지된 상태다.

고객은 유능한 세일즈맨이 자신들의 보험도 최고 수준으로 설계했을 것으로 생각한다. 그러나 그것은 커다란 착각이다. 손해보험은 보험금을 많이 지급하면 영업을 제한 받기도 한다. 세일즈맨은 회사에 불리하더라도 고객에게 맞는 상품을 설계하고 권해야 한다. 때로는 고객의 이익을 위해서 회사와 싸워야 할 때도 있다.

보험 영업에서 중요한 것은 지식과 기술이 아니다. 진심이 더 중요하다. 고객을 위해서 소신껏 뛰어 줄 판매 전문가가 아니라 보험금 지급 전문가를 만나야 한다. 자신의 소중한 가족을 지켜줄 종신보험을 단지 가깝다는 이유로 가입하면 안 된다. 위험할 때 나를 지켜주는 것은 담당자가 아니라 보험 계약 약관이다. 가깝다고 믿었다가는 믿는 도끼에 발등 찍힐 수 있다.

〈카이사르의 죽음〉

"부르투스 너 마저도냐!" 카이사르는 믿었던 부르투스의 칼에 찔리며 울부짖었다. 카이사르가 종신 독재관에 오르고 파르티아 원정을 계획하자 부르투스는 14명과 함께 암살을 모의했다. 사실 카이사르는 부르투스를 친아들처럼 아끼고 장차 권력을 그에게 물려줄 생각이었다. 설마 가장 가까운 사람에게 배신당할 줄은 꿈에도 몰랐다. 카이사르가 죽은 후 그의 재산은 유언장에 따라 모든 로마인에게 공평하게 분배되었다. 사람은 믿을 수 없어도 문서는 믿을 수 있다.

79

용감한 기사

〈내 안의 적〉

"나는 군사 1백 명으로 적군 1만 명과 마주쳤을 때에도 바위처럼 꿈쩍하지 않았다. 숨이 끊어지기 전에는 어떤 악조건 속에서도 포기하지 않았다. 나는 죽기도 전에 먼저 죽는 사람을 경멸했다. 숨을 쉴 수 있는 한 희망을 버리지 않았다. 나는 흘러가 버린 과거에 매달리지 않고 아직 결정되지 않은 미래를 개척해 나갔다. 알고 보니 적은 밖에 있는 것이 아니라 내 안에 있었다. 그래서 나는 그 거추장스러운 것들을 깡그리 쓸어버렸다. 나 자신을 극복하자 나는 칭기즈칸이 되었다." - 《칭기즈칸의 리더십 혁명》중에서, 김종래 지음

〈타로카드 질문〉

용감해 보이는 카드를 고르셨군요. 카드에서 무엇이 보이시나요? 네, 한 백마 탄 기사가 칼을 빼들고 돌진하고 있습니다. 하늘에는 하얀 연기가 피어오르고 있습니다. 이 기사의 정체는 무엇일까요? 그는 어디를 향해 달려가고 있는 걸까요? 그가 이렇게 행동하는 이유는 무엇일까요?

〈타로카드 설명〉

옛날 어느 왕국의 산에 무서운 용이 살고 있었습니다. 시뻘건 몸통에 하얀 독가스를 뿜는다고 알려진 용은 공포의 대상이었습니다. 용이 내뿜는 불과 용기에 죽은 사람이 헤아릴 수 없이 많았습니다. 결국 왕은 용을 없애는 사람에게 영토를 상으로 주고 영주로 삼겠다고 했습니다. 한 용맹스런 기사가 자원해서 산으로 올랐습니다. 위험을 무릅쓰고 가까이 가보니 붉은 용암이 용솟음치고 하얀 가스가 온 산을 덮고 있었습니다. 사람들이 용암을 용으로 착각했던 것입니다. 용의 실체를 알게 된 사람들은 두려움에서 벗어날 수 있었습니다. 두려움을 직시한 기사는 높은 작위의 영주가 되었습니다.

〈고객과의 접점〉

용기 있는 자가 미인을 얻습니다. 저는 강의 시작할 때 질문하면 선물을 줍니다. 질문하려고 손을 드는 수강생에게 듣지도 않고 선물을 먼저 줍니다. 선물은 질문에 대해서 주는 것이 아니라 손을 든 용기에 대해서 주는 시상입니다.

〈스토리카드 연결〉

원하는 것을 얻기 위해서는 용기가 필요합니다. 얽히고설킨 두려움도 눈 딱 감고 두려움의 한복판에 걸음을 내디디면 사라지는 경우가

많습니다. 스티브 잡스는 창의적인 사람이기도 했지만 용기가 있는 사람이기도 했습니다.

〈스티브 잡스의 전화〉

12세의 스티브 잡스는 빌 휴렛(휴렛 패커드, HP의 공동창업자)에게 전화를 걸었습니다. "안녕하세요? 스티브 잡스입니다. 저는 12살이고 학생인데요, 주파수 계수기를 만들고 싶어서 연락드렸습니다. 혹시 남는 부품이 있으시면 저에게 주실 수 있으신가요?" 그러자 빌 휴렛은 스티브 잡스에게 주파수 계수기를 만들기 위한 부품을 주었을 뿐 아니라, 그해 여름 휴렛 패커드에서 일할 수 있도록 해 주었습니다. 소년 스티브 잡스는 거절당할지 모른다는 두려움이 있었으나 용기를 내서 전화함으로써 극복했습니다.

〈보험으로 연결〉

세일즈에는 항상 거절의 고통이 따릅니다. 보험은 될 것 같은 것이 안 되고, 안 될 것 같은 것이 오히려 쉽게 성사됩니다. 보험 세일즈는 확률 게임입니다. 전화하고 만나는 횟수에 비례해서 성공률이 높아집니다. '왜 난 계약이 안 될까?' 고민할 시간에 전화 한 통을 더 걸고, 한 사람이라도 더 만나는 것이 낫습니다.

〈많이 걸어야 많이 판다〉

코로나19로 힘든 시간을 보내고 있을 때였다. 전화는 가능한데 만날 수 없으니 계약을 할 수 없었다. 그래서 전화가 아니라 화상 미팅으로 상담을 했더니 성사율이 높아졌다. 처음에는 카메라로 내 얼굴을 비추는 것이 어색했지만 점점 자연스러워졌다. 고객도 내 얼굴을 보면서 상담을 하니까 나를 더욱 신뢰하게 되었다.

직접 만나는 것이 서로 부담스럽다면 화상으로 충분히 상담을 진행하는 것이 좋다. 화상 상담의 목적은 단 하나, '니즈 환기'다. 이것만 잘 되면 오프라인 미팅을 잡기도 쉽고 만나서 계약으로 이어질 확률도 높아진다. 그러나 니즈 환기가 안 된 상태에서 만나자고 하면 온갖 핑계를 대고 만나주지 않는다.

아내는 서울에 있고 남편은 지방에 출장 가 있는 경우도 있었다. 이럴 때도 나 포함 세 사람이 동시에 화상상담을 한 후 잠깐 만나서 계약서에 사인을 했다. 미리 화상으로 충분히 설명했기 때문에 만나는 시간을 최소화할 수 있어서 만족도가 높았다. 화상상담은 자료를 보내주는 것도 설명들은 내용만 선택해서 보내줄 수 있기 때문에 효율적이다.

모두들 위기였던 코로나19 사태 때 나는 오히려 더 많은 사람을 만날 수 있었다. 코로나 발생 전부터 나는 하루 할당량을 정해놓고 목숨 걸고 전화를 했다. 전화하는 것이 익숙해져 있으면 화상 상담은 그리 어렵지 않다. 세일즈 환경은 얼마든지 바뀔 수 있다. 그러나 전화를 하고 만나야 한다는 본질은 바뀌지 않는다. 누가 보험을 많이 파는가? 전화를 많이 거는 사람이 많이 판다.

〈두려움의 계단〉

"눈 감지 말고 똑바로 봐. 두려움의 실체는 생각과 다를 수 있어." 애

니메이션 〈니모를 찾아서〉에 나오는 명대사다. 멀린은 건망증이 심한 친구 도리와 함께 아들 니모를 찾아 상상을 초월하는 시련이 있는 바다로 모험을 떠난다. 떠나기 전에는 온갖 걱정이 앞섰지만 막상 발걸음을 내딛자 어떻게든 역경을 극복해 나간다. 두려움의 계단은 첫걸음을 내디디고 올라가야 극복할 수 있다. 세일즈는 머리로 계산하는 것이 아니라 다리로 계단을 오르는 것이다.

STORY RECIPE 100

80

놀러 나온 아이들

〈눈을 그린 아이〉

한 아이가 미술시간에 종이를 자기가 좋아하는 남색으로 가득 채웠다. 선생님은 그 그림을 보고 장난치지 말라며 아이를 심하게 야단쳤다. 다음 해 새로운 선생님을 만난 아이는 첫 미술시간을 맞게 되었다. 지난해에 야단을 맞은 후로 그 아이는 아무것도 그리지 못했다. 선생님은 학생들의 그림을 하나씩 관찰하다가 그 아이 앞에 이르렀다. 백지를 들고 있던 아이는 야단을 맞을 각오에 눈을 질끈 감았다. 그러나 선생님의 말은 뜻밖이었다. "이 그림 정말 멋지구나! 온 들판에 하얀 눈이 흠뻑 쌓였네!"

〈타로카드 질문〉

즐거워 보이는 카드를 고르셨군요. 카드에서 무엇이 보이시나요? 네, 부부로 보이는 남녀가 나란히 서서 포옹하고 있습니다. 그 옆에는 자녀로 보이는 아이들이 신나게 뛰놀고 있습니다. 하늘에는 아름다운 무지개가 펼쳐져 있습니다. 이곳은 어디일까요? 부모는 왜 아이들을 데리고 나왔을까요?

〈타로카드 설명〉

게임 중독에 걸린 아이들이 있었습니다. 하루 종일 공부도 안하고 운동도 안 하고 방에 갇혀서 하루 18시간씩 컴퓨터 게임만 했습니다. 신경이 날카로워지고 부모와 다투는 횟수가 잦아졌습니다. 생각다 못해 부모는 아이들에게 주말에 놀이동산에 가자고 말했습니다. 그 이야기를 들은 아이들은 시키지 않았는데도 자발적으로 각자의 일을 하기 시작했습니다.

〈고객과의 접점〉

말을 물가까지는 데려갈 수 있어도 물을 먹일 수는 없습니다. 강압적으로 명령하면 오히려 반발을 불러올 수 있습니다. 팔꿈치로 옆구리를 찌르듯 은근히 원하는 방향으로 유도하는 것을 '넛지'라고 합니다.

〈스토리카드 연결〉

다음은 넛지의 대표적인 사례입니다. 주택가 벽에 사람들이 불법으로 자전거를 세워두었습니다. 경고문을 써붙여도 소용이 없었습니다. 어느 날 집주인이 경고문을 바꾸었더니 불법 주차된 자전거가 싹 사라졌습니다. 경고문에는 이렇게 씌어 있었습니다. '이곳에 있는 자전거는 버리는 것이니 아무나 가져가도 좋습니다.'

〈거북이의 목〉

육지 거북이의 무게는 대개 0~20kg밖에 안 됩니다. 그러나 일단 목을 움츠리면 아무리 힘이 센 사람이 용을 써도 절대로 빼낼 수 없습니다. 그럼 어떻게 해야 할까요? 따뜻한 화롯가에 놓아두면 됩니다. 그러면 거북이가 온기를 쐬려고 슬슬 목을 뽑습니다.

〈보험으로 연결〉

나그네의 옷을 벗기는 내기를 했던 해와 바람의 이야기를 아시나요? 사람의 마음을 움직이는 것은 협박이 아니라 따뜻한 말 한마디입니다. 지금까지 종신보험을 설명할 때 '죽음'이라는 단어를 자주 사용했다면 이제부터는 '사랑'이라는 단어를 사용해보세요. 가족에 대한 사랑을 이야기하면 고객이 자연스럽게 종신보험에 관심을 가지게 됩니다.

〈고객이 원하는 것을 팔아라〉

예전에 새로운 보험상품 설명회에 참석한 적이 있다. 제품이 정말 좋게 느껴져서 고객을 만나자마자 상품의 장점을 줄줄 나열했다. 분명 고객이 관심을 가질 것으로 기대했지만 의외로 반응이 뜨뜻미지근했다. 얼마 후에 다시 만났는데 이번에는 방법을 바꿔서 고객의 문제점을 그 상품이 해결해 줄 수 있다고 하니까 그렇게 좋은 상품이 있느냐며 관심을 보였다.

똑같은 상품도 어떻게 설명하느냐에 따라 전혀 다르게 전달된다. 세일즈맨이 하고 싶은 말은 고객 입에서 나와야 하고, 고객이 하고 싶은 말은 세일즈맨 입에서 나와야 한다. 보험을 설명하고 싶은가? 그럼 고객 입에서 "그게 무슨 보험인데요?" 소리가 나오게 하자. 고객의 공감을 얻고 싶은가? 고객의 어려움을 세일즈맨이 대신 말해주면 된다.

경력이 오래된 세일즈맨이 있었다. 신상품이 나올 때마다 상품을 열심히 분석하고 가망고객을 분류했다. 그러나 들이는 노력에 비해서 성과가 적었다. 반면 일을 시작한지 얼마 안 되는 신입 세일즈맨은 신상품의 내용도 전혀 모르면서 전화가 오면 가서 일단 그 고객을 만났다. 한참 수다를 떨다가 고객이 새로 나온 좋은 상품이 없냐고 물으면 그제서야 상품을 알아보고 고객에게 설명했다.

세일즈는 고객과의 밀당이다. 억지로 상품을 들고 따라다니면 고객은 스토커라도 만난 듯이 도망간다. 그러나 가만히 앉아서 이야기를 들어주면 고객이 먼저 다가온다. 따뜻한 말 한마디는 거북이처럼 움츠린 고객의 마음 문을 열 수 있다. 말 한마디면 천 냥 빚도 갚는다고 했다. 말 한마디에 1억 원 종신보험에 가입하게 할 수 있다.

〈새끼 원숭이의 선택〉

한 심리학자가 젖을 먹는 새끼 원숭이들 앞에 엄마 원숭이 대신 두 개의 인형을 만들어 놓았다. 하나는 철사로 엄마 원숭이처럼 만들어 그 가슴에 우유병을 넣어 두었다. 그리고 다른 하나는 부드럽고 두꺼운 천으로 만든 엄마 원숭이 인형이었다. 새끼 원숭이들은 모두 천으로 만든 엄마 원숭이에게서 우유를 찾았다. 세일즈도 그렇다. 기왕 사려면 따뜻한 말을 하는 세일즈맨에게 사고 싶은 것이 인지상정이다.

제9장

타로
스토리 카드
81~90

STORY RECIPE 100

성직자의 오해

〈빵 나눠먹기〉

평생을 서로 사랑하며 살아온 노부부가 빵을 먹고 있었다. 평소와 같이 빵의 중간 부분은 남편의 몫으로, 빵의 가장자리는 아내의 몫으로 나눴다. 아내는 그동안 참고 있던 말을 털어놓았다. "여보, 저는 사실 빵의 중간 부분을 먹고 싶은데, 내가 좋아하는 부분을 여지껏 한 번도 먹지 못했어요." 그러자 남편은 깜짝 놀랐다. 실은 지금까지 자신도 제일 좋아하는 빵 가장자리를 아내에게 양보했기 때문이다. 말을 해야 맘을 안다.

어두워 보이는 카드를 고르셨군요. 카드에서 무엇이 보이시나요?
네, 한 남자가 평상 위에 올라가 있습니다. 그 앞에는 수도사 두 명이
뭔가를 이야기하고 있습니다. 배경을 보니 왕궁이나 성당 같습니다.
평상 위에 올라간 남자의 정체는 무엇일까요? 이들은 무슨 이야기를
나누고 있을까요?

〈타로카드 설명〉

성당에서 낯선 남자를 발견한 성직자들은 처음에는 그를 도둑으로

의심했습니다. 그러나 자초지종을 들어보더니 깜짝 놀랐습니다. 알고 보니 그 사람은 성당에 오랫동안 익명으로 기부를 해왔던 사람이었습니다. 그동안 성직자들은 매년 큰 기부를 하는 사람이 누구일까 궁금했는데 그 의문이 풀렸습니다. 남자는 독실한 신자였던 부모님의 유언에 따라 매년 큰돈을 성당에 기부했습니다. 남자는 성직자들에게 만약 비밀로 해준다면 앞으로도 익명으로 계속 기부하겠다고 약속했습니다.

〈고객과의 접점〉

열 길 물속은 알아도 한 길 사람 속은 모릅니다. 아들이 고3 때 밤늦게까지 공부하고 왔습니다. 엄마가 맛있는 갈비를 해주면서 몸 상하니까 쉬엄쉬엄하라고 했습니다. 아들은 고개를 숙인 채 말없이 고기만 먹었습니다. 결국 양심에 찔렸던지 야자시간에 도망 나와서 게임을 하다가 늦었다고 실토했습니다.

〈스토리카드 연결〉

겉만 보고 사람을 판단할 수는 없습니다. 겉으론 험상궂지만 속은 의외로 여릴 수도 있습니다. 겉모습은 천사 같지만 그 안에는 독사가 도사리고 있을 수도 있습니다. 섣부르게 사람을 판단했다가는 낭패를

당합니다.

〈자식교육〉

　지하철 안에서 아이들이 제멋대로 난리를 피우고 시끄럽게 굴었습니다. 아버지인 듯 보이는 사람은 멍하니 딴생각에 빠져 있었습니다. 한 승객이 화가 나서 아버지에게 따졌습니다. "아버지가 뭐 하시는 겁니까? 아이들이 공공장소에서 제멋대로 노는 것이 안 보이시나요? 아이들 교육을 똑바로 시키세요." 그러자 퍼뜩 아버지가 대답했습니다. "죄송합니다. 사실은 며칠 전에 아내가 죽어서 경황이 없었습니다." 사연을 알기 전까지는 함부로 사람을 판단해서는 안 됩니다.

고객은 개인정보를 주는 것을 꺼립니다. 정보가 팔리거나 악용될 수 있다는 의심이 들기 때문입니다. 그럴 때는 호구 조사하듯 몰아붙이면 안 됩니다. 자연스럽게 대화를 나누며 정보를 얻어야 합니다. 팩트파인딩이란 사실 너머에 있는 고객의 감정과 느낌을 발견하는 것입니다. 파도만 보지 말고 파도를 일으킨 바람을 살펴야 합니다.

〈고객의 관심사에 관심을 가져라〉

은퇴 후 멋진 전원주택을 짓고 싶다는 자영업 대표의 사례다. 보험을 집에 비유해서 설명했다. 주춧돌은 집을 지탱하는 것으로 금융에서는 보험에 해당한다. 기둥은 집의 균형을 잡아주는 것으로 금융에서는 연금에 해당한다. 지붕은 집의 화려함을 나타내는 것으로 금융에서는 목적자금에 해당한다.

고객이 집이야기를 할 때 그 집에 사는 삶에 대해서 계속 이야기했다. 삶을 물어봤을 뿐인데 고객은 어떤 집을 지어야 하는지 답을 얻었다고 했다. 나는 집 이야기를 한 적이 없는데 나와 이야기한 고객은 삶 속에서 집에 대한 답을 찾은 모양이나 재료에만 신경 쓴 집은 보기는 좋지만 실제 살기는 불편하다. 삶이 담긴 집은 시간이 갈수록 편하고 만족도가 높아진다. 삶이 담기지 않은 집은 집이 주인이고 사람은 그 안에 사는 나그네 같다. 불편해서 견디지 못하고 편한 집을 찾아서 떠난다.

보장도 재정 상태를 파악해서 삶의 문제를 해결하는 것을 중시해야 한다. 경제적으로 여유가 있고 안정되어서 보험이 필요가 없을 것 같지만 그런 사람일수록 종신보험이 필요하다. 안정적이었기 때문에 삶이 자유롭지 못하고 안정감이 깨질까 봐 불안하기 때문이다. 두 가지 문제를 해결할 방법으로 종신보험을 제시해서 계약에 성공했다.

〈빵의 용도〉

어느 빵집에 한 청년이 매일 와서 식빵을 사가지고 갔다. 빵가게 여주인은 매일 오는 그 청년이 영양가 없는 싼 빵만 사 먹는 것이 불쌍했다. 어느 날 그녀는 아무도 모르게 빵에 버터를 듬뿍 넣어서 주었다. 그런데 바로 그날 밤, 청년은 빵가게에 와서 여주인에게 불같이 화를 냈다. 그는 도시 설계 공모전에 응모하기 위한 설계도의 마무리 손질 작업을 하는 중이었다. 당시에는 지우개 대신 빵을 썼는데 버터 때문에 설계도를 다 망치고 말았던 것이다. 겉으로 드러나는 행동의 이면을 제대로 파악해야 한다.

82

상처를 준 부자

〈간디의 배려〉

간디가 막 출발하려는 기차에 급히 올라탔다. 서두르다가 그만 그의 신발 한 짝이 벗겨져 바닥에 떨어졌다. 기차가 이미 움직이고 있었기 때문에 신발을 주울 수가 없었다. 그러자 간디는 얼른 나머지 신발 한 짝을 벗어 그 옆에 떨어뜨렸다. 동행하던 사람들이 놀라서 이유를 묻자 간디는 미소를 지으며 말했다. "어떤 가난한 사람이 신발 한 짝을 주웠다고 생각해 보십시오. 아무런 쓸모가 없을 것입니다. 하지만 이제는 신발 한 켤레를 제대로 갖게 되지 않았습니까?" 가난한 사람에 대한 간디의 배려가 돋보이는 일화다.

〈타로카드 질문〉

시끌벅적해 보이는 카드를 고르셨군요. 카드에서 무엇이 보이시나요? 네, 한 노인과 한 쌍의 남녀가 보입니다. 오른쪽 아래에는 강아지 두 마리가 있습니다. 화면 전체를 10개의 커다란 별이 채우고 있습니다. 이 별은 무엇을 의미할까요? 노인의 정체는 무엇일까요? 이곳은 어디일까요?

〈타로카드 설명〉

어느 부자가 인색하게 돈을 모으다가 어느 순간부터 주위의 많은 사람을 도와주었습니다. 평생을 나누며 산 부자는 죽어서 지옥에 갔습니다. 부자는 화가 나서 신에게 따졌습니다. "저는 평생 가난한 자들을 위해 재산을 나누며 살았습니다. 그런데 천국은커녕 지옥이라니 말이 됩니까?" 그러자 신이 대답했습니다. "너는 어려운 사람들을 도와준 것이 아니라 상처를 준 것이다. 선행을 베풀었다고 스스로 자랑하고 다니지 않았느냐?" 할 말이 없어진 부자는 고개를 떨구었습니다.

〈고객과의 접점〉

도와주고 뺨 맞는다는 말이 있습니다. 동창 모임 때 회비를 거둬서 음식값을 치르려고 했습니다. 한 친구가 그깟 음식값이 얼마나 된다고 푼돈 거두냐고 하면서 자기가 계산을 했습니다. 동창들은 밥맛없다며 다시는 그 친구를 부르지 않았습니다. 돈은 돈대로 쓰고 친구는 친구대로 잃었습니다.

〈스토리카드 연결〉

남에게 도움을 줄 때도 상대방을 배려해야 합니다. 그렇지 않으면 도와주고도 욕을 먹습니다. 진정한 나눔은 물질뿐만 아니라 마음을 나누는 것입니다. 거만한 베풂은 자기과시에 지나지 않습니다.

〈겸손한 수도원〉

　건축가 이일훈이 설계한 '자비의 침묵' 수도원의 통로는 매우 좁습니다. 마주 오는 두 사람이 동시에 스쳐지나갈 수 없을 정도입니다. 좁은 복도에서 서로 마주치면 서로 먼저 가라고 양보하는 사이에 겸손을 자연스럽게 몸에 익힐 수 있습니다. 겸손을 미덕으로 지키는 수도원에서는 좁은 통로가 적합합니다. 최대의 배려는 상대의 입장에서 상대편이 하도록 자리를 비켜주는 것입니다. 보험에서도 고객이 제안서를 만들고 세일즈맨은 옆에서 정보를 주고 도와주기만 하면 됩니다.

〈보험으로 연결〉

좋은 상품을 제시하면 유능한 세일즈맨은 될 수 있어도 고객의 신뢰를 얻기는 어렵습니다. 고객의 신뢰를 얻으려면 원하는 상품보다 필요한 솔루션을 제시해야 합니다. 솔루션을 제시하려면 고객이 '무엇'을 원하는 지보다 '왜' 그것을 원할까를 고민해야 합니다. 그래야 고객의 삶이 담긴, 고객을 위한 제안서를 쓸 수 있습니다.

〈답은 고객 안에 있다〉

스스로 설계해서 계약한 30대 회사원의 사례다. 나는 단지 정보를 주고 설계하는 방법을 알려주었을 뿐이다. 고객도 아주 구체적인 정보 외에는 대부분 알고 있었다. 몸값의 30%가 적정 보장 수준이라고 알려주었더니 본인은 우선 10%를 하고 점차 목표를 채우겠다고 했다.

종신보험은 노후에도 삶의 주도권을 확보하기 위해 필요하다. 경제활동기에 보장이 크고 노후에도 보장이 어느 정도 유지되는 방향으로 정보를 제공했다. 납입기간과 관련해서도 장단점을 말해주었다. 그렇게 했더니 자기가 살 집을 직접 짓는 느낌이라 보장에 애착이 간다고 말했다.

양복을 입다가 체형이 변하면 다시 맞춰야 한다. 보험도 마찬가지다. 납입기간이 20년이 넘으면 평균 3~4번 정도 보장이 업그레이드된다. 결혼, 자녀 출산, 교육, 주택 마련 등 이벤트가 많을 때는 변화가 심하다. 나이가 들면서 점점 변화가 적어진다.

고객을 존중하고 배려하는 것은 고객을 믿고 고객 스스로 답을 찾아가도록 도와주는 것이다. 고객의 상황에 맞는 제안서를 고객이 스스로 만드는 것은 당연한 일이다. 그러면 DIY 가구에 애착이 가듯이 자신이 선택한 보험에도 애착을 가지게 된다.

〈도시락의 비밀〉

한 청년이 대학에 입학했다. 가난했던 청년은 등록금을 벌기 위해 온실 재배 일을 하게 되었다. 현장 감독은 아내가 도시락을 너무 많이 싸줘서 다 못 먹겠다며 청년에게 나누어주었다. 한 달이 지나고 청년이 월급을 타러 가서 경리직원에게 말했다. "감독님께 전해주세요. 부인의 도시락이 정말 맛있었다고요." 그러자 직원이 깜짝 놀라며 말했다. "부인이라니요? 사모님은 5년 전에 돌아가셨는데요?" 청년의 딱한 사정을 들은 현장 감독이 그의 기분이 상하지 않도록 배려하면서 도와준 것이다.

83

일곱 개의 검

〈유종의 미〉

"마지막에 웃는 자가 가장 잘 웃는 자이다."(He who laughs last, laughs best.)라는 영어 속담이 있다. 인생은 축구 경기와 같다. 전반에 좀 부진했더라도 후반에 골을 넣으면 만회가 된다. 그러나 전반에 골을 넣어도 후반에 역전골을 먹으면 역적이 된다. 인생도 말년복이 가장 중요하다. 마지막이 좋은 인생이 성공한 인생이다.

〈타로카드 질문〉

묘기를 부리는 듯한 카드를 고르셨군요. 카드에서 무엇이 보이시나요? 네, 한 남자가 다섯 개의 검을 들고 있습니다. 땅에는 두 개의 검이

꽂혀있습니다. 남자의 정체는 무엇일까요? 7개의 검으로 무엇을 하려는 것일까요? 땅에 꽂힌 두 개의 검은 누구의 것일까요?

〈타로카드 설명〉

칼을 좋아하는 왕이 대장장이에게 명검을 일곱 개 만들라고 명령했습니다. 대장장이는 오랜 기간 정성을 들여서 명검 일곱 개를 제작해서 왕에게 바쳤습니다. 왕은 대장장이의 노고를 치하하면서 일곱 개 중 두 개를 대장장이에게 상으로 준다고 했습니다. 욕심이 생긴 대장장이는 가장 완벽한 두 개를 자기 것으로 골랐습니다. 대장장이의 욕심을 눈치 챈 왕이 말했습니다.

"이제 전쟁이 끝나서 검이 많이 필요하지 않구나. 그러나 그간 너의 노고를 치하하기에 2개의 검으로는 부족하다. 그 검은 내려놓고 나머지 5개의 검을 가져가거라." 대장장이는 후회했지만 늦었습니다.

〈고객과의 접점〉

끝이 좋으면 다 좋습니다. 은행에 다닐 때 야근까지 해서 자료를 거의 완성한 적이 있습니다. 제출을 앞두고 누군가 야식을 사 와서 맛있게 잘 먹었습니다. 그런데 문서를 저장하지 않아서 자료가 모두 날아갔습니다. 다음 날 상사에게 혼나면서 꼭 백업을 해야겠다고 다짐했습니다.

〈스토리카드 연결〉

중간과정이 아무리 좋아도 마무리를 제대로 하지 않으면 소용이 없습니다. 사람들은 첫인상에 반하고 끝인상을 기억합니다. 시작은 반이지만 끝은 전부입니다.

〈마지막 새끼줄〉

옛날 한 부자가 연말에 머슴들을 한자리에 불러서 새끼를 꼬라고 말했습니다. 어떤 머슴은 마지막 날까지 일을 시키는 주인을 원망하며 아무렇게나 새끼를 꼬았습니다. 또 다른 머슴은 주인을 위한 마음을 담아 튼튼하고 길게 새끼를 꼬았습니다. 이튿날 주인은 머슴들에게 간밤에 각자가 꼰 새끼를 가져오도록 하였습니다. 그러고는 각자 자기가 꼰 새끼로 쌀가마니를 묶어 가도록 하였습니다. 아무렇게나 새끼를 꼰 머슴은 쌀 한 가마니도 제대로 가져가지 못했지만, 정성 들여 튼실한 새끼를 꼰 머슴은 많은 쌀가마니를 가져갈 수 있었습니다.

〈보험으로 연결〉

결정을 미루면 마음만 복잡해집니다. 고객들은 빨리 결정을 내릴 수 있게 도와주는 세일즈맨을 고마워합니다. 아무리 좋은 조건의 종신보험도 최종 서명이 되지 않으면 효력이 없습니다. 그림 속의 용이 승천하기 위해서는 눈동자를 그려넣어야 합니다. 종신보험 약관이 효력을 발휘하기 위해서는 서명을 해야 합니다.

〈당당하게 무릎을 꿇자〉

미루는 습관을 가진 고객을 종신보험에 가입시킨 사례다. 설명을 듣고 나더니 모든 조건이 만족스럽지만 사인은 다음으로 미루었다. 가족을 보호하겠다고 생각만 하는 것과 보호하기 위해 실제로 종신보험 청약서에 사인하는 것은 천지차이다.

나는 지금 당장 사인을 하시면 무릎이라도 꿇겠다고 했다. 내 성과를 위해서가 아니라 고객과 고객 가족을 위해서 무릎을 꿇는 것은 비굴한 것이 아니다. 클로징이 안 되었는데 나중에 문제가 발생하면 고객 가족들에게 고개를 들 수 없다. 과정이 충실한 만큼 강력한 클로징이 가능했다.

사람은 누구나 미루는 습관이 있다. 그래서 세일즈맨이 등을 떼밀어 주어야 한다. 마무리가 되지 않으면 고객, 고객 가족, 세일즈맨에게 두고두고 상처가 될 수 있다. 그래서 유능한 세일즈맨은 집요하게 클로징을 추구한다. 계약과 불발은 1% 차이다.

클로징만 잘되는 기법은 없다. 볼링에서 스폿을 보고 공을 굴리면 스트라이크가 나오듯이, 클로징까지의 과정이 완벽하면 클로징은 저절로 이루어진다. 그래서 가장 강력한 클로징은 과정이다. 만약 과정에 충실했는데도 사인을 미룬다면 어떻게 해야 할까? 세일즈맨이 해야 할 일은 다 했으므로 클로징을 위해서 고객에게 무릎이라도 꿇을 수 있어야 한다.

〈공든 탑도 무너진다〉

공휴일궤(功虧一簣)란 말이 있다. 마무리를 못해서 공든 탑이 무너지는 것을 뜻하는 말이다. 흙을 가져다가 산을 만들 때 쉬지 않고 계속하면 언젠가 아홉 길 높이에 이르게 된다. 그때부터가 중요하다. 이제 다 되었다고 방심해서 한 삼태기의 흙쌓기를 게을리하게 되면 지금까지 해온 일이 모두 수포로 돌아간다. 마무리를 허술하게 하면 공든 탑도 무너질 수 있다.

84

무거운 금화

〈나방의 노력〉

고치에는 바늘구멍만 한 틈이 있다. 그 틈으로 나방이 나오기 위해 꼬박 한나절을 애쓴다. 마침내 고치를 벗어던진 나방은 영롱한 빛을 내며 날아간다. 그런데 이상한 것이 있다. 사람의 도움으로 쉽게 고치를 벗은 나방은 멀리 날지 못하고 떨어져 죽는다. 왜 그럴까? 좁은 구멍을 나오려는 발버둥과 몸부림이 나방을 강하게 만들었기 때문이다.

〈타로카드 질문〉

에너지가 넘치는 카드를 고르셨군요. 카드에서 무엇이 보이시나요? 네, 구름에서 나온 손이 커다란 별을 들고 있습니다. 이 손은 누구의 손

일까요? 커다란 금화는 어떤 용도로 사용될까요? 금화의 주인은 누구
일까요?

〈타로카드 설명〉

　가난한 나라의 사람들이 신에게 부자가 되게 해달라고 기도했습니
다. 신은 기도를 무작정 들어줄 수도, 무시할 수도 없어서 난처했습니
다. 고민하던 신이 좋은 방법을 찾았습니다. 커다란 금화를 만들어 놓
고 부자가 되고 싶은 사람은 누구나 가져가도 좋다고 했습니다. 사람
들은 기쁜 마음으로 달려와 금화를 서로 가져가려고 했습니다. 그러나
너무 무거워서 들지도 못했습니다. 노력은 하지 않고 기도만 해서 체

력이 약해진 것이었습니다. 금화를 가져간 사람은 체격이 건장한 사람이었습니다. 평소에 열심히 일해서 몸에 근육이 생긴 그는 혼자 너끈히 금화를 짊어지고 갔습니다.

〈고객과의 접점〉

행운은 준비된 자에게 옵니다. 저는 남들이 하기 힘들어 하는 것만 했습니다. 종신보험 세일즈, 히말라야 등반, 사하라 사막 마라톤, 남극 북극 트래킹 등. 쉬운 경험이었다면 책이나 강의에 쓸 수 없었을 것입니다. 힘든 경험이었기에 두고두고 책과 강의의 소재가 되었습니다.

〈스토리카드 연결〉

사람들은 시련 없는 성공을 원합니다. 그러나 시련 없이 주어지는 성공은 줘도 못 가져갑니다. 짊어지고 갈 힘이 없기 때문입니다. 돈의 체력은 시련을 통해서 길러집니다. 시련은 성공의 걸림돌이 아니라 디딤돌입니다.

〈알곡의 조건〉

한 농부가 신에게 딱 1년 동안만 좋은 날씨를 달라고 기도했습니다. 기도를 들은 신은 농부를 위해 1년 동안 폭풍도 몰아치지 않고 비도 오지 않게 모든 조건을 좋게 만들어 주었습니다. 어느덧 가을이 되어 곡식이 무르익자 농부는 즐거운 마음으로 곡식을 수확했습니다. 그런데 수확한 곡식은 모조리 쭉정이였습니다. 알맹이는 한 톨도 없었습니다. 고난과 시련을 겪지 않은 열매는 속이 여물지 못하고 텅텅 비어 버린 것입니다.

〈보험으로 연결〉

맑은 날만 있으면 곡식이 여물지 않습니다. 곡식이 여물기 위해 비바람이 필요한 것처럼, 보험 세일즈맨으로 성장하기 위해서는 시련과 고난이 필요합니다. 보험 세일즈맨의 보수는 성공의 대가로 받는 것이 아니라 거절의 대가로 받는 것입니다. 고객이 거절하는 이유를 이해하고 공감하면 고객이 스스로 거절처리를 합니다. 거절을 거절해야 합니다.

〈거절을 거절하라〉

40대에 가수 지망생 필리핀인 아내와 결혼한 50대 가장의 사례다. 처음에 1억 원의 종신보험을 가지고 있었으나 아들이 태어나면서 경제적 부담 때문에 5천만 원을 감액했다. 자녀가 태어나면 보장을 늘려야지 줄이면 어떻게 하느냐고 설득했으나 지금 당장 경제적으로 힘들어서 어쩔 수 없다고 했다. 고객의 거절을 거절했어야 했는데 쉽게 수용해서 고객을 어렵게 만들었다.

무릎수술을 하고 일을 쉬면서 자녀 양육비로 경제적 압박이 컸다. 필리핀의 장인어른도 아파서 치료비를 보내드려야 하는 상황이었다. 지금 당장은 어쩔 수 없지만 앞으로 더 열심히 벌어서 여유가 생기면

550 | 종신보험 타로카드 스토리 레시피

다시 1억 원 수준의 보장을 만들겠다고 했다.

그로부터 3년 후 초기 대장암 진단을 받아 수술을 했고 다행히 경과가 좋았다. 1년 경과 후 위암 판정을 받았는데 전이가 아니라 새로운 암이어서 수술을 받았다. 위암 수술 후 안심을 했지만 6개월 후 암이 간과 폐까지 전이되었다는 진단을 받았다.

두 번째까지는 삶에 대한 의지가 강했는데 3번째는 두려움에 어쩔 줄 몰라 했다. 본인의 암보다 5살 아들과 아내가 걱정되어서 잠을 잘 수가 없다고 했다. 몸이 아프더라도 아들이 군대를 제대할 때까지만 살아있으면 좋겠다고 했다. 아내는 한국어도 제대로 못해서 취직이 어려웠다. 유지되고 있는 5천만 원은 너무 작게 느껴지고 감액한 5천만 원은 크게 느껴졌다. 대출을 해서라도 감액을 막았으면 좋았겠다고 아쉬워했다. 여유가 없을 때 여유를 만들어 주는 것이 종신보험이라는 말에 뒤늦게 공감했다.

〈무섭지 않은 사자〉

한 남자아이가 아빠와 동물원에 갔다. 사자우리 앞을 지나갈 때 사자가 포효를 하자 아이가 놀라서 울음을 터뜨렸다. 그 모습을 본 아빠가 물었다. "얘야 무슨 일이 있니?" 새파랗게 질린 아이가 대답했다.

"아빠는 저 무서운 사자가 보이지 않아요?" 아빠가 대답했다. "물론 보이지." 그리고 말을 이었다. "그렇지만 나는 철장도 함께 보고 있단다." 아무리 무서운 현실이 닥쳐와도 철장처럼 튼튼한 안전장치가 있으면 두려울 것이 없다.

STORY RECIPE 100

85

칼장수의 비밀

〈고수의 조건〉

바둑은 끝내기가 중요하다. 처음부터 바둑을 잘 두는 것도 중요하다. 하지만 그보다 더 중요한 것은 마무리를 잘하는 것이다. 마무리를 잘하지 못하면 아무리 큰 대마라 할지라도 죽을 수 있다. 우리는 끝내기 잘하는 사람을 고수라고 부른다. 끝내기를 못하는 사람은 아무리 초석을 잘 놓았다 할지라도 하수에 불과하다. 하수는 잘 두다가도 마무리를 못해서 대마를 잃고 땅을 치며 후회한다.

〈타로카드 질문〉

비장해 보이는 카드를 고르셨군요. 카드에서 무엇이 보이시나요?

네, 한 남자가 3자루의 칼을 들고 서 있습니다. 바닥에는 2자루의 칼이 널브러져 있습니다. 하늘에는 무심히 구름이 흘러가고 있습니다. 이 남자의 정체는 무엇일까요? 왜 칼을 들고 있을까요? 주변에 배회하는 사람들은 누구일까요?

〈타로카드 설명〉

옛날에 두 명의 칼 장수가 있었습니다. 그중 한 명은 칼을 잘 파는데 다른 칼 장수는 칼을 팔지 못했습니다. 칼을 못 파는 장수는 그 비밀을 알아보려고 잘 파는 장수를 따라다녔습니다. 그러나 특이한 점을 발견하지 못했습니다. 칼의 품질도 비슷했고 파는 방법도 크게 다르지 않았습니다. 나중에서야 칼을 잘 파는 장수는 한마디를 덧붙인다는 사실을 알게 되었습니다. 그 한마디는 "칼 좀 사주세요!"였습니다. 확실히 요구하지 않으면 사람들은 행동하지 않습니다.

〈고객과의 접점〉

"끝날 때까지 끝난 것이 아니다." 메이저리그 선수 요기 베라의 말입니다. 자격증 시험에서 공부를 열심히 한 친구가 답은 다 아는데 OMR 카드를 한 칸 씩 밀려 썼습니다. 시간이 없어서 그대로 제출했고 결국 떨어졌습니다. 순간의 방심이 그동안의 노력을 물거품으로 만들었습니다.

〈스토리카드 연결〉

홈쇼핑에서 물건을 구입하고, 결제하고, 배송요청까지 했습니다. 거래가 끝난 것인가요? 아닙니다. 고객이 물건을 받기 전까지 거래가 끝난 것이 아닙니다. 아니, 심지어 써보고 만족할 때까지 거래는 끝나지 않습니다. 마지막에 방심하면 반품 요청이 들어옵니다.

〈화룡점정〉

옛날 중국 양나라에 장승요라는 유명한 화가가 있었습니다. 어느 날 그는 두 마리 용을 그렸는데, 그만 용들의 눈동자를 그리지 않았습니다. 그러다 용 한 마리의 눈에 점을 찍어 눈동자를 그리자 갑자기 천둥번개가 치며 하늘로 올라갔습니다. 그러나 눈에 점을 찍지 않은 나머지 용은 그대로 남아있었습니다. 화룡점정은 여기서 유래한 말입니다. 가장 중요한 부분을 끝내어 일을 완성시킨다는 뜻으로 마무리의 중요성을 일깨워 줍니다.

<보험으로 연결>

증권전달은 보험 세일즈의 화룡점정입니다. 증권전달까지가 세일즈입니다. 사람은 누구나 소유한 것에 더 많은 가치를 부여합니다. 보험의 가치를 확인시킬 최적의 타이밍은 증권전달의 순간입니다. 가치를 알면 지인에게 소개하고 싶어집니다.

<증권전달은 죽은 보장도 살린다>

다른 회사의 연금상품과 종신보험을 비교하다 종신보험을 선택한 사례다. 증권전달을 하러가서 종신보험의 니즈환기를 다시 했다. 아마 종신보험 대신 저축을 한다고 했으면 나는 그러지 말라고 무릎을 꿇고 사정했을 것이다. 나를 위해 무릎을 꿇는 것이 창피하지만 고객의 가족을 위해 무릎을 꿇는 것은 전혀 부끄럽지 않다.

왜 그럴까? 종신보험을 선택하지 않은 상태에서 문제가 발생하면 고개를 들고 가족들을 만날 수 없기 때문이다. 몇 번에 걸쳐서 종신보험을 제대로 설명했으나 저축을 하겠다고 거절하는 것을 겨우 설득해서 계약했다. 증권을 전달하러 오기 전까지만 해도 취소하려고 했다고 한다. 연금상품을 권했던 다른 세일즈맨에게 설득당했던 것이다.

그런데 증권을 전달하면서 다시 니즈 환기를 하고 자기 가족들을 위해서 무릎을 꿇겠다는 말까지 듣자 유지해야겠다고 마음을 바꾸었다. 만약 증권전달을 모든 절차가 끝난 형식적인 단계로 생각하고 소홀히 했다면 계약에 실패했을 것이다.

끝날 때까지 끝난 것이 아니다. 모든 것은 마지막 하나까지 완벽해야 한다. 마무리를 어떻게 하느냐에 따라 취소될 계약이 유지되고 성사될 계약도 취소된다. 계약의 성사는 사소한 차이에 의해 결과가 달라진다. 증권전달은 보험세일즈의 화룡점정이다.

〈애벌레의 끝은 나비의 시작〉

법정스님은 이렇게 말한다. "시작은 어렵다. 시작하기만 해도 큰일이다. 그래서 '시작은 반'이다. 끝은 훨씬 더 어렵다. 시작은 누구나 할 수 있지만, 끝은 아무나 할 수 없다. 그래서 '끝은 전부'다. 끝날 때까지 끝난 게 아니다. 계단의 처음과 끝을 다 보려고 하지 말고 그냥 발을 내디뎌라. 애벌레는 세상 끝이라고 말하지만 나비에게는 이제부터가 시작이다. 삶의 순간순간이 아름다운 마무리며 새로운 시작이어야 한다." 가슴에 새겨야 할 명언이다.

86

끊어진 닻

〈신발 속의 모래알〉

마라톤을 완주한 선수에게 리포터가 가장 힘들게 한 것이 무엇이었는지 물었다. 그러자 마라토너가 대답했다. "저를 힘들게 한 것은 호흡도 갈증도 아닙니다. 신발 속에 모래알만한 작은 돌멩이 하나였습니다." 사람들은 인생을 종종 마라톤에 자주 비교한다. 우리 인생은 단거리가 아니라 장거리이기 때문이다. 살아가는 동안 우리를 힘들게 하는 것은 앞을 가로막은 거대한 산이 아니라 신발 속의 작은 모래 알갱이다.

〈타로카드 질문〉

쓸쓸해 보이는 카드를 고르셨군요. 카드에서 무엇이 보이시나요?

네, 바닷가에 커다란 닻이 하나 버려져 있습니다. 이곳은 어디일까요? 왜 물속에 있어야 할 닻이 육지에 올라와 있을까요? 배는 어디로 간 것일까요?

〈타로카드 설명〉

한 사람이 타지에서 오랜 기간 노력해서 모은 보물을 배에 가득 실었습니다. 다음 날 고향으로 돌아갈 생각에 마음이 들떠서 먹고 마시며 정신없이 놀았습니다. 다음 날 아침에 일어나보니 배가 사라졌습니다. 밤사이 태풍이 불었는데 닻의 줄이 끊어져서 보물선이 떠내려간 것입니다. 보물선과 함께 꿈도 사라졌습니다. 보물에만 신경 쓸 것이 아니라 낡은 닻줄에도 신경을 썼어야 했습니다. 작은 실수가 지금껏 쌓아온 탑을 와르르 무너뜨렸습니다.

〈고객과의 접점〉

금슬이 좋은 부부가 있었습니다. 어느 날 오랜만에 남편에게 안부전화를 했더니 목소리가 좋지 않았습니다. 아주 사소한 이유 때문에 이혼을 했다는 것이었습니다. 양말을 벗어서 뒤집어 놓은 것이 불화의 시작이었습니다.

〈스토리카드 연결〉

99와 100은 고작 1밖에 차이가 나지 않습니다. 그렇지만 99도의 물은 그냥 뜨거운 물이고 100도의 물은 수증기가 됩니다. 세일즈도 마찬가지입니다. 99와 100의 차이가 구매와 비구매로 이어지면 0과 100으로 차이가 벌어집니다.

〈짚신의 비밀〉

옛날에 아버지와 아들이 짚신을 만들어 시장에 팔았습니다. 아버지가 만든 짚신은 금세 팔렸지만 아들이 만든 짚신은 잘 팔리지 않았습니다. 아무리 아들이 비결을 물어봐도 아버지는 묵묵부답이었습니다. 마침내 세월이 지나고 아버지의 임종이 다가왔습니다. 아버지는 아들을 부르더니 귓속말로 속삭였습니다. "짚신 안쪽, 발바닥이 닿는 쪽의 털을 촛불로 매끈하게 태우거라." 아주 작은 지푸라기 털 하나가 성패를 좌우했던 것입니다.

〈보험으로 연결〉

《설득의 심리학》으로 유명한 로버트 치알디니에 의하면, 설문조사를 할 때 그냥 설문지를 주면 대상자의 36% 만이 응답합니다. 하지만 포스트잇에 '설문지 작성을 부탁해요'라는 말을 적어서 붙여 주면 정성껏 빈 칸을 채우는 사람이 75%로 증가합니다. 누군가를 설득할 때 조금만 정성을 쏟아도 결과가 놀랄 만큼 달라집니다.

〈의미있는 선물 의미있는 소개〉

작은 선물로 추가계약을 하고 소개도 받은 사례다. 내가 선물한 상품권으로 온 가족이 외식을 했다. 식사를 하다 보니 상품권이 어디서 왔는지 묻게 되었고 자연스럽게 보험으로 연결되었다. 그 결과 자녀들이 추가 계약을 하게 되었고 자녀들은 또 다른 사람을 소개해 주었다.

선물은 여러 사람이 같이 사용할 수 있고 의미를 나눌 수 있는 것이 좋다. 돈으로 살 수 없는 선물에는 큰 의미가 담긴다. 노력이 들어가고 고객을 생각하고 있다는 공감이 전달될 수 있어야 한다. 예전에 제주에서 귤을 직접 수확해서 보내주었더니 반응이 좋았다. 그냥 귤을 보낸 것이 아니라 여행지에서까지 고객을 생각하는 마음을 담아서 보냈던 것이다.

나는 충북 보은이 고향이다. 보은은 대추가 유명하다. 하루는 시골 친구가 농사지은 고향 대추를 보내주었다. 친구가 보내준 것은 단순한 대추가 아니라 그의 삶이었다. 오랜만에 고향과 함께 친구의 얼굴이 떠올라서 마음이 따뜻해졌다. 그리고 고객에게도 이런 감정을 느끼게 하고 싶었다.

선물은 다 주었다고 생각할 때 하나를 더 주는 것이 포인트다. 사람들은 예기치 못한 선물을 받았을 때 그 선물의 가치를 더 크게 느낀다. 예를 들어 제주산 귤을 선물로 보낼 때도 그냥 보낼 것이 아니라 감귤 초콜릿을 몇 개 넣으면 어떨까. 초콜릿 값이야 얼마 하지 않지만 고객이 느끼는 감동은 그 몇 배 이상이다. 마음이 느껴지기 때문이다.

〈신이 있는 곳〉

서양 속담에 '신은 디테일에 숨어 있다'는 말이 있다. 칭화대 명예교수 왕중추는 2004년 《디테일의 힘》이라는 책에서 작은 것의 중요성을 강조했다. 그에 의하면 100-1은 99가 아니라 0이다. 100가지를 잘해도 사소한 한 가지를 잘못하면 모든 일을 그르칠 수 있다는 뜻이다. 마라토너의 신발에 들어간 모래 알갱이 하나는 시합 내내 선수를 괴롭힌다. 경주를 완주하고 싶다면 사소한 모래 알갱이부터 털어버려야 한다.

87

열 그루의 나무

〈천지창조〉

불세출의 천재 미켈란젤로는 시스티나 성당의 천장화인 '천지창조'를 그렸다. 이 작품은 1508년 교황 율리우스 2세의 명으로 창세기의 9장면을 시스티나 성당의 천장에 구현한 것이다. 미켈란젤로는 이 작품을 완성하기 위해 4년 동안 고개를 꺾고 사다리 위에서 작업을 해야 했다. 작업을 끝낸 미켈란젤로는 온몸이 만신창이가 되었다고 한다. 이런 끈기와 노력이 있었기에 천지창조는 인류의 보물로 남을 수 있었다.

〈타로카드 질문〉

힘들어 보이는 카드를 고르셨군요. 카드에서 무엇이 보이시나요?

네, 한 남자가 열 그루의 나무를 안고 힘겹게 어딘가로 향하고 있습니다. 남자의 정체는 무엇일까요? 남자가 향하는 곳은 어딜까요? 싹이 난 열 그루의 나무는 어디에 사용될까요?

〈타로카드 설명〉

    산을 가꾸는 한 남자가 있었습니다. 그런데 갑작스런 산불로 나무가 모두 불타버렸습니다. 남자는 삶의 의욕을 잃고 한동안 넋을 놓고 살았습니다. 봄이 되자 나뭇가지에서 작은 새싹들이 올라 왔습니다. 그것을 본 남자는 처음 산에 나무를 심었던 생각이 났습니다. 그리고 다시 시작해야겠다는 의욕이 생겼습니다. 우선 상태가 좋은 나무 열 그루를 다시 심고 산을 가꾸기 시작했습니다. 몇 십 년이 다시 흐르자 산은 전보다 더 울창해졌습니다.

〈고객과의 접점〉

도끼도 꾸준히 갈면 바늘로 만들 수 있습니다. 〈개그 콘서트〉의 '달인' 코너에서 김병만은 몇십 년 동안 한 가지 일을 한 달인으로 소개됩니다. 누구라도 몇십 년 동안 한 가지 일만 하면 그 분야의 달인이 될 수 있습니다.

〈스토리카드 연결〉

불가능은 없습니다. 충분하지 않은 시간만 있을 뿐입니다. 불가능할 것 같은 일도 오래도록 끈기 있게 노력하면 기적이 일어납니다. 우화 속 이야기인 줄 알았던 우공이산(愚公移山)이 인도에서 실제로 일어났습니다.

〈터널을 뚫은 남자〉

한 남자가 인도의 외진 마을에 살았습니다. 어느 날 임신한 그의 아내가 산에서 굴러 떨어졌는데 병원에 가려면 산을 빙 돌아서 80㎞를 가야 했습니다. 결국, 병원에 가던 중 아내는 사망하고 말았습니다. 그날 이후 남자는 삽과 망치만 들고 산을 가로지르는 터널을 만들기 시작했습니다. 주위에서 다들 미쳤다고 손가락질했습니다. 하지만 결국 22년이 지난 후 기적처럼 산을 가로지르는 터널이 생겼습니다. 처음에는 사람 하나가 겨우 다닐 만한 길이 뚫렸지만, 그의 정성에 감복한 사람들이 가세하면서 터널은 자동차가 다닐 정도로 넓어졌습니다. 꾸준함은 산에 터널도 뚫을 수 있습니다.

〈보험으로 연결〉

　도박하는 사람들은 불확실한 것을 얻기 위해 확실한 것을 겁니다. 그러나 안정된 인생을 살고자 하는 사람들은 확실한 것을 얻기 위해 확실한 것을 겁니다. 종신보험은 장기간 유지되어야 하는 상품입니다. 산에 터널을 뚫겠다는 정도의 확고한 의지가 있어야 끝까지 유지됩니다. 변동성이 크면 의지도 흔들립니다. 확정 종신보험은 보장금액 및 환급금이 확정된 보험입니다.

〈불안함에 대한 확실한 대비〉

　확정종신보험에 가입한 교수부부의 사례다. 처음에는 변액상품을 설명했더니 안 그래도 불안해서 보험에 가입하는데 상품이 불안하면 되겠느냐고 말했다. 알고 보니 변액상품에 가입했다가 마음고생만 많이 하고 중도에 해지한 경험이 있었다.

　인플레이션 리스크를 이야기하니까 큰 비중의 돈을 투자하는 것이 아니기 때문에 가치 변동은 보험이 아닌 다른 것으로 커버하면 된다고 했다. 부부가 보유한 대부분의 자산이 부동산이었는데 부동산은 인플레이션을 반영하는 대표적인 자산이다.

종신보험 하나로 모든 것을 커버하려는 욕심을 부리면 제대로 된 보장을 선택하기 힘들다. 핵심적인 한 가지를 완벽하게 준비하면 그 한 가지가 많은 부분을 커버할 수 있다. 변액상품은 수익률이 나빠져도 보장내용은 최저 보장된다고 설명했는데도 확정 종신보험을 선호했다.

변동성이 있는 상품은 성과가 좋으면 자기가 선택을 잘한 것이고 성과가 좋지 않으면 세일즈맨의 잘못이라고 생각한다. 종신보험은 확정으로 하는 것이 유리하다. 유지하는 도중에 안 좋은 상황을 언젠가 한번은 경험하게 될 장기적인 상품이기 때문이다.

〈불꽃의 끈기〉

도끼와 톱과 망치가 서로 힘자랑을 하고 있었다. 쇳덩이를 부수는 쪽이 형이 되기로 했다. 먼저 도끼가 날을 세워 쇳덩이를 내리쳤다. 도끼의 날만 무디어질 뿐 쇳덩이는 멀쩡했다. 이번에는 톱이 쇠의 표면에 날을 대고 열심히 왔다갔다 했지만 날만 모두 상하고 말았다. 망치는 있는 힘을 다해 부딪쳤지만 소용이 없었다. 그때 작고 약한 불꽃이 조용히 나섰다. 불꽃은 쇳덩이를 끌어안고 시뻘겋게 타오르기 시작했다. 한참 시간이 지나자 쇳물이 녹아내리기 시작했다.

88

광대의 비밀

〈휘어야 산다〉

세상 만물은 생명이 있는 동안에는 유연하지만 죽으면 말라서 딱딱하게 된다. 딱딱한 것은 죽은 것이고 유연한 것은 살아 있는 것이다. 사람도 늙으면 전신이 딱딱하게 굳어 팔다리, 허리 등의 가동범위가 제한되고 부러지기 쉽다. 나무도 생나무는 탄력이 있어서 쉽게 꺾기 힘들다. 하지만 죽은 나무는 굵은 가지도 쉽게 부러진다. 유연성이 곧 생명이다.

〈타로카드 질문〉

우스꽝스러워 보이는 카드를 고르셨군요. 카드에서 무엇이 보이시

나요? 네, 긴 모자를 쓴 광대가 양손에 별을 들고 묘기를 부리고 있습니다. 광대가 부리는 묘기의 이름은 무엇일까요? 광대는 어떻게 묘기를 할 수 있을까요? 사람들은 광대의 묘기를 보고 뭐라고 할까요?

〈타로카드 설명〉

공을 들고 광대가 저글링을 했습니다. 공을 손에서 떨어뜨리지 않고 신기한 묘기를 많이 보여주었습니다. 공연이 인기를 끌자 광대는 부와 명예를 거머쥐게 되었습니다. 다른 광대들이 부러워하면서 따라서 하려고 열심히 노력했지만 흉내 낼 수가 없었습니다. 어떻게 해도 공이 자꾸 손에서 떨어졌습니다. 마침내 친한 동료가 몰래 찾아와서 비법을 알려 달라고 간청했습니다. 광대는 조용히 자신의 양손을 보여주었습니다. 비결은 사람들의 눈에 보이지 않도록 실로 공을 손에 고정시키는 것이었습니다. 유연한 생각의 전환은 불가능을 가능하게 만들어 줍니다.

〈고객과의 접점〉

버드나무는 세찬 바람에도 휠지언정 부러지지는 않습니다. 집 근처에 장사가 잘되는 초밥집이 있습니다. 위치는 지하철역에서 멀지 않았지만 골목에 있어서 찾기 힘듭니다. 역 자전거 보관소에 세워진 자전거에는 '전방 50M 골목에 초밥집'이라고 쓰인 깃발이 꽂혀 있습니다. 자전거가 아니라 광고판 역할을 한 것입니다.

〈스토리카드 연결〉

생각이 유연한 사람은 상황에 따라 한 가지 사물을 다양한 용도로 활용합니다. 반면 생각이 완고한 사람은 상황이 바뀌어도 이전의 생각을 고수합니다. 주변 사람들의 조언도 듣지 않습니다. 그러다가 큰 대가를 치르기도 합니다.

〈미생지신〉

　춘추시대 노나라에 미생(尾生)이라는 사내가 있었습니다. 그는 어떤 일이 있어도 약속을 어기지 않기로 유명했습니다. 어느 날 미생은 사랑하는 여자와 다리 아래에서 만나기로 약속했습니다. 그는 늦지 않게 다리 아래로 나갔으나 웬일인지 여자가 나타나지 않았습니다. 그 자리에서 기다리고 있는데 갑자기 쏟아진 장대비로 개울물이 불어나기 시작했습니다. 하지만 그는 약속을 지키겠다며 자리를 옮기지 않았습니다. 결국 미생은 불어난 개울물에 휩쓸려 죽고 말았습니다. 이처럼 융통성 없는 태도를 '미생지신(尾生之信)'이라고 합니다.

〈보험으로 연결〉

상품은 고객의 성향에 따라 유연해야 합니다. 수익률이 낮더라도 변액종신보험은 융통성과 안정성을 둘 다 잡을 수 있는 상품입니다. 경기가 좋을 때는 보장금액 환급금이 증가해서 인플레이션을 커버합니다. 경기가 나빠지더라도 사망보장금액을 최저 보장하니까 보장으로 승부하면 됩니다. 사망보장의 니즈가 확실한 경우 변액종신보험은 최선의 상품입니다.

〈변액으로 변화에 대비하라〉

종신보험을 미루다 비싸게 변액종신보험에 가입한 회사원의 사례다. 평소 투자에 관심이 많았는데 투자수익률이 좋으면 금방 보장금액 수준의 돈을 벌 것 같아서 가입을 미뤘다. 막상 투자수익률이 낮으면 돈이 없어서 가입을 못했다. 투자수익률이 중간 수준이면 조금만 기다리면 곧 하겠다고 미뤘다.

늘 투자로 돈을 벌면 회사를 그만두겠다고 입버릇처럼 말했다. 불성실하게 회사 생활을 하다 보니 회사에서도 인정받지 못했다. 집에도 생활비를 주다 말다 해서 이혼 직전까지 내몰렸다. 종신보험 가입을 미루고 미루다가 10년이 지나자 돈도 잃고 건강도 안 좋아졌다. 그러는 사이 보험료만 많이 올라갔다.

재산과 건강이 바닥으로 내려오니 종신보험이 눈에 들어오기 시작했다. 변액상품은 중간에 관리가 중요하다. 가입할 때는 설명을 잘하는데 중간에 관리하지 않고 방치하는 경우가 많다. 다행히 본인이 투자 경험이 있어서 변액이 답답하지 않고 편하다고 했다. 최저보장이 되면서 수익도 기대할 수 있다며 변액종신보험을 만족해했다.

저금리, 저성장 상황에서는 고정수입으로 재정안정을 이루기 힘들다. 변액종신보험의 납입면제, 사망보장은 수익률에 관계없이 최저보장이 된다. 한편 유니버셜 기능은 타이밍을 활용해서 수익의 극대화를 꾀할 수 있다. 인플레이션 상황에서는 수익률에 따라 보장금액이 상승한다. 환급금 증가는 물가상승의 리스크를 커버할 수 있다.

〈정주영 공법〉

1970년대 현대건설은 서해 간척사업에 뛰어들었다. 그런데 서산 앞바다는 조석간만의 차가 워낙 커서 물막이를 위해서는 20톤 이상 돌을 사서 메워야 했다. 고 정주영 회장은 비용 절감을 고민하다가 폐유조선으로 조수를 막은 상태에서 흙을 메운다는 아이디어를 떠올렸다. 그 결과 현대건설은 계획 공기 45개월을 단 9개월 만에 완공시키는 놀라운 성과를 이뤄냈다. 이것이 세계적으로 유명한 '정주영 공법'이다.

유연한 생각은 기적을 가져온다.

STORY RECIPE 100

89

구름 모자

〈천재 N잡러〉

레오나르도 다 빈치(Leonardo da Vinci 1452~1519)는 〈최후의 만찬〉, 〈모나리자〉로 유명한 르네상스 시대의 천재화가다. 그는 화가인 동시에 발명가, 기술자, 조각가, 건축가, 과학자, 해부학자, 그림을 넣은 정밀 지도제작자(cartography), 천문학자, 동식물학자, 저술가, 역사학자, 문학자, 음악가, 수학자, 고생물학자, 족적(足跡)화석학자이기도 했다. 그래서 그는 역사상 가장 놀라운 만능천재라고 불린다. 요즘 유행하는 N잡러의 끝판왕이다.

평화로워 보이는 카드를 고르셨군요. 카드에서 무엇이 보이시나요? 네, 산 위로 하얀 뭉게구름이 피어오르고 있습니다. 산과 나무가 장난 감처럼 보일 정도로 커다란 구름입니다. 누가 이렇게 큰 구름을 만들 었을까요? 구름의 특징은 무엇일까요? 구름으로 무엇을 할 수 있을까 요?

〈타로카드 설명〉

하루는 신이 모자를 만들어 멋을 내려고 했습니다. 산을 가지고 만들까 했더니 너무 무거웠습니다. 초승달로 만들까 했는데 너무 차가웠습니다. 태양은 너무 뜨거워서 싫었습니다. 그때 구름이 바람에 밀려 지나갔습니다. 신이 생각해보니 구름은 가볍고 포근하면서 원하는 대로 모양을 변화시킬 수 있었습니다. 그 후로 신은 항상 구름모자를 쓰고 다녔습니다.

〈고객과의 접점〉

고정관념을 깨면 하나의 사물을 전혀 다른 용도로 쓸 수 있습니다. 막걸리 상자의 원래 용도는 막걸리병을 보관하는 것입니다. 그런데 동네 파전집에서는 비가 오면 막걸리 상자를 바닥이 위로 가게 뒤집어 놓습니다. 그러면 막걸리병을 꽂는 구멍이 우산꽂이가 됩니다.

〈스토리카드 연결〉

직원을 고용할 때도 창의적인 인재를 골라야 합니다. 이런 사람은 여러 가지 일을 동시에 해낼 수 있습니다. 한 사람만 고용해도 두 세 사람 역할을 해냅니다. 갈대도 그렇습니다.

〈여러 얼굴의 갈대〉

갈대는 알고 보면 버릴 게 하나도 없는 식물입니다. 어린 순은 식용으로 사용하며 이삭은 빗자루를 만들고 이삭의 털은 솜 대용으로도 사용합니다. 한방에서는 봄에서 가을 사이에 채취해 수염뿌리를 제거하고 햇볕에 말린 것을 약재로도 사용합니다. 그뿐만이 아닙니다. 갈대는 수질오염 물질인 질소, 인을 흡착해서 미생물이 서식할 수 있는 환경을 제공합니다. 그 결과 탁월한 수질정화 능력을 갖춥니다. 갈대는 식물계의 레오나르도 다 빈치입니다.

⟨보험으로 연결⟩

갈대는 손으로도 꺾을 수 있을 만큼 연약합니다. 그러나 나무도 쓰러뜨리는 폭풍에 꺾이지 않는 이유는 상황에 맞게 변화하는 유연성 때문입니다. 유니버셜종신보험은 추가납입을 하면 보장과 저축을 동시에 하는 만능 갈대입니다. 그러나 추가납입은 하지 않고 중도 인출만 하면 가장 수익률이 낮은 연약한 갈대입니다.

⟨갈대처럼 유연한 유니버셜 시스템⟩

계약자와 수익자를 법인으로 한 사례다. 설계회사 공동대표인 두 사람이 같은 금액으로 유니버셜종신보험에 가입했다. 둘 중에 한 사람에게 문제가 생기면 출자한 지분에 대한 보상 재원으로 활용할 수 있었다. 또 회사의 운영자금이 필요하면 중도 인출로 유동성 문제를 해결할 수 있었다. 퇴직시에는 퇴직금 재원으로 활용할 수 있다.

우산은 비가 오면 빗물을 막아준다. 햇볕이 쨍쨍하면 양산으로 쓸 수 있다. 다리가 아플 때는 지팡이로도 쓸 수 있다. 우산 하나가 3가지 기능을 하는 것이다. 유니버셜종신보험도 보장, 수시입출금 통장, 비과세목적자금을 위한 저축의 3가지 기능을 한다.

유니버셜 상품은 세일즈맨의 체계적이고 지속적인 관리가 중요하다. 여유가 있을 때 추가납입을 적극 권유해야 한다. 관리하지 않으면 고객은 여유가 생기는 만큼 지출을 늘리기 때문에 저축하기 힘들다. 추가납입은 하지 않고 중도인출 기능만 활용하면 최악의 저축상품으로 기억되면서 해지 수순을 밟는다. 이는 고객과 세일즈맨에게 큰 상처가 될 뿐만 아니라 추가 계약이나 소개도 단절된다.

갈대는 휘어질지언정 부러지지는 않는다. 인생도 사업도 굴곡없이 평탄하게 유지되기 힘들다. 확정적인 상품들은 심플하고 믿음이 가지만 위기가 닥쳤을 때 어쩔 수 없이 해지된다. 유니버셜 상품은 여유가 있을 때 추가납입하고, 어려울 때는 인출해서 사용할 수도 있다. 잘 관리하면 장기적으로는 고객과 좋은 관계를 지속적으로 유지할 수 있는 최상의 상품이다.

〈꿩 먹고 알 먹고〉

꿩은 무척 예민한 동물이다. 누군가 가까이 다가오는 기척이 느껴지면 잽싸게 날아간다. 이렇게 예민한 꿩도 알을 품고 있을 때는 도망가지 않는다. 모성애가 강하기 때문이다. 그래서 알을 품고 있는 꿩을 발견하면 쉽게 꿩도 잡고 알도 얻을 수 있다. 여기서 나온 속담이 '꿩 먹고 알 먹고'이다. 유니버셜종신보험에 가입하면 꿩(보장)도 먹고 알(입출금)도 먹고 둥지(비과세 목적자금)까지 헐어서 땔감으로 쓸 수 있다.

90

길들여진 태양

〈다다익선〉

어느 날 유방이 한신에게 물었다. "그대가 보았을 때 나는 얼마나 많은 군대를 이끌 수 있을 것 같소?" 그러자 한신이 대답했다. "폐하께서는 한 10만쯤을 거느릴 수 있을 것 같습니다." 이에 살짝 기분이 상한 유방이 다시 물었다. "그럼 그대는 얼마나 많은 군대를 이끌 자신이 있소?" 그러자 한신이 대답했다. "신은 많으면 많을수록 좋습니다." 삶을 지켜줄 안전장치도 많으면 많을수록 좋다.

〈타로카드 질문〉

아기자기해 보이는 카드를 고르셨군요. 카드에서 무엇이 보이시나

요? 네, 구름에서 나온 손이 여러 형상이 복합된 물건을 들고 있습니다. 자세히 보니 맨 뒤에 태양이 보이고 그 앞으로 날개, 별, 동그란 테두리 등이 보입니다. 이 물건은 무엇일까요? 각각의 구성요소는 무엇을 의미할까요? 구성요소들은 각각 어떤 역할을 할까요?

〈타로카드 설명〉

옛날 옛적, 태양은 가끔 폭발을 일으켰습니다. 그럴 때마다 지구는 불바다가 되었고 생명체가 멸망할 위기에 처했습니다. 태양의 위력은 대단해서 한 가지 대비책으로는 불가능했습니다. 그래서 신은 태양을 제어하기 위해 4단계의 장치를 만들었습니다. 태양이 너무 뜨거우면 가장 먼저 천사의 날개로 태양빛을 가렸습니다. 그걸로 부족하면 별과 달로 가렸습니다. 그래도 안 되면 구름이 태양빛을 차단했습니다. 이 4단계의 대비책 덕분에 지구에는 비로소 인간들이 살 수 있게 되었습니다.

〈고객과의 접점〉

위험을 막아주는 장치는 많으면 많을수록 좋습니다. 자동차의 안전장치도 여러 단계로 되어 있습니다. 차체에 충격이 가해지면 우선 에어백이 터집니다. 다음으로 ABS가 급제동시 바퀴를 제어해 줍니다. 안전벨트도 2차 충돌로부터 몸을 보호해 줍니다. 이 중 하나라도 없다면 운전자가 크게 다칠 수 있습니다.

〈스토리카드 연결〉

인생에서 100 정도의 고난이 예상된다면 딱 100을 준비해서는 안 됩니다. 여유 있게 200 정도를 준비해야 합니다. 그래야 변수가 발생하거나 컨디션이 안 좋아도 120~150이 됩니다. 그 정도만 되어도 고난을 너끈히 넘을 수 있습니다.

〈고토쿠의 쓰나미〉

일본 후다이 마을에 살던 고토쿠는 어린 시절 쓰나미 때문에 아버지를 잃었습니다. 이후 촌장이 된 고토쿠는 쓰나미에 대비해 해안에 방파제를 세우려고 했습니다. 그러나 쓸데없이 높은 방파제를 세운다며 마을 주민들의 반대가 거셌습니다. 고토쿠는 포기하지 않고 마을 사람들과 정부기관을 설득한 끝에 15m 높이의 방파제를 세웠습니다. 이후 2011년, 지진과 함께 밀려 온 14m 높이의 쓰나미로 다른 마을은 모두 초토화되었지만, 코토쿠 마을은 3천 명의 주민들이 모두 무사할 수 있었습니다. 여유 있는 대비책 덕분이었습니다. 고토쿠의 방파제가 1m만 낮았더라면 큰 피해를 면하기 어려웠을 것입니다.

〈보험으로 연결〉

파도가 높으면 방파제도 높아야 합니다. 인생의 파도는 매년 높아집니다. 자식이 늘어나고 재산도 늘어납니다. 이에 맞춰 보장금액도 올려야 합니다. 보험은 나이가 들수록 가입이 어려워지고 비용도 높아집니다. 체증종신보험은 미리 할인된 가격으로 보장을 선택하는 시스템입니다.

〈자동으로 올라가는 보장 엘리베이터〉

자영업으로 많은 돈을 번 50대 대표의 사례다. 10년납 체증종신보험 3억 원에 가입했다. 가입 7년 후 종신보험 해지할까 고민하고 있었다. 보장금액의 체증이 60세 4억 원, 70세 5억 원, 80세 6억 원, 90세 8억 원, 100세 10억 원으로 체증되어 검진 없이 현재의 보험료로 추가 납입하는 것과 같았다.

당장 해지하면 3억 원 납입에 2억 5천만 원 환급금을 받을 수 있어서 5천만 원 손실이었다. 지금은 5천만 원 손해지만 100세납을 기준으로 생각하면 6억 원의 차이가 발생한다. 중간 해지로 손해를 본 납입액과 환급금의 차이는 사망하거나 납입면제된 다른 사람에게 지급된다.

시한부 판정, 장기 이식 시에는 보장금액을 선지급받을 수 있다고 설명하자 잠시 잘못 생각했다며 그대로 유지하겠다고 했다. 언제까지 살 것 같으냐고 물으니까 장수집안이라 90세 이상 살 것 같다고 말했다. 고객의 90세 무렵의 예상 자산은 50억 원 이상이었다. 그에 걸맞은 보장수준은 15억 원이라는 설명을 들은 고객은 5억 원을 증액했다.

〈인생의 방파제〉

운전을 하다가 주유등에 불이 들어오면 마음이 다급해진다. 금방이라도 차가 설 것만 같다. 하지만 웬만한 차는 그 상태로 약 20~30㎞를 더 갈 수 있다. 연료저장탱크에 여유분이 있기 때문이다. 만약 정말로 기름이 바닥났을 때 주유등이 켜진다면 어떻게 되었을까? 수많은 자동차가 운행 도중 서버렸을 것이다. 여유분은 삶을 여유롭게 한다. 보험금이라는 벽돌이 모이면 예기치 못한 위험을 막아주는 여유 있는 방파제가 된다. 인생의 방파제를 딱 1m만 더 높인다면 어떨까?

제10장

타로
스토리 카드
91~100

STORY RECIPE 100

되찾은 성배

〈버리는 돌〉

"보이는 것이 보여지기 위해서는 보이지 않는 곳의 희생이 필요한 법이다." 드라마 〈미생〉에 나오는 대사다. 바둑은 남의 돌을 많이 가져와야 이기는 게임이다. 하지만 특이하게도 얻는 것보다 버리는 것이 더 중요하다. 눈앞의 이익에 눈이 멀면 큰 틀에서 손해를 보는 일이 비일비재하다. 자기 돌을 미끼로 희생시키는 '사석전법(捨石戰法)'도 있다. 이러한 버림돌 전법에 능해야 바둑의 고수라고 할 수 있다. 버릴 줄 모르는 사람은 결코 바둑의 고수가 될 수 없다. 인생도 마찬가지다.

〈타로카드 질문〉

고독해 보이는 카드를 고르셨군요. 카드에서 무엇이 보이시나요? 네, 한 노인이 지팡이를 짚고 어딘가로 향하고 있습니다. 하늘에는 달이 떠 있고, 땅에는 커다란 잔이 8개 있습니다. 노인은 어디로 향하는 것일까요? 8개의 잔은 무엇을 의미할까요? 왜 윗줄에 한 칸은 비어있을까요?

〈타로카드 설명〉

부자가 황금잔을 가지고 사막을 건너다 길을 잃었습니다. 시간이 지날수록 물도 떨어지고 기력이 쇠했습니다. 할 수 없이 소중한 황금잔을 하나씩 버리면서 걸었습니다. 짐이 가벼워지면서 체력을 아낄 수 있었고 마침내 무사히 사막을 벗어났습니다. 기력을 회복한 나그네는 충분한 식량을 싣고 왔던 길을 되돌아가서 황금잔을 모두 되찾았습니다. 소중한 황금잔을 버리지 않았으면 그보다 더 소중한 목숨을 잃었을 것입니다.

〈고객과의 접점〉

노자에 의하면 그릇은 비어야만 무언가를 담을 수 있습니다. 사하라 사막 마라톤에서는 배낭에 먹을 것을 넣고 뜁니다. 나중에는 다리가 아니라 어깨가 아파서 낙오합니다. 처음에는 가벼운 것도 나중에는 돌덩이처럼 느껴집니다. 꼭 필요한 것만 남기고 모두 버려야 완주할 수 있습니다.

〈스토리카드 연결〉

최근 '미니멀라이프'가 화제입니다. 미니멀라이프의 핵심은 '버림'입니다. 마라톤과 마찬가지로 인생도 완주하려면 많은 것을 버려야 합니다. 인생에서 높은 경지에 이르기 위해서는 버리기 싫은 소중한 것을 포기

할 줄 알아야 합니다. 로켓도 우주로 가기 위해 자기 몸을 버립니다.

〈로켓이 우주로 가는 이유〉

로켓은 보통 3단 안팎의 다단으로 만들어집니다. 지상에서 하나로 결합하여 발사된 로켓은 일정 고도에 올라가면 연료통이 한 단씩 분리됩니다. 1차 높이까지 올라간 뒤 연료가 소모된 1단 연료통을 버리고, 2차 높이까지 올라간 뒤 연료가 소모된 2단 연료통을 버리는 방식입니다. 연료통은 연소를 마치면 더는 필요가 없습니다. 연료통이 계속 붙어있으면 속도를 느리게 만들어서 로켓이 우주로 나갈 수 없습니다. 버리면 버릴수록 높이 올라갑니다.

〈보험으로 연결〉

세상에서 가장 불쌍한 사람이 누구일까요? 늙어서 혼자 100평 아파트에 사는 사람이라고 합니다. 젊어서는 재산을 모으느라 쉴 틈 없이 일하고, 나이가 들어서는 그 넓은 집을 청소하느라고 편히 쉬지도 못합니다. 가족이 줄면 아파트 평수도 줄여야 합니다. 체감종신보험은 책임이 줄어든 만큼 보장이 줄어드는 보험입니다.

〈높이 오르려면 짐을 버려라〉

40세 전문직의 사례다. 은퇴한 후에는 수입이 중단되는 대신 자녀 부양의 부담도 줄어든다. 한편 노후 생활비가 필요하게 된다. 상담 내내 고객의 인생 사이클에 맞춘 가장 효율적인 보장 시스템이 무엇일까 고민을 했다.

줄어든 부담만큼 보장을 줄이면서 필요자금을 공급해주는 상품이 바로 체감종신보험이다. 은퇴시점까지 보장되는 체감정기특약과 은퇴 후부터 연금을 받는 종신을 복합해서 설계한 상품이다. 플랜에 따르면 60세부터 매년 보장이 감소하는 대신 노후이벤트자금을 지급받는다.

고객은 은퇴 후 해외의 유명 관광지에서 한 달 살기가 꿈이었다. 체감종신보험이야말로 그것을 실현할 수 있는 보장이라고 기뻐했다. 5억 원의 보장으로 시작해 60세 시점에는 2억 원의 보장이 유지된다. 남아있는 일부 금액은 상조보험으로 활용할 수 있다.

〈가지치기〉

나무가 무성하게 자라면 가지치기를 한다. 사람도 태어난 직후 환경과 상호작용하며 폭발적으로 신경망을 형성한다. 하지만 12세 무렵부터는 유용한 신경망만 남겨두고 불필요한 시냅스는 가지치기를 하기 시작한다. 만일 가지치기를 제대로 하지 않으면 감각이 과도하게 발달하면서 정신적인 병을 앓게 된다. 유능한 사람은 신경망이 많은 사람이 아니라, 불필요한 신경망을 제거함으로써 최적화된 뇌를 가진 사람이다. 보험 세일즈도 꼭 필요한 것만 남기고 모두 버려야 유능해진다.

92

엎질러진 물

〈변하지 않는 가치〉

한 강사가 강의 도중 갑자기 호주머니에서 100달러짜리 지폐 한 장을 꺼내들었다. "이 돈을 갖고 싶은 분은 손을 들어보세요." 그러자 많은 사람들이 손을 들었다. 강사는 갑자기 그 지폐를 바닥에 던지고 구둣발로 짓밟았다. 그러고는 그 돈을 다시 주워 들고는 말했다. "그래도 이 돈을 갖고 싶은 분은 손을 들어주십시오." 이번에도 많은 사람들이 손을 들었다. 그러자 강사가 말했다. "그렇습니다. 제가 아무리 이 돈을 짓밟고 구겨도 이 돈의 가치는 줄어들지 않습니다. 변하지 않는 가치를 추구해야 합니다."

〈타로카드 질문〉

절망스러워 보이는 카드를 고르셨군요. 카드에서 무엇이 보이시나요? 네, 검은 망토를 걸친 한 남자가 등을 돌리고 서 있습니다. 바닥에는 2개의 잔이 제대로 놓여 있고 3개의 잔은 쓰러져 있습니다. 주변은 사막처럼 메말라서 풀 한 포기 보이지 않습니다. 이곳은 어디일까요? 남자의 정체는 무엇일까요? 남자는 왜 이러고 있을까요?

〈타로카드 설명〉

한 나그네가 사막을 여행했습니다. 물이 떨어져서 고생을 하던 중

지나가는 여행자로부터 간신히 물을 얻었습니다. 나그네는 얻은 물을 5개의 잔에 골고루 채웠습니다. 2개의 잔은 평평한 곳에 놓고 남은 3개의 잔은 자리가 없어서 비탈진 곳에 놓았습니다. 그때 갑자기 바람이 불었습니다. 순간 비탈진 곳에 있던 3개의 잔이 넘어져 물이 쏟아졌습니다. 물이 부족해진 나그네는 결국 사막을 절반쯤 건너다가 죽었습니다.

〈고객과의 접점〉

돈을 모으는 것은 사막에서 모래를 모으는 것과 같습니다. 안전한 곳에 모아야 지킬 수 있습니다. 어느 정도 모았는데 바람이 한번 불면 다 날아갑니다. 이것을 막아줄 바람막이가 필요합니다.

〈스토리카드 연결〉

어렵게 모은 재산도 어떻게 관리하느냐에 따라 한 순간에 사라질 수 있습니다. 사막의 모래폭풍처럼 거센 바람에도 안전할 수 있는 자산에는 어떤 것이 있을까요?

〈금의 가치〉

금은 예로부터 부와 권력의 상징입니다. 고대 이집트인들은 황금을 절대로 변하지 않는 신성한 태양의 빛과 연관시켰습니다. 그들은 자신이 숭배하는 신의 피부가 황금으로 되어 있다고 믿었습니다. 파라오인 투탕카멘이 죽자 100kg이 넘는 황금관과 마스크를 만들어 넣은 것도 이 같은 믿음 때문이었습니다. 아프리카에서 1억 원의 지폐 뭉치와 1억 원의 가치가 있는 금을 동시에 뿌리면 사람들은 금만 주워 갑니다. 국제 금융시장에서 금과 같은 역할을 하는 것이 바로 달러입니다.

〈보험으로 연결〉

서울에 사는 사람이 안동에 사는 친구에게 100만 원을 빌려 주었습니다. 1달 후에 돈을 받으러 갔더니 현찰이 없다고 그 지역에서만 쓸 수 있는 지역 화폐를 준다고 합니다. 여러분이라면 받으시겠습니까? 그럴 사람은 없습니다. 전세계 인구는 78억 명이 넘습니다. 우리나라 인구는 5천만 명 조금 넘습니다. 원화는 우리나라에서만 쓰이는 지역 화폐와 같습니다. 그래서 만일의 경우에 대비하는 종신보험을 달러로 가입하면 안정성이 확보됩니다.

〈부자가 되려면 부자의 배를 타라〉

40대 여자 사업가의 사례다. 원화자산의 가치는 경제위기나 북한의 도발에 따라 변동된다는 단점이 있다. 통화 포트폴리오상 달러 보유는 반드시 필요하다는 말에 공감했다. 달러종신보험으로 자신의 몸값의 30% 수준인 50만 불을 선택했다. 부담을 줄이기 위해 납입기간은 20년으로 늘렸다. 보장금액을 줄이는 것보다 납입기간을 늘리는 것이 낫다. 보장금액을 양보하면 종신보험의 의미가 퇴색한다. 납입기간을 늘리면 납입 전에 보장을 받을 수도 있고 만약의 사태에 납입 면제를 받을 가능성도 있다.

많은 고객들이 달러 추가납입, 중도인출이 가능한지 문의한다. 달러 가격이 높은 시기에는 빈 컨테이너를 쌓아가듯 한도를 확보해 가다가 달러가 떨어질 때 일시에 추가납입하면 유리하다. 달러가격이 낮으면 추가납입을 자동이체하여 여유자금을 확보한다. 그러다가 달러 가격이 상승할 때 이익을 실현할 수 있다. 물론 보장을 위해서 기본 보험료는 꾸준히 정해진 금액을 납입해야 한다.

옛날 은행의 대여 금고에는 땅문서, 금, 달러 3가지가 들어있었다. 요즘 부자들의 자산 구성과 비슷하다. 달러는 단일 종목이고 환율 변동 관련 정보가 부동산이나 주식에 비해 투명하다. 부자와 같은 배를 타는 가장 손쉬운 방법은 달러를 가지는 것이다. 부자가 되려면 부자와 같은 배를 탄 후에 중간에 내리면 안 된다. 배에서 내리지 않는 방법은 달러 종신보험에 가입하고 오랜 기간 유지하는 것이다.

〈변하지 않는 달러〉

아마존 CEO 제프 베이조스는 말한다. "누구나 10년 뒤에 어떤 변화가 있을지 묻지만 10년 뒤에도 변하지 않는 것은 묻지 않는다. 시간이 지나도 변하지 않는 것에 에너지를 투자해야 한다." 변하지 않는 본질에 대한 이해가 무엇보다 중요하다. 이를 기반으로 한 전략 수립이 사업의 성공 요인이다. 변하지 않는 '본래의 가치'를 추구하라. 돈 중에서 가장 가치가 변하지 않는 돈이 현재로서는 '달러'다.

93

세 개의 잔

〈눈의 자동화 시스템〉

사람의 눈동자는 자동으로 조절된다. 만약 눈에 먼지나 모래가 들어오려고 하면 반사적으로 눈꺼풀이 감겨서 눈동자를 보호한다. 이런 작용이 가능한 것은 눈이 가지고 있는 특수한 구조 때문이다. 사람의 눈에는 자그마치 30만 개의 회로가 있고 1억 개의 신경세포가 있다. 그래서 아무리 작은 이물질이라도 눈에 들어오려고 하면 자동으로 눈꺼풀이 감긴다. 눈동자처럼 소중한 자산을 보호할 때도 이런 자동화된 시스템이 필요하다.

기분이 좋아 보이는 카드를 고르셨군요. 카드에서 무엇이 보이시나요? 네, 3명의 여자가 잔을 높이 들고 건배를 하고 있습니다. 땅은 갈색으로 메말라 있습니다. 여자들의 정체는 무엇일까요? 이들은 왜 건배를 하고 있을까요? 앞으로 어떤 일이 벌어질까요?

〈타로카드 설명〉

어느 마을에 심한 가뭄이 들어서 곡식이 말라 죽었습니다. 마을 사람들은 신에게 간절하게 비를 내려 달라고 기도했습니다. 기도를 들은 신은 장소와 시간을 정해서 물을 내려주겠다고 응답했습니다. 마을 사람들은 한 방울의 물도 흘리면 안 되기 때문에 물잔들을 모아서 같이 물을 받기로 했습니다. 그리고 그것을 한군데에 모아서 공평하게 나누기로 했습니다. 힘든 상황에서도 서로를 위하는 마음에 감동한 신은 3개의 잔에 물을 가득 내려 주었습니다. 마을 사람들은 그 물로 갈증을 해결했습니다.

〈고객과의 접점〉

꿩 먹고 알 먹고, 도랑 치고 가재 잡고, 일석삼조, 모두 같은 말입니다. 하나를 해서 둘 이상의 성과를 얻는 것을 의미합니다. 여러분은 낚시를 가면 낚싯대를 몇 개 준비하나요? 저는 여러 개를 준비합니다. 그래야 물고기를 잡을 확률이 높아집니다.

〈스토리카드 연결〉

엘리베이터의 줄은 몇 가닥으로 되어 있을까요? 많은 사람들이 한 가닥이라고 생각합니다. 그러나 엘리베이터의 줄은 기본적으로 세 가닥 이상의 철심을 꼬아서 만듭니다. 그래야 불의의 사태로 줄이 하나 끊어지더라도 나머지 줄로 엘리베이터를 지탱할 수 있습니다.

〈교토삼굴〉

'교토삼굴(狡兔三窟)'이라는 말이 있습니다. 영리한 토끼는 굴을 3개 파서 죽음을 면한다는 뜻입니다. 만약 자주 사용하는 굴을 사냥꾼이 지키고 있으면 두 번째 굴을 이용하면 됩니다. 두 번째 굴에 호랑이가 있으면 세 번째 굴로 피신할 수 있습니다. 항상 만일의 사태에 대비해야 인생의 큰 실패를 막을 수 있습니다.

〈보험으로 연결〉

사망에는 육체적인 사망과 경제적인 사망이 있습니다. 육체적인 사망은 비용이 더 들어가지 않습니다. 그러나 병원 침대에 누운 채로 경제적인 사망을 하면 추가 비용이 계속 들어갑니다. 산 사람이라도 살아야 하는데 이만저만 곤란한 상황이 아닙니다. CI종신보험은 살아서 받는 혜택을 강조한 상품입니다. 중대한 질병에 걸리면 미리 치료비를 받을 수도 있고, 그렇지 않더라도 사망 후 보험금을 전액 받을 수 있습니다. 아직도 많은 사람들이 종신보험은 죽어야만 나온다고 생각합니다. CI종신보험은 꼭 육체적인 사망을 해야 받는 것이 아닙니다. 경제적인 사망을 해도 받을 수 있습니다.

〈인생은 기니까 CI종신보험〉

종신보험을 유지중인 부부 고객 자녀들의 CI종신보험 가입사례다. CI종신보험은 사망, 중대질병, 노후라는 3가지 문제를 해결할 수 있다. 기존에 자녀들 보장으로 암보험, 상해보험을 각각 따로 가지고 있었지만 여전히 보장에 공백이 생길 수 있었다. CI종신보험은 그러한 문제를 모두 해결해준다.

부모도 CI종신보험에 가입하고 싶었지만 기존 종신보험이 있었기 때문에 추가 납입부담이 컸다. 결국 자녀들에게 평생 가져갈 좋은 보장을 해주고 싶다면서 CI종신보험을 선택했다. 다른 사람들이 받는 보장을 나만 못 받는다면 그로 인한 상실감은 생각보다 크다.

인생은 장거리 여행이다. 장거리 여행은 중간에 어떤 일이 일어날지 모른다. 갑자기 비가 올 수도, 햇볕이 내리쬘 수도, 다리가 아플 수도, 폭풍이 불 수도 있다. 행복한 인생이라는 목적지에 도달하기 위해서는 상상할 수 있는 모든 상황에 대처해야 한다.

사람들은 대부분은 큰 질병 없이 살아가다가 간혹 큰 질병에 걸린다. 그러나 큰 질병에 두 번, 세 번 연달아 걸릴 확률은 로또를 연달아 맞는 것처럼 드물다. CI종신보험은 중대질병에 안 걸리면 일반 종신보험역할을 한다. 따라서 큰 병에 걸리지 않았다고 해서 아쉬워할 필요가 없다.

〈편작의 형들〉

어느 날 위나라 왕이 편작에게 물었다. "그대 형제들 가운데 누가 가장 실력이 뛰어난가?" 편작이 대답했다. "큰형이 가장 뛰어나고, 그다음은 둘째 형이며, 제가 가장 하수입니다." 명의로 명성이 자자한 편작이 가장 하수라니 왕은 의아했다. 그러자 편작이 말했다. "큰형은 환자의 얼굴빛만 보고도 앞으로 병이 날 것을 압니다. 둘째 형은 환자의 병세가 가벼울 때 빨리 치료해줘서 아픔을 못 느낍니다. 저는 병이 커져 심한 고통을 느낄 때에 비로소 알아봅니다. 이것이 제가 명의로 소문난 이유입니다." 인생의 위기도 닥치기 전에 미리 준비해야 한다.

94

형제의 내기

〈운명의 라이벌〉

피겨스케이터 김연아와 아사다 마오는 청소년 시절부터 라이벌이었다. 아사다는 12살 때 벌써 고급 기술인 트리플 악셀을 구사했지만 약식으로 해서 완벽하지 않았다. 눈앞의 우승에 급급했기에 무리수를 둔 것이다. 김연아는 빨리 순위권에 드는 것보다 기초 기술을 꾸준히 연습했다. 시간이 흐르면서 김연아의 점프는 아무도 흉내 낼 수 없는 경지에 도달했다. 결국 자기보다 앞서 나가던 아사다 마오를 훌쩍 추월해서 2010년 밴쿠버 올림픽에서 금메달을 차지했다.

〈타로카드 질문〉

행운이 가득해 보이는 카드를 고르셨군요. 카드에서 무엇이 보이시나요? 네, 공중에 떠 있는 세잎클로버 2개와 네잎클로버 2개가 보입니다. 클로버 뒤로는 후광이 태양처럼 빛나고 있습니다. 세잎클로버와 네잎클로버가 의미하는 것은 무엇일까요? 이 둘 사이에는 어떤 관계가 있을까요?

〈타로카드 설명〉

쌍둥이 형제가 서로 형이라며 매일 싸웠습니다. 보다 못한 아버지가 형제를 불러서 저녁까지 네잎클로버를 많이 따온 사람을 형으로 정하겠다고 했습니다. 한 아들은 정신없이 풀밭을 뒤져서 3개의 네잎클로버를 찾았습니다. 다른 아들은 평범한 세잎클로버를 찾은 후 두 잎을 떼서 한잎클로버로 만들었습니다. 그리고 그것을 다른 세잎클로버와 합쳐서 네잎클로버를 만들었습니다. 그렇게 100개가 넘는 네잎클로버를 만들어 온 아들이 형이 되었습니다.

〈고객과의 접점〉

준비 없는 시작은 실패를 예약한 것과 같습니다. 예전에 강원도 정선에 가족들과 휴가를 간 적이 있습니다. 펜션을 내비게이션에 입력하고 앞장서서 1시간 반을 운전해서 갔습니다. 막상 도착해보니 같은 이름의 식당이었습니다. 저만 믿고 따라온 뒤 차들에게 미안해서 제가 밥을 샀습니다.

〈스토리카드 연결〉

우리는 살면서 성공보다는 실패를 많이 경험합니다. 실패하지 않으려면 세밀한 전략과 계획이 필요합니다. 남극과 같은 오지를 탐험할 때도 마찬가지입니다.

〈아문센과 스콧〉

　역사상의 라이벌을 꼽으라면 남극 정복을 둘러싼 아문센(노르웨이)과 스콧(영국)을 빼놓을 수 없습니다. 스콧은 이동수단으로 모터 썰매를 선택했지만 아문센은 에스키모의 조언에 따라 썰매 개를 선택했습니다. 또한, 스콧은 식량 저장소에만 깃발을 꽂아두었지만 아문센은 식량 저장소 외에도 총 20개의 깃발을 저장소 양쪽으로 1마일마다 설치했습니다. 결국, 아문센은 최초로 남극점을 정복하는 영광을 누렸습니다. 하지만, 스콧은 아문센보다 늦게 남극점에 도착했을 뿐만 아니라 추위와 굶주림 속에서 팀원들과 함께 얼어 죽었습니다. 스콧팀이 죽은 장소는 식량 저장소에서 16㎞밖에 떨어져 있지 않은 곳이었습니다.

⟨보험으로 연결⟩

늙어서 기력이 떨어진 사자는 스스로 사냥하지 못합니다. 누군가 가져다주는 먹이를 먹어야 합니다. 연금은 늙어서 힘이 없어졌을 때 누군가에게 의존하지 않고 살아갈 유일한 방법입니다. 연금받는 종신보험은 삶을 안전한 식량 저장소로 인도하는 깃발입니다.

⟨연금받는 종신보험⟩

연금에 관심이 있는 30대 회사원의 사례다. 결혼할 생각이 있다고 해서 종신보험을 설명했더니 사망보장도 필요하다고 했다. 종신보험의 연금전환 기능은 쌓여 있는 환급금을 나눠서 받는 기능이다. 보장과 납입면제 기능으로 연금액이 적을 수도 있어서 적금이나 펀드로 노후를 대비할 생각이었다.

세 끼 먹을 수프는 한 통에 담아 놓고 먹을 때 덜어서 먹으면 된다. 연금받는 종신보험은 보장, 목적자금, 노후자금을 한통에 넣어서 쓰는 것이다. 이때 종신보험의 노후연금 기능은 보조적인 수준으로 생각해야 한다. 연금전환 시점에서의 건강상태, 노후준비 수준을 고려하여 선택 옵션으로 활용할 수 있다.

노후준비가 충분하면 평생 보장기능으로 활용할 수 있다. 연금은 현재의 내가 은퇴 후의 나에게 생활비를 송금하는 것과 같다. ATM에도 송금 수수료가 있듯이 시간을 타고 송금하는 데에도 수수료가 필요하다. 어떤 일이 있어도 은퇴 후의 나에게 생활비를 송금하는 시스템이 연금받는 종신보험이다.

연금받는 종신보험은 3가지 역할을 한다. 첫째, 살아서는 미래의 나에게 생활비를 보낸다. 둘째, 사망 시에는 은퇴 시까지 벌어야 할 소득을 대체하는 사망보험금을 가족에게 보낸다. 셋째, 아파서 일을 못할 정도인 50% 이상 장애가 발생하면 회사가 보험료를 대신 납입해준다. 3가지 역할을 하니까 원래대로라면 보험료도 3배를 내야 하지만 2배도 안 되는 금액만 부담하면 된다.

〈코닥과 후지〉

예전에 카메라 필름을 만들던 코닥과 후지라는 회사가 있다. 업계에서는 원래 코닥이 1등이었다. 만년 2인자였던 후지는 디지털카메라를 연구하면서도 다른 분야에도 투자했다. 한참의 시간이 흐른 뒤 후지는 평판디스플레이(FPD) 사업으로 새롭게 도약했다. 반면 환경 변화에 적응하지 못한 코닥은 카메라 시장에서 도태되었다. 죽은 물고기는 물살에 떠내려간다. 변화의 물살을 거슬러 올라가야 살 수 있다.

95

여왕의 고양이

〈준비된 행운〉

세렌디피티[Serendipity]라는 말은 〈세렌딥(스리랑카의 옛 이름)의 세 왕자〉라는 동화에 나오는 주인공들이 우연의 일치로 문제를 해결해 나가는 모습에서 나온 말이다. 이후 세렌디피티는 '예기치 않은 행운', '우연을 가장한 행운', '예기치 않게 새로운 것을 발견해 내는 능력'등의 의미로 사용되고 있다. 그러나 행운은 없다. 사람들은 '많은 준비'를 행 운이라고 부른다.

〈타로카드 질문〉

화려해 보이는 카드를 고르셨군요. 카드에서 무엇이 보이시나요?

한 여인이 붉은 옷을 입고 왕좌에 앉아 있습니다. 한쪽 손에는 기다란 나무 지팡이를 들고 있습니다. 발밑에는 검은 고양이가 한 마리 보입니다. 이 여인의 정체는 무엇일까요? 고양이는 거기서 무엇을 하고 있을까요?

〈타로카드 설명〉

중세 유럽에 마음씨가 착한 여왕이 살고 있었습니다. 여왕에게는 여왕을 좋아해서 항상 따라다니는 고양이가 한 마리 있었습니다. 고양이가 너무 따라다니다 보니 여러 번 넘어질 뻔했습니다. 신하들은 고양이를 쫓아버리라고 간언했습니다. 그러나 마음씨 착한 여왕은 나를 좋아하며 따라다니는데 쫓아버릴 수는 없다고 했습니다. 마침 흑사병이 유행하면서 많은 사람이 목숨을 잃었습니다. 그러나 여왕은 안전했습니다. 흑사병은 쥐에 의해서 전염되는데 고양이 때문에 쥐가 근처에 오지 못했기 때문입니다.

〈고객과의 접점〉

개똥도 약에 쓰려면 없습니다. 아이패드를 신형으로 교체하면서 구형을 동료에게 공짜로 준 적이 있습니다. 얼마 후 신형 아이패드에 문제가 생겨서 수리를 맡겼습니다. 수리를 마칠 때까지 동료에게 준 구형 아이패드가 아쉬워서 눈에 아른거렸습니다.

〈스토리카드 연결〉

평상시 집에 굴러다니던 우산도 비가 올 때 없으면 아쉽습니다. 여러분은 날씨가 흐리면 우산을 미리 준비하시나요? 저는 비가 오면 우산을 가지고 나가기만 하지, 가지고 들어올 줄 몰라서 아내에게 구박을 받습니다.

〈우산 수집〉

우산을 들고 나가면 가지고 오는 것을 항상 깜빡하는 남자가 있었습니다. 어느 날 출근하는 지하철 안에서 무심코 앞에 있는 우산을 집어들었습니다. 그랬더니 옆에 앉아 있던 부인이 자기 우산이라고 눈치를 주었습니다. 당황한 그는 부인에게 사과했습니다. 그날 저녁 회사에서 귀가할 때 그는 이제까지 회사에 놓아두었던 5개의 우산을 한꺼번에 가지고 나왔습니다. 그런데 하필 지하철에서 아침에 만난 부인을 또 만나게 되었습니다. 남자를 알아본 부인은 씨익 웃으며 했습니다. "오늘은 수확이 많으시네요?"

〈보험으로 연결〉

우산을 들고 다니면 불편합니다. 하지만 비 맞을 걱정을 하지 않고 하루를 보낼 수 있습니다. 은행은 맑은 날 우산을 준비하라고 했다가 비가 오면 우산을 빼앗아 갑니다. 보험회사는 우산을 준비하라고 했다가 비가 오면 크고 튼튼한 우산을 손에 쥐어 줍니다. 비가 올 것을 걱정하면서 집을 나서는 사람의 손에 우산을 쥐어주는 사람이 세일즈맨입니다.

〈구멍 없는 우산 종신보험〉

은행에서 대출업무를 담당하는 40대 여직원의 사례다. 요즘은 의학이 발달해서 죽을병에 걸려도 살려낼 수 있다. 사소한 병은 국민건강보험과 실손보험이 해결해 준다. 그래도 부족한 것은 저축으로 해결할 수 있다. 그러나 일단 사망하면 다시 회복될 수도 없고 소득도 단절된다.

가장의 죽음은 가족들에게 갑자기 폭우를 만나는 것과 같다. 이럴 때 튼튼한 우산이 있다면 우산 속으로 몸을 피할 수 있다. 그래서 보장의 우산은 완벽하고 튼튼해야 한다. 만약 우산 한 가운데 구멍이 뚫려 있으면 어떻게 될까? 우산을 쓰나마나 흠뻑 젖을 것이다. 이것이 보장의 공백이다.

은행에서 고객이 여유가 있을 때 대출을 권한다. 그러나 상황이 어려워지면 부실 채권을 막기 위해 재빨리 회수한다. 돈이 별로 필요 없을 때는 빌려주다가 정작 돈이 필요할 때는 찾아가는 것이다. 여유가 있는 고객은 상환에도 어려움이 없고 한도도 크게 나오지만 대출이 필요 없다. 그러나 갑작스런 대출금 회수는 여유가 없는 고객에게는 큰 타격이 될 수 있다.

보험은 은행의 저축과 다르게 어려울 때 준다. 그러나 리스크를 100% 커버할 수 없는 구멍 난 우산은 필요없다. 우산에 구멍이 났다면 빨리 수리하거나 버리고 새 우산을 사야 한다. 묻지도 따지지도 않고 인생의 폭우를 막아주는 구멍 없는 우산이 종신보험이다.

〈준비된 기적〉

농구용어 중에 '버저비터(Buzzer beater)'라는 말이 있다. 경기 종료를 알리는 버저 신호와 함께 터지는 기적 같은 골을 말한다. 때로는 버저비터로 승부가 역전되기도 한다. 미국 NBA 스타 마이클 조던이나 매직 존슨은 버저비터의 달인이었다. 버저비터는 우연이 아니다. 수천, 수만 번의 연습으로 만들어지는 것이다. 기적에도 준비가 필요하다.

96

여왕의 금화

〈준비+기회=행운〉

"행운이란 준비가 기회를 만날 때 생기는 것이다." 말기 췌장암 시한부 인생을 선고 받은 랜디 포시 교수가 마흔 일곱 인생을 정리하며 쓴 《마지막 강의(The Last Lecture)》에서 강조한 말이다. 사실 이 말은 네로 황제의 스승이자 로마의 철학자였던 세네카가 한 말이다. 세상에 행운이 드문 이유는 준비를 하지 않으면서 기회만 기다리기 때문이다.

〈타로카드 질문〉

평화로워 보이는 카드를 고르셨군요. 카드에서 무엇이 보이시나요? 네, 한 여인이 양 손에 별을 든 채 왕좌에 앉아 있습니다. 의자가 있는

곳은 숲 속 같습니다. 오른쪽 아래에는 토끼가 한 마리 보입니다. 이 여인의 정체는 무엇일까요? 왜 손에 별을 들고 있을까요? 한적한 숲 속에 왕좌가 있는 이유는 무엇일까요?

〈타로카드 설명〉

옛날 현명한 여왕이 나라를 잘 다스렸습니다. 백성들도 풍족하게 살고 세금도 잘 걷혀서 나라의 곳간이 가득 찼습니다. 그렇게 여유가 있어도 왕은 열 개 중 하나 정도는 금화로 바꾸어서 숲 속에 따로 보관했습니다. 금고에 보물이 넘쳐나고 외적의 침입도 없는데 왜 따로 금화를 보관하느냐고 신하들이 물었습니다. 왕은 가만히 웃으며 언젠가는 이 금화 하나가 열 개의 몫을 할 것이라고 말했습니다. 그로부터 얼마 뒤 믿었던 신하가 반란을 일으켰습니다. 그 신하는 나라의 금고부터 점령했습니다. 현명한 여왕은 그동안 모은 금화로 용병을 고용했습니다. 결국 반란을 일으킨 신하는 쫓겨나고 왕국은 평화를 되찾았습니다.

〈고객과의 접점〉

전쟁을 원하면 평화롭게만 지내면 됩니다. 그러나 진정으로 평화를 원한다면 전쟁에 대비해야 합니다. 오늘날 강대국들이 핵을 보유하는 이유는 전쟁을 일으키기 위해서가 아닙니다. 전쟁을 억제하기 위해서입니다. 우리가 운동을 하는 이유도 마찬가지입니다.

〈스토리카드 연결〉

요즘 헬스장에 가 보신 적 있으신가요? 운동을 해서 근육을 키우는 것은 싸움을 하기 위함이 아닙니다. 불필요한 싸움을 피하기 위해서입니다. 몸에 근육이 우락부락하면 함부로 시비를 걸지 않습니다. 설령 싸울 일이 없더라도 평소에 건강을 지킬 수 있습니다. 평화와 건강에는 대가가 따릅니다.

〈백업배우〉

영국의 어느 극단에 배우가 되고 싶은 소년이 있었습니다. 소년은 몇 년 동안 심부름과 청소 등 잡일을 했습니다. 그러던 어느 날 조연출자가 와서는 단역 배우 한 사람이 빠지게 되었으니 대역을 하라고 했습니다. 임금이 궁중에서 만찬을 베풀고 있을 때 병사 하나가 들어와서 전쟁의 급보를 전하는 역할이었습니다. 소년은 무대에 오르기 전 복장을 갖추고 무대 뒤뜰로 나가서 계속 뛰었습니다. 소년의 얼굴은 땀이 흘러 엉망이 되었고 신발은 먼지투성이가 되었습니다. 드디어 무대에 등장한 소년의 모습은 영락없이 전쟁터에서 며칠 밤낮을 달려온 병사였습니다. 이 소년이 바로 영국의 연극 수준을 한 단계 높여 놓은 연극배우 로렌스 올리비에입니다.

〈보험으로 연결〉

'언더스터디'는 주연배우의 역할을 유사시 대체하는 백업배우를 뜻합니다. 평상시에는 앙상블로 무대 위에 오르다가 컨디션 난조 등으로 주연배우가 무대에 오르지 못할 때 그 역할을 대신합니다. 종신보험은 인생이라는 한 번뿐인 공연이 큰 사고 없이 진행되도록 준비하는 언더스터디입니다. 인생이라는 쇼는 무슨 일이 있어도 계속되어야 합니다.

〈삶에도 백업이 필요하다〉

공연기획을 하는 대표의 사례다. 공연기획 일이 좋아서 미친 듯이 열심히 일했지만 경제적으로는 항상 어려웠다. 공연 분야는 수입이 불규칙적이어서 다른 직종보다 튼튼한 안전장치가 필요하다. 그래서 나는 고객에게 익숙한 언더스터디 스토리를 통해 종신보험의 중요성을 말했다.

"인생은 연극이라고도 하잖아요? 아시다시피 연극은 어떤 상황에서도 무사히 끝을 내야 합니다. 설령 주연배우에게 큰 문제가 생겨도 백업배우가 있으면 진행이 가능합니다. 고객님의 인생에도 고객님의 경제적 역할을 할 언더스터디가 필요하지 않을까요?"

내 말을 들은 고객은 예전에 주인공이 다쳤는데 백업배우가 준비되지 않아서 고객에게 환불을 해주고 큰 손해를 본 경험이 있다고 했다. "사실 공연 업계가 좀 열악해요. 필요성은 알지만 아주 큰 공연 외에는 현실적으로 백업배우를 유치하기 힘들거든요."

그러면서 최소한 자기 인생은 백업을 해야겠다고 말했다. 당장은 수입이 일정하지 않아서 작게 출발했다. 나중에 공연으로 크게 성공하면 백업도 크게 하겠다고 다짐했다. 이미 고객의 눈은 공연의 기회를 잡은 백업배우처럼 빛나고 있었다.

〈행운은 빗물이다〉

"누구에게나 찾아오는 인생에는 수많은 기회가 있다. 하지만 대부분의 사람들은 그것이 자신에게 찾아온 기회라는 것을 모른 채 지나가는 경우가 많다. 왜냐하면 그 순간 그 기회를 잡을 준비가 되어 있지 않았기 때문이다. 인생은 언제나 준비한 사람이 승리한다. 우연이나 재수는 준비되지 않은 사람에게는 찾아오지도 않는다." 성공학의 대부 데일 카네기의 말이다. 행운은 빗물과 같다. 그릇이 준비된 자에게만 고인다.

97

포위된 성

〈성공의 습관〉

"성공한 사람들과 그렇지 못한 사람들과의 가장 큰 차이는 중요하지만 급하지 않은 일에 달렸다." 탁월한 시간 관리로 유명한 아이젠하워 대통령의 말이다. 스티븐 코비의 성공하는 사람들의 7가지 습관 중 셋째는 "소중한 것을 먼저 하라."이다. 중국의 바둑 격언인 위기십결(圍棋十訣)에도 '사소취대(捨小取大, 작은 것을 버리고 큰 것을 취하라)'라는 말이 있다. 하수는 눈앞의 사소한 전투에 집착한다. 그러나 고수는 전쟁의 급소를 훅 찌른다.

〈타로카드 질문〉

....

외로워 보이는 카드를 고르셨군요. 카드에서 무엇이 보이시나요? 네, 한 왕이 홀로 고독하게 왕좌에 앉아 있습니다. 손에는 기다란 나무 막대기를 들고 있습니다. 오른쪽 아래에는 작은 도마뱀이 보입니다. 왕이 응시하고 있는 곳은 어디일까요? 왜 왕은 외롭게 홀로 왕좌에 앉아 있을까요? 왕의 운명은 앞으로 어떻게 될까요?

〈타로카드 설명〉

....

옛날 어느 나라가 싸움에 패해서 마지막 성만 남았습니다. 이 나라는 세 가지 위기에 처했습니다. 첫째, 사방이 적에게 포위되었습니다. 둘째, 군사들이 먹을 식량이 부족했습니다. 셋째, 고립되어서 식량을 성 안으로 들여올 수가 없었습니다. 신하들은 이 문제를 놓고 어느 문제를 먼저 해결할지 날마다 회의를 열었습니다. 이를 지켜보던 왕은 회의를 멈추고 우선 포위망을 뚫으라고 명령했습니다. 악전고투 끝에 포위망을 뚫자, 나머지 두 문제는 저절로 해결이 되었습니다. 군사들은 들여온 식량으로 배불리 먹고 끝까지 성을 지켰습니다. 결국 장기전에 지친 적군은 겨울이 오자 자기 나라로 물러갔습니다.

〈고객과의 접점〉

코끼리 발자국 안에는 모든 동물 발자국을 다 담을 수 있습니다. 큰 것 한 가지는 자잘한 것을 모두 포함합니다. 복싱을 아주 잘했던 지인이 있습니다. 어떻게 그렇게 잘하게 되었냐고 물었더니 대답했습니다. "첫 6개월 동안 아무것도 안하고 기본 스텝과 원투만 연습했어요. 복싱은 화려한 콤비네이션이 없어도 원투만 잘하면 웬만하면 이길 수 있거든요." 가장 중요한 한 가지에 집중해야 합니다.

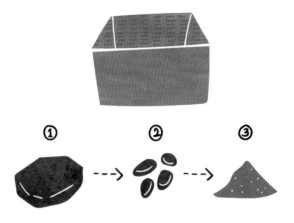

인생에서도 큰 문제를 하나 해결하면 나머지 작은 문제들은 자동으로 해결됩니다. 작은 문제에 집착하면 큰 문제는 물론 작은 문제도 해결 못 합니다.

〈돌을 넣는 순서〉

어느 교수가 강의시간에 투명한 상자를 갖다 놓았습니다. 그 안에 제법 큰 돌 몇 개를 넣어서 가득 채웠습니다. 그리고 학생들에게 물었습니다. "이 상자가 가득 찼습니까?" 학생들이 대답했습니다. "네." 그러자 교수는 그 상자에 다시 작은 자갈들을 넣어 큰 돌 사이로 자갈들이 채워지게 했습니다. "이번에도 상자가 다 찼습니까?" 학생들은 역시 "네."라고 대답했습니다. 교수는 웃으며 이번에는 모래를 채우기 시작했습니다. 교수는 학생들에게 다시 한번 물었습니다. "여러분 제가 지금 뭘 말하려고 하는지 아시나요?" 학생들은 아무 대답도 하지 못했습니다.

〈보험으로 연결〉

상자에 작은 돌을 먼저 넣고 나중에 큰 돌을 넣으려 하면 안 들어갑니다. 그러나 큰 돌을 먼저 넣고 나중에 작은 돌을 넣으면 큰 돌 사이로 작은 돌이 들어갑니다. 아무 때나 할 수 있는 것은 지금 안 해도 됩니다. 아무 때나 할 수 없는 것은 지금 당장 해야 합니다. 그게 바로 종신보험입니다.

〈미리 준비한 죽음은 두렵지 않다〉

인터넷 상거래 업체 대표인 남편과 약사 아내 부부의 사례다. 자녀는 한 명 있었고 돈 관리를 각자 하는데 경제적으로 여유가 있었다. 남편은 수입이 많았지만 일정하지는 않았다. 일이 바쁘다 보니 보험도 이것저것 여러 가지를 준비했다.

40대 중반을 넘긴 남편은 체중이 증가하고 혈압약을 복용하면서 보험에 관심을 가지게 되었다. 평상시 하는 일에 우선순위를 정해보라고 했더니 '거래처 방문 – 캠핑장비 구입 – 자녀 케어 – 부모님 방문 – 건강 검진' 순서로 대답했다. 이번에는 간암 말기 판정을 받았다고 가정하고 다시 순위를 정하라고 했더니 '건강 검진 – 자녀 케어 – 부모님 방문 – 캠핑장비 구입 – 거래처 방문' 순서로 답했다.

평소에는 인생이라는 상자에 큰 돌이든 작은 돌이든 모래든 마구잡이로 넣는다. 보험도 바쁘니까 주변에서 권하는 대로 깊이 생각하지 않고 가입한다. 그러다가 생명의 위협이 느껴지면 큰 돌을 먼저 떠올린다. 종신보험은 가장 큰 돌에 해당하기 때문에 가장 먼저 준비해야 한다.

고객이 죽음을 받아들여야 삶에 대해서 겸손해지고 종신보험의 니즈를 느낄 수 있다. 중요한 순서를 모를 때는 내일 죽는다고 가정하면 순서가 쉽게 결정된다. 그래서 스티브 잡스는 죽음을 삶의 위대한 발명품이라고 말했다. 미리 준비한 죽음은 두렵지 않다. 남편이 먼저 종신보험에 가입하고 뒤를 이어 아내도 가입했다.

〈황제가 된 천재〉

타이거 우즈는 원래 1년에 한두 번 정도 우승을 하는 정도의 선수였다. 그러던 어느 날 '내가 계속 1등을 할 수 있는 길은 무엇일까?'를 고민했다. 마침 코치로부터 기본자세가 잘못됐으니 고쳐야 한다는 충고를 들었다. 자세를 고치는데 3년이 걸렸고 그동안 우승권에서 멀어졌다. 하지만 기본자세를 바로잡자 골프의 천재는 골프의 황제가 되었다. 중요하지만 급하지 않은 일을 선택했기 때문이다.

STORY RECIPE 100

98

값비싼 용병

〈준비된 기회〉

　지휘자 토스카니니가 원래 첼로 연주자였다는 사실을 아는가? 시력이 안 좋았던 그는 악보를 제대로 볼 수 없었다. 그래서 악보를 모조리 외워서 연주회에 나가곤 했다. 그러던 어느 날 연주회 직전에 지휘자가 갑자기 병원에 실려가게 되었다. 그 많은 오케스트라의 단원 중에 곡을 전부 외우고 있던 사람은 토스카니니밖에 없었다. 당시 19세였던 그가 임시 지휘자로 발탁되어 지휘대 앞에 서게 되었다. 기회는 준비된 자에게 돌아온다.

〈타로카드 질문〉

평화로워 보이는 카드를 고르셨군요. 카드에서 무엇이 보이시나요? 네, 한 남자가 손에 무언가를 들고 말을 타고 있습니다. 남자가 손에 든 것은 무엇일까요? 남자의 정체는 무엇일까요? 남자가 탄 말은 어디로 향하고 있을까요?

〈타로카드 설명〉

옛날 어느 나라에서 이웃 나라와 분쟁이 잦아졌습니다. 전쟁에 꼭 이기고 싶었던 나라는 비싼 몸값을 주고 용병을 구해 왔습니다. 그러나 의외로 화친이 이루어지면서 평화가 오래 지속되었습니다. 용병은 국고를 축내는 애물단지가 되었습니다. 백성들도 비싼 돈만 받고 무위도식한다고 비난했습니다. 그러다가 사소한 일이 계기가 되어 큰 전쟁이 벌어졌습니다. 용병들은 전쟁에 나가 큰 공을 세웠습니다. 그제서야 용병을 비난했던 사람들은 부끄러워했습니다.

〈고객과의 접점〉

유비무환이란 어떤 일이든 미리 준비하면 어려움을 겪지 않는다는 뜻입니다. 겨울에 동파 사고를 막기 위해서는 수도꼭지를 조금 열어야 합니다. 새는 물이 아깝다고 꼭지를 잠그면 수도관이 동파되고 보일러까지 갈아야 합니다. 결국 더 큰돈이 들어갑니다.

〈스토리카드 연결〉

화재도 마찬가지입니다. 미리 준비하면 큰 비극을 막을 수 있습니다. 소화기도 평소에는 꿔다 놓은 보릿자루처럼 자리만 차지할 뿐입니다. 한 번도 사용하지 않은 것도 유통기한이 지나면 새걸로 바꿔야 합니다. 그러나 불이 났을 때 가장 먼저 찾는 것이 소화기입니다.

〈소화기의 원리〉

불이 나려면 세 가지 조건이 있어야 합니다. 연료, 열, 산소가 바로 그것입니다. 불을 끄려면 연료, 열, 산소의 세 조건 중 일부 또는 전부를 없애면 됩니다. 가장 쉬운 방법은 물을 뿌리는 것입니다. 그러나 전기시설이 있으면 자칫 감전될 위험이 있습니다. 이런 경우에는 분말로 산소 공급을 차단하면 불이 꺼집니다. 불을 '질식'시키는 셈입니다. 현재 우리 주변에서 가장 많이 볼 수 있는 분말 소화기는 바로 이 같은 원리를 이용한 것입니다.

〈보험으로 연결〉

종신보험도 평상시에는 나와 상관없는 것 같지만 위기가 발생하면 소화기처럼 중요한 역할을 합니다. 불이 나도 소화기 하나만 있으면 재산과 목숨을 구할 수 있습니다. 종신보험도 마찬가지입니다. 적은 비용으로 준비해서 가장 중요한 순간에 가족을 구할 수 있습니다.

〈삶의 불을 꺼주는 소화기〉

종신보험에 관심이 없던 약사의 사례다. 첫 번째 방문에 약국에 작은 소화기 저금통을 들고 갔다. 그런데 손님이 많아서 음료수만 사 가지고 돌아왔다. 두 번째 방문 때도 소화기 저금통을 들고 갔는데 이번에는 손님이 없어 한가했다. 여자 약사가 손에 들고 있는 소화기가 작동이 되냐고 물었다.

"이건 실제로 작동되는 소화기는 아닙니다. 사실 저금통이에요. 그렇지만 세일즈를 할 때 사용하면 아주 좋은 도구랍니다." 약국에 소화기가 어디에 있냐고 물으니까 손가락으로 위치를 알려주었다. 소화기가 잘 작동이 되냐고 물었더니 작동을 해보지 않아서 모르겠다고 했다.

사실 내가 보험 세일즈를 하는데 보험을 가지고 있냐고 물으니까 여러 개 가입해서 유지하고 있다고 대답했다. 그러나 보험의 보장내용을 아느냐는 질문에는 잘 모르겠다고 답했다. 평상시에는 잘 모르다가 크게 아프면 보험부터 생각난다. 그래서 보험은 소화기와 같다고 설명했다.

화재 초기에는 작은 소화기로 끌 수 있지만 큰 불이 되면 소방차가 와도 끄기 어렵다. 상처도 마찬가지다. 작은 상처에 밴드를 하나 붙이면 불편하지도 않고 쉽게 치료된다. 그렇지 않으면 상처가 자꾸 벌어지고 균이 침투한다. "건강이 나빠진 다음에 보험에 가입하는 것은 소화기로 끌 수 있는 불을 키워서 소방차로 끄는 격입니다." 소화기의 비유에 공감한 약사는 종신보험에 가입했다.

〈기적을 부른 면도〉

2차 세계 대전이 한창일 때였다. 한 유태인 의사가 나치에 붙잡혀 죽을 날만 기다리고 있었다. 그러던 어느 날 그는 우연히 유리 조각 하나를 주웠다. 매일 유리 조각을 면도칼 삼아 면도를 하며 반드시 살아서 돌아가겠노라 다짐했다. 당시 나치는 매일 가스실로 보낼 유태인들을 뽑고 있었다. 그러나 깔끔하게 면도를 한 젊은 의사를 끌고 갈 수는 없었다. 그러는 사이 독일이 항복을 했고 그는 살아서 고향에 돌아갔다. 미리 면도하는 사소한 습관이 목숨을 구한 것이다. 준비는 기적을 부른다.

99

나무를 심는 사람들

〈피카소의 손〉

피카소는 입체파로 유명한 천재 화가다. 그의 작품은 돈으로 환산하기 어려울 정도로 비싸다. 대표적인 것으로 버려진 자전거의 안장과 핸들로 만든 '황소머리'라는 작품이 있다. 재료비 0원의 고물로 만들었음에도 수백 억을 호가한다. 안장과 핸들이 우리들에게는 돈 내고 버려야 하는 쓰레기에 불과하다. 그러나 피카소의 손이 닿자 보물로 변했다. 물건의 가치는 원래부터 정해진 것이 아니다.

〈타로카드 질문〉

부지런해 보이는 카드를 고르셨군요. 카드에서 무엇이 보이시나요?

네, 여러 사람들이 모여서 나무를 들고 무언가를 하고 있습니다. 어떻게 보면 축제를 하는 것 같기도 하고, 어떻게 보면 싸우는 것 같기도 합니다. 이 사람들의 정체는 무엇일까요? 나무로 무엇을 하고 있는 것일까요? 나무 막대기에는 왜 싹이 돋아 있을까요?

〈타로카드 설명〉

배가 폭풍우에 난파되어 간신히 무인도에 도착했습니다. 그동안 많은 사람이 죽었습니다. 살아남은 사람들은 신에게 살려 달라고 기도했습니다. 그러자 신은 세 그룹의 사람들에게 5개 씩 나무 막대기를 내려 주었습니다. 첫 번째 그룹의 사람들은 나무 막대기를 장작으로 썼습니다. 장작이 다 타고 나니까 희망도 사라졌습니다. 두 번째 그룹의 사람들은 나무 막대기로 창을 만들었습니다. 몇 번 사냥을 했더니 창끝이 무디어져서 쓸모가 없어졌습니다. 세 번째 그룹의 사람들은 나무 막대기를 땅에 심었습니다. 당장은 버티기 힘들었지만, 봄이 되자 나무에서 싹이 나고 가을이 되자 열매가 열렸습니다.

〈고객과의 접점〉

숨겨진 가치를 이야기할 때 '흙 속의 진주'라고 표현합니다. 자녀가 모은 세뱃돈을 당시 우량주에 투자했습니다. 한참을 잊고 살다가 성인이 되었을 때 확인해 보니 제법 큰돈이 되어 있었습니다. 어렸을 때 썼다면 장난감 자동차를 사는 데 썼을 돈이 지금은 소형 자동차 한 대를 살 수 있게 되었습니다.

〈스토리카드 연결〉

재산을 늘릴 때도 미래가치를 생각해야 합니다. 요즘 재산을 불리기 위해 아파트에 많이 투자합니다. 아파트는 일단 사두면 가치가 유지됩니다. 가격이 오르지 않더라도 떨어지지는 않습니다. 전쟁이 나서 건물이 무너져도 아파트 터는 남습니다.

〈아파트의 이름〉

옛날에는 아파트 이름이 단순했습니다. 롯데 아파트, 현대 아파트, 삼성 아파트 등등. 그러나 요즘 아파트 이름은 영어로 된 데다 길고 복잡합니다. 타워팰리스, 미켈란쉐르빌, 현대하이페리온 등등. 그 이유는 무엇일까요? 우스갯소리로 시골에 사는 시어머니가 서울에 사는 아들 집을 쉽게 찾지 못하도록 며느리들을 배려한 것이라고 합니다. 그런데 요즘은 다시 쉬운 이름이 인기를 끌고 있습니다. 이름을 어렵게 했더니 시어머니들이 시누이 손을 잡고 찾아와서 그랬다고 합니다.

사람들은 눈에 보이는 가치만이 최고라고 생각합니다. 그러나 눈에 보이는 가치들은 언제든 바뀔 수 있습니다. 눈에 보이는 가치를 대표하는 것이 아파트라면 눈에 보이지 않는 가치를 대표하는 것이 종신보험입니다.

〈상가투자와 보험가입의 6원칙〉

아파트 2채와 꼬마빌딩을 가진 부동산 부자의 사례다. 돈을 모아서 빌딩을 하나 더 구입하려하고 있었다. 그래서 고객의 관심사인 부동산을 바탕으로 종신보험을 설명했다. 사실 상가 투자의 원칙과 종신보험 가입의 원칙은 다르지 않다.

상가투자의 6대 원칙은 다음과 같다. 채광은 밝게, 월세는 저렴하게, 환금은 유동성 있게, 위치는 코너에, 임대는 통으로, 마인드는 욕심을 버리고 투자해야 한다. 종신보험에 가입할 때도 이와 비슷한 6가지의 원칙이 있다.

첫째, 살아있는 동안에도 혜택을 받아야 한다. 둘째, 보장 대비 월보험료가 저렴해야 한다. 셋째, 부담이 되더라도 주계약 위주로 가입해야 유사시 현금으로 바꿀 수 있다. 넷째, 주계약은 비가 오면 사망보장으로 우산 역할을, 다리가 아프면 납입 면제로 지팡이 역할을, 맑으면 연금전환으로 양산 역할을 해야 한다. 다섯째, 보장금액이 커야 나중에 후회하지 않는다. 여섯째, 욕심을 버리고 니즈환기를 해서 계약을 해야 한다.

처음에는 상가 투자 원칙에 맞춰서 3억 원을 생각했으나 상담을 거쳐 최종 5억 원의 보장에 가입했다. 종신보험은 죽어서 받는 보장이 아니라 죽었을 때 가족에게 남겨주는 자산이다. 그렇게 생각하면 상가나 아파트보다도 효율적인 자산이 종신보험이다.

〈종신보험은 유전이다〉

한 농부가 자신의 밭에서 악취 나는 검은 물웅덩이를 발견했다. 농부는 검은 웅덩이가 딸린 농토를 다른 사람에게 헐값에 팔아버렸다. 그러나 그것은 농부 일생 최대의 실수였다. 알고 보니 냄새나는 검은 물웅덩이는 유전이었다. 땅을 산 사람이 부자가 되는 것을 보고 농부는 후회했지만 이미 늦었다. 종신보험은 유전과 같다. 처음에는 보험금을 내기 힘들다고 불평하지만 나중에는 그 혜택에 고마워한다. 섣불리 해지하면 남는 것은 보험금이 아니라 후회뿐이다.

100

여덟 개의 검

〈명당 싸움〉

형제가 선산에 있는 묏자리 중 가장 명당인 자리를 놓고 서로 자기가 묻히겠다고 싸웠다. 결국 형제는 동네에서 가장 지혜로운 노인에게 찾아가서 물었다. 그러자 노인이 이렇게 말했다. "먼저 죽는 사람이 차지하는 것이 좋겠네. 자, 그럼 누가 먼저 죽을 텐가?" 형제는 눈치를 보다가 슬그머니 돌아갔다. 그 날 이후로 다시는 명당을 놓고 다투지 않았다.

〈타로카드 질문〉

위태로워 보이는 카드를 고르셨군요. 카드에서 무엇이 보이시나요? 네, 한 여자가 눈을 가린 채 기둥에 묶여 있습니다. 그녀 주위에는 8개

의 검이 울타리처럼 땅에 꽂혀 있습니다. 이 여자의 정체는 무엇일까요? 8개의 검은 무엇을 의미할까요? 여자는 무슨 죄를 지었길래 이렇게 묶여있는 걸까요?

〈타로카드 설명〉

옛날 어느 나라에 잔다르크처럼 용맹스런 여자가 있었습니다. 계속 승리를 하면서 그녀의 명성과 인기는 백성들 사이에서 하늘을 찔렀습니다. 반면 아무 역할을 못 하는 왕은 백성들의 원망을 한 몸에 받아야 했습니다. 위기감을 느낀 왕은 그녀를 마녀로 몰아 화형시키려 했습니다. 그때 8명의 장군이 나오더니 여자 주위의 땅에 칼을 꽂았습니다. "저희 8명은 이 분 덕분에 전쟁터에서 목숨을 건졌습니다. 만약 이 분을 죽이면 저희도 따라 죽겠습니다." 8명의 장군은 왕국의 절대적인 병력이었습니다. 왕은 어쩔 수 없이 여자를 풀어주고 위로의 의미로 작위와 보물을 하사했습니다.

〈고객과의 접점〉

유대인들은 돈 관리를 잘하는 사람을 'WISE MAN'이라고 부릅니다. Work 일하고, Insurance 보험 들고, Saving 저축하고, Enjoy 즐긴다는 의미입니다. 먼저 미래를 위해 준비하고 나중에 현재를 즐겨야 합니다.

〈스토리카드 연결〉

우리 조상들은 미래를 준비하는 방법 중 하나로 명당을 선택했습니다. 일이 잘 풀리지 않는 자손은 부모의 산소를 좋은 곳으로 옮기려 합니다. 이는 부모님을 위해서가 아닙니다. 본인들의 미래를 위해서입니다.

〈진정한 명당〉

옛날에 효성이 지극한 머슴의 아버지가 돌아가셨습니다. 머슴은 아버지의 시신을 지게에 지고 자기가 나무하러 잘 다니는 곳으로 올라갔습니다. 그리고 추운 겨울에도 자기가 편하게 쉬던 자리에 아버지를 묻었습니다. 명당에 모신 덕분일까요? 그 이후에 머슴은 마을의 큰 부자가 되었습니다. 머슴이 쉬던 자리는 겨울에 추위를 피해 쉬던 자리입니다. 차가운 칼바람을 막아주고 눈이 빨리 녹아 좋은 기운이 흐르는 곳입니다. 산 사람에게 명당이 죽은 사람에게도 명당입니다.

〈보험으로 연결〉

미국의 명문대학교 UCLA의 1989년도 수석 졸업자는 수잔이었습니다. 수잔은 아빠의 사망보험금으로 학업을 무사히 마칠 수 있었습니다. 아빠가 남긴 보험증서에는 이런 메모가 있었습니다. "네가 성장하는데 나는 아버지로서 도리를 다할 것이다. 만약 그 도리를 다하지 못하게 됐을 땐 이 보험증서가 나를 대신해 너를 지켜줄 것이다." 수잔을 지켜준 것은 명당이 아니라 종신보험이었습니다.

〈종신보험이 명당이다〉

명당에 묻히고 싶은 50대의 사례다. 명당의 대안으로 종신보험을 선택했다. 본인은 매장을 원하는데 가족들의 반대에 부딪혀 고민 중이었다. 누구나 가족과 친구들의 기억에서 잊혀지는 것을 두려워한다. 그러나 그보다 더 두려운 것이 있었다. 가족에게 무책임한 사람으로 기억되는 것이었다.

사람들은 죽을 때 자산이나 빚 둘 중의 하나를 남기고 간다. 가족에게 부담을 주는 빚을 남기려는 사람들은 없다. 명당은 오랫동안 좋은 기억으로 남는 것을 넘어서 실질적으로 도움을 줄 수 있어야 한다. 그러나 화장이 일반적인 현실에서 명당을 대신할 대안이 필요하다. 그것이 종신보험이다.

　명당은 본인의 선택이 아니라 풍수지리사에 의해서 정해진다. 또한 좋은 자리를 정했더라도 터널이 뚫리거나 개발되는 등의 변수가 생길 수 있다. 반면 종신보험 5억 원을 준비하면 5억 원 높이의 둑이 자손들에게 넘어갈 부담을 막아준다. 죽고 난 후에도 자손들에게 좋은 기억으로 남을 수 있다.

　종신보험의 명당은 높이와 크기를 내가 선택해서 준비할 수 있다. 명당으로서 종신보험 보장수준은 자신의 경제적 수준, 가족들의 기대치를 반영해서 정하는 것이 바람직하다. 단순히 보장의 절대적 크기로 명당의 수준이 결정되는 것은 아니다.

〈명당 개척〉

　명당으로 유명한 낚시터가 있었다. 새벽부터 낚시꾼들이 진을 치고 있었지만 수확이 별로 없었다. 그런데 한 남자가 물고기로 가득 찬 양동이를 들고 나타났다. 깜짝 놀란 낚시꾼들이 어디서 잡았냐고 묻자 남자가 대답했다. "저도 처음에는 이곳에 있었습니다. 별 소득이 없어서 조금 위쪽으로 옮기니까 잡히기 시작하더군요. 혹시나 싶어 더 위로 갔더니 낚싯줄을 던지기만 하면 찌가 움직였습니다." 명당은 수동

적으로 주어지는 것이 아니다. 내가 발품을 팔아서 적극적으로 찾아야

한다.

STORY RECIPE 100

타로카드/스토리카드/키워드 순

0	광대 / 뚫어뺑 / 험한일	17	천사와악마 / 완벽한배우자 / 미혼
1	사자와공주 / 용기 / 원숭이	18	내손안의보물 / 모파상과에펠탑 / 등잔밑
2	거꾸로매달린청년 / 부채 / 몸값	19	에로스의화살 / 사이렌의노래 / 저해지
3	연옥의소원 / 의사와편의점주인 / 전문직	20	완벽한여인 / 추남의사랑 / 혼수목록
4	해골의사랑 / 가시고기의부정 / 아버지	21	천의얼굴 / 한그루의사과나무 / 본질
5	천사의눈물 / 연어의모정 / 어머니	22	손위의별 / 감춰진보화 / 가치상승
6	여인의눈물 / 펠리컨의모정 / 싱글맘	23	왕관을쓴칼 / 한장뿐인우표 / 최고
7	무너지는탑 / 사상누각 / 부자	24	최후의승리 / 장롱뒤의금덩어리 / 시간
8	돈의노예 / 빚 / 대출담보	25	칼을든사공 / 기도 / 목사
9	범인은가재 / 말과나귀 / 맞벌이	26	평온한왕좌 / 금문교 / 실직자
10	목욕탕의불 / 팬티입은개구리 / 순서	27	게으른전령사 / 내일은집지으리 / 나중에
11	요리하는마술사 / 개구리삼키기 / 힘든일	28	소개받은구원 / 산신령과소개 / 연결
12	기도하는수도승 / 이상한신하 / 삶과사	29	청년의칼 / 철모의본질 / 자유이용권
13	여인의정체 / 지팡이우산 / 우산	30	뿌리없는나무 / 허리케인볼리바 / 태풍
14	스핑크스의수레 / 집그리기 / 주춧돌	31	모아둔낙엽 / 뜨거운정 / 유비무환
15	길잃은보물상자 / 선긋기 / 멀리보고	32	사막의지팡이 / 직업선택10계명 / 어려운일
16	성직자의선택 / 스님에게빗팔기 / 극과극	33	옛날이야기 / 오래된잔소리 / 유행

34	늘어난황금잔 / 바둑판과쌀알 / 복리	54	아홉개의검 / 숨겨둔아들 / 사업가
35	궁궐의시작 / 마술의비밀 / 시작	55	열개의검 / 튤립파동 / 펀드매니저
36	마녀의귀환 / 마술링 / 추락방지	56	예상치못한죽음 / 불나방의희생 / 소방관
37	파도와나무 / 비행기사고의확률 / 착각	57	사랑의저주 / 너무친절한간호사 / 병원
38	되찾은왕좌 / 돌을들고강건너기 / 갑옷	58	불안한왕좌 / 학교가기싫어요 / 교사
39	독성있는나무 / 버거운짐 / 시지프의신화	59	별을만든사람들 / 자영업자의비애 / 불황
40	돌아온보물선 / 클로버의비밀 / 로또	60	산들의내기 / 대나무의성장 / 10대
41	시드는꽃 / 새나가는당첨금 / 물통	61	둥지를떠난새 / 개미와베짱이 / 20대
42	가슴의통증 / 기둥의못자국 / 미안함	62	고양이의덫 / 캥거루족 / 30대남
43	새로나는잎 / 망각의차 / 도깨비	63	배부른곰 / 폭포위의오리 / 30대여
44	왕궁그리기 / 퍼즐벽화 / 멀리떨어져	64	버림받은늑대개 / 불혹의남자 / 40대남
45	세계정복의꿈 / 우공이산 / 한걸음부터	65	기다리는여자 / 마흔살에는 / 40대여
46	다시찾은칼 / 죽음에서살아난 / 끝에서	66	아홉개의금화 / 그꽃 / 50대여
47	웅덩이속물고기 / 한우물만파기 / 한가지씩	67	비가된바닷물 / 환골탈태 / 60대
48	날개달린사자 / 초상화 / 콘셉트	68	할아버지의꿈 / 버킷리스트 / 70대
49	길잃은원정대 / 달을따다주랑대 / 질문	69	두명의나무꾼 / 노총각의비애 / 결혼
50	돈키호테의창 / 한겨울에잔디 / 해결	70	한겨울에핀꽃 / 고아들 / 사회적동물
51	구름이내민잔 / 세일즈는삶 / 삶	71	일곱개의금화 / 실패박물관 / 신입사원
52	꽃파는추녀 / 처칠의유머 / 여유	72	싹이난지팡이 / 한그루의과일나무 / 은퇴자
53	엄마의유산 / 살아서주는젖소 / 자산가	73	일곱개의성배 / 알래스카의매매 / 유병자

74	승리의여신 / 도끼날을갈아라 / 바쁘다	88	광대의비밀 / 미생지신 / 변액종신
75	천국의열쇠 / 항아리뚜껑 / 돈이없다	89	구름모자 / 갈대 / 유니버셜종신
76	다섯개의금화 / 풍요속의빈곤 / 보험이많다	90	길들여진태양 / 고토쿠의쓰나미 / 체증종신
77	친구의약속 / 약속을어긴대가 / 손해를봤다	91	되찾은성배 / 로켓이우주로가는 / 체감종신
78	친구의배신 / 믿는도끼에발등 / 지인이있다	92	엎질러진물 / 금의가치 / 달러종신
79	용감한기사 / 스티브잡스의전화 / TA	93	세개의잔 / 교토삼굴 / CI종신
80	놀러나온아이들 / 거북이의목 / 초회면담	94	형제의내기 / 아문센과스콧 / 연금받는종신
81	성직자의오해 / 자식교육 / 팩트파인딩	95	여왕의고양이 / 우산수집 / 구멍난우산
82	상처를준부자 / 겸손한수도원 / 프리젠테이션	96	여왕의금화 / 백업배우 / 만일의대비
83	일곱개의검 / 마지막새끼줄 / 클로징	97	포위된성 / 돌을넣는순서 / 중요한것
84	무거운금화 / 알곡의조건 / 거절처리	98	값비싼용병 / 소화기의원리 / 큰불
85	칼장수의비밀 / 화룡점정 / 증권전달	99	나무를심는사람들 / 아파트의이름 / 남는자산
86	끊어진닻 / 짚신의비밀 / 선물	100	여덟개의검 / 명당 / 풍수지리
87	열그루의나무 / 터널을뚫은남자 / 확정종신		

짝사랑이 결실을 맺는 것은 어렵다. 만나는 사람 100명에게 종신보험이 필요하냐고 물으면 95명은 필요 없다고 말한다. 나머지 5명은 절대로 필요 없다고 한다. 그런 고객들에게 종신보험을 자연스럽게 이야기하고 계약에 이르게 하는 것이 본 서 《스토리 레시피 100》이다. 고객과 미팅은 잡았는데 무슨 말부터 꺼내야할지 막막한가? 본 서를 아무 곳이나 펼쳐보라.

요즘 나는 동료들로부터 도사라고 불린다. 도(道)를 깨달아서가 아니다. 도구(道具)를 만들어서 도사다. 본 서 《스토리 레시피 100》의 출간으로 BTS(Book, Tool, Story) 종신보험 세일즈 퍼즐이 완성되었다. 책과 도구와 스토리가 있으면 더 이상 팔지 못할 보험은 없다. 《스토리 레시피 100》의 초고를 본 동료는 이제 종신보험을 어떻게 파는지 명확한 방법을 알겠다고 했다. 원고는 A4용지로 200페이지지만 그 안에 내 20년 세일즈 인생이 담겨 있다. 1년을 10페이지에 압축한 셈이다.

얼마 전 손보사에서 종신보험을 깨는 강의를 의뢰받은 적이 있다. 처음에는 말도 안 된다고 거절했다. 내심 두려웠던 것이다. 하지만 곰곰이 생각해보니 피할 이유가 없었다. 강의 제목은 '팔 수 있어야 깰 수 있다.'였다. 열쇠수리공이 잠긴 문을 열려면 먼저 문이 어떻게 잠기는지 그 원리를 알아야 한다. 보험도 마찬가지다. 팔 줄 알아야 깰 수 있고, 깰 줄 알아야 팔 수 있다. 《스토리 레시피 100》은 어떻게 종신보험 세일즈가 이루어지는지 작동원리를 하나도 빠짐없이 알려주는 세일즈의 설계 도면이다.

사람의 삶은 3단계로 진화한다. 의존 – 독존 – 공존이다. 보험 세일즈를 시작한 후 첫 10년은 선배와 동료에게 의존하는 시간이었다. 그다음 10년은 홀로 선 독존의 시간이었다. 앞으로 이어질 10년은 동료 및 고객과 함께 살아갈 공존의 시간이 될 것이다. 공존을 하려면 무언가 나눌 것이 있어야 한다. 이제 누군가에게 건네 줄 책이 있고, 12가지 세일즈 도구가 있고, 100가지 스토리가 있다. 공존을 위한 준비를 마쳤다.

혼자 가면 힘들고 함께 가면 정든다고 한다. 세일즈 업계에서 동료들과 경쟁해서는 살아남을 수 없다. 담쟁이 넝쿨처럼 과감하게 경쟁자의 손을 잡아야 높은 벽을 넘으며 함께 성장할 수 있다. 서산대사는 눈길을 함부로 밟지 말라고 했다. 오늘 내가 남긴 발자국이 뒤에 오는 사람에게는 이정표가 되기 때문이다. 나 역시 선배들의 발자국을 이정표 삼아 여기까지 왔다. 이제 첫걸음을 뗀 후배는 나에게 의존해도 좋다.

이제 홀로 선 동료는 나란히 걷자. 훗날 모두 공존의 장에서 만나게 될 것이다.

아일랜드 소년들은 높은 벽을 만나면 모자를 벗어 벽 뒤로 던진다고 한다. 그러고 나서는 모자를 줍기 위해 수단과 방법을 가리지 않고 기어코 벽을 넘는다. 이번 책도 동료들의 사전 예약 덕분에 무사히 완성할 수 있었다. 집필의 벽은 높았지만 입금이 되었으니 쓸 수밖에 없었다. 감사한 마음을 담아 이 책이 세일즈맨들이 손을 잡도록 도와주는 한 줄기 담쟁이덩굴이 되었으면 한다. 짝사랑을 찐사랑으로 바꿀 기회는 아직 많이 남아있다. 홈런보다 롱런을 기원한다.

"세일즈는 말로 하는 것이 아니라 발로 하는 것이다."
2022년 8월 일사 황선찬

종신보험 타로카드
스토리 레시피
STORY RECIPE 100

ⓒ 황선찬, 2022

초판 1쇄 발행 2022년 9월 1일

지은이   황선찬
펴낸이   이기봉
편집   좋은땅 편집팀
펴낸곳   도서출판 좋은땅
주소   서울특별시 마포구 양화로12길 26 지월드빌딩 (서교동 395-7)
전화   02)374-8616~7
팩스   02)374-8614
이메일   gworldbook@naver.com
홈페이지   www.g-world.co.kr

ISBN   979-11-388-1203-0 (13320)